INGE ZACHER
DÜSSELDORFER FRIEDHÖFE UND GRABMÄLER

INGE ZACHER

# DÜSSELDORFER FRIEDHÖFE UND GRABMÄLER

Begräbniswesen und Brauchtum im 19. Jahrhundert

SCHWANN DÜSSELDORF

Schriftenreihe des Stadtmuseums Düsseldorf
im Auftrag der Landeshauptstadt Düsseldorf
herausgegeben von Dr. Wieland Koenig

**CIP-Kurztitelaufnahme der Deutschen Bibliothek**

**Zacher, Inge:**
Düsseldorfer Friedhöfe und Grabmäler : Begräbniswesen u. Brauchtum im 19. Jh. / Inge Zacher. – 1. Aufl. – Düsseldorf : Schwann, 1982.
(Schriftenreihe des Stadtmuseums Düsseldorf)
ISBN 3-590-34102-5


1. Auflage 1982
ISBN 3-590-34102-5

# Inhalt

# Vorwort

Düsseldorfs berühmtester Sohn, der Dichter Heinrich Heine, schrieb 1826 aus der Ferne über seine Heimatstadt: „Düsseldorf ist eine Stadt am Rhein, es leben da 12000 Menschen, und viele hunderttausend Menschen liegen noch außerdem da begraben. Und darunter sind manche, von denen meine Mutter sagte, es wäre besser sie lebten noch, z. B. mein Großvater und mein Oheim, der alte Herr v. Geldern und der junge Herr v. Geldern, die beide so berühmte Doctoren waren, und so viele Menschen vom Tode kurirt, und doch selber sterben mußten."*

So selbstverständlich die Feststellung ist, daß in einer viele Jahrhunderte alten Stadt die Zahl der Toten die der Lebenden übertrifft, so wenige sichtbare Spuren erinnern uns heute an diese vielen tausend Toten. Einige Grabmäler aus früheren Jahrhunderten sind noch in den Düsseldorfer Kirchen erhalten. Das Grabmal Herzog Wilhelms des Reichen aus dem 16. Jahrhundert in der Lambertuskirche und das Mausoleum an der Andreaskirche, in dem die Särge des Kurfürsten Johann Wilhelms II. und seiner Vorfahren stehen, gehören zu den hervorragenden Sehenswürdigkeiten unserer Stadt.

Von den alten Friedhöfen, die bis ins 18. Jahrhundert hinein in der Innenstadt lagen, sind keine Spuren erhalten. Sie wurden geschlossen, applaniert und überbaut. Diese Entwicklung, die aus hygienischen und städtebaulichen Notwendigkeiten erfolgte, teilt Düsseldorf mit vielen anderen Großstädten. Die Verlegung der Friedhöfe an den Stadtrand hat auch eine Verdrängung der Toten aus unserem Alltag und Bewußtsein bewirkt. Wieviele Düsseldorfer, die den romantischen Stiftsplatz bei der Lambertuskirche überqueren, wissen, daß unter dem Pflaster die Überreste der katholischen Bürger Düsseldorfs aus vielen Jahrhunderten liegen, daß die Protestanten ihre Toten auf einem Begräbnisplatz bestatteten, der an der Ecke der Kaiserswerther und Nordstraße lag, auf dem sich heute ein modernes Geschäftsgebäude erhebt, und daß der kleine jüdische Begräbnisplatz, auf dem die von Heine genannten Toten ruhten, in dem geschäftigen Karree zwischen Benrather-, Kasernen- und Grabenstraße lag?

Um so wertvoller – angesichts dieser Situation – ist für uns der Golzheimer Friedhof, der während des 19. Jahrhunderts Düsseldorfs Hauptfriedhof war und von dieser zerstörerischen Entwicklung weitgehend verschont blieb. Vielen Mitbürgern ist der alte Friedhof, der heute – anders als zur Zeit seiner Gründung im Jahre 1805 – nahe der Innenstadt liegt, mit seinen alten Bäumen eine erholsame Oase in der Steinwelt der Großstadt und mit seinen schönen Grabmälern eine romantische Stätte, die Erinnerungen an alte Zeiten und Verstorbene erweckt. Hier liegen die Gräber vieler verdienter und bedeutender Düsseldorfer Bürger, Vertreter der Regierung, Garnison, Kirchen, Kunstakademie, Kaufmannschaft und aufblühenden Industrie. Sie haben an der hohen

* H. Heine. Ideen. Das Buch Le Grand. 1826, Faksimiledruck Verlag Schwann Düsseldorf 1972, S. 166f.

Geltung Düsseldorfs als Zentrum der Wissenschaft und Künste, des Handels und der Industrie mitgewirkt. Trotz der Einbußen, die der Friedhof in unserem Jahrhundert erlitten hat, sind auf ihm noch immer über 300 Grabmäler erhalten, die – neben ihrer Bedeutung für die Stadtgeschichte – auch als kultur- und kunsthistorische Denkmäler Aufmerksamkeit verdienen.**
In Erkenntnis dieser Bedeutung ist der Golzheimer Friedhof als Gesamtanlage am 27. September 1982 unter Denkmalschutz gestellt worden
Der Golzheimer Friedhof und seine Grabmäler stehen im Mittelpunkt dieses Buches, das aber in umfassenderer Weise auch die Geschichte der verschwundenen Düsseldorfer Begräbnisplätze behandelt, auf Gesetze und Gebräuche des Begräbnisses eingeht, und schließlich einen Ausblick auf das Friedhofswesen unseres Jahrhunderts gibt.
Der Druck des Buches wurde mit finanzieller Unterstützung des Ministers für Landes- und Stadtentwicklung des Landes Nordrhein-Westfalen, des Landschaftsverbandes Rheinland und der Stadt Düsseldorf ermöglicht. Bei der Erforschung und Bearbeitung des Materials ist der Hilfe der Mitarbeiter des Hauptstaatsarchivs, Stadtarchivs, Stadtmuseums, Friedhofsamts und der Landesbildstelle herzlich zu danken. Auch einige alte Düsseldorfer Bürger, die noch Grabstätten ihrer Angehörigen auf dem Golzheimer Friedhof besitzen, gaben wichtige Hinweise.
Ich danke Dr. Inge Zacher, daß sie ihre Forschungen über dieses für die Stadtgeschichte so wichtige Thema in dieses Buch einbringt, und dem Schwann-Verlag für die Zusammenarbeit.

*Wieland Koenig*

** Das wissenschaftliche Interesse am Golzheimer Friedhof reicht über Düsseldorf hinaus. Die Arbeitsgemeinschaft Friedhof und Denkmal e. V., Kassel, hat den Friedhof in sein Forschungsvorhaben über „Die Wandlungen des Bestattungs-, Friedhofs- und Denkmalwesens im deutschsprachigen Raum zwischen 1750 und 1850“ als wichtiges Beispiel miteinbezogen. Barbara Hable hat im Auftrag der Arbeitsgemeinschaft 1982 358 Grabsteine des Golzheimer Friedhofs (einschließlich der erneuerten und stark beschädigten Exemplare) registriert.

*I. Kapitel*

# Die Begräbnisstätten in den Düsseldorfer Kirchen

1 Germanisches Urnengrab
Stadtmuseum Düsseldorf

Die Geschichte der Düsseldorfer Friedhöfe und Grabmäler beginnt strenggenommen erst mit der ältesten urkundlichen Erwähnung eines Friedhofes bei der Lambertuskirche aus dem Jahre 1303, dessen Anlage vermutlich ins 13. Jahrhundert zurückgeht und mit dem Bau der romanischen Pfarrkirche verbunden war.[1] Geht man jedoch von dem heutigen Düsseldorfer Stadtgebiet aus, so muß die Geschichte der Düsseldorfer Begräbnisstätten lange vor Christi Geburt beginnen, denn die Grabfunde, die man seit dem Ende des 19. Jahrhunderts bei der Bebauung der äußeren Stadtteile Derendorf, Golzheim, Flingern, Eller und Bilk machte, führen uns in die germanische Frühgeschichte zurück.
Die größten Grabfelder fand man im Norden Düsseldorfs, in der Golzheimer Heide, wo um die Zeitenwende die germanischen Sugambrer lebten. Der römische Historiker Tacitus berichtet über die Bestattungsgebräuche der Germanen, daß sie ihre Toten verbrannten, die Asche in tönerne Urnen füllten und den Vornehmen Grabbeigaben für das Leben nach dem Tode in die Urnen legten. Die Urnen begruben sie unter Erdhügeln auf Grabfeldern, die an den Heerstraßen lagen (Tacitus, De Germania 27). Grabfunde, die dieser Beschreibung entsprechen, wurden von Karl Guntrum, Oscar Rautert und Franz Rennefeld gesammelt und gehören zur frühgeschichtlichen Sammlung des Düsseldorfer Stadtmuseums.[2] Das hier abgebildete Urnengrab wurde erst 1950 in der Golzheimer Heide, in der Nähe des Flughafens, gefunden. Es lag 50 cm unter der Erde. Das Tongefäß enthielt Holzkohle und ein Tonschälchen als Grabbeigabe (Abb. 1).[3]

Vor allem auf der linken Rheinseite, wo die Römer das Castrum Novaesium (das heutige Neuss) erbaut hatten, von dem die Römerstraße über Niederkassel nach Xanten führte, fand man römische Grabstätten mit Aschenurnen aus Terra Sigillata (glasiertem Ton) und reicheren Grabbeigaben aus Bronze, die eine höhere Zivilisationsstufe bezeugen.[4]
Auch die Franken, die im 3. Jahrhundert in unser Gebiet vorrückten, behielten zunächst die alte Bestattungsart bei. Erst die Christianisierung brachte eine Änderung der Jahrhunderte hindurch geübten heidnischen Bestattungsform. Fränkische Gräber des 6. bis 8. Jahrhunderts, die an der Hansaallee in Oberkassel und in Stockum gefunden wurden, bezeugen bereits die körperliche Bestattung nach christlichem Glauben, wenn auch die Grabbeigaben von Waffen und Tongefäßen noch an heidnische Gebräuche erinnern. Der christliche Glaube, daß die Toten am Jüngsten Tag aus ihren Gräbern körperlich wiederauferstehen, so wie Christus nach dem Kreuzestod auferstand, verbot eine Vernichtung des Leichnams durch das Feuer. Unter Karl dem Großen wurde die Bestattung in geweihter Erde Gesetz und die Feuerbestattung bei Androhung der Todesstrafe verboten.
Die Begräbnisplätze der frühen Christen lagen in den Kirchen. Die Gläubigen wollten in der Nähe der Gräber der Heiligen, „apud sanctos“, begraben werden, auf deren Fürbitte sie beim Jüngsten Gericht vertrauten. Schon früh erkannte die Kirche, daß sich hieraus ein Raumproblem ergab und die Gotteshäuser die Toten ihrer wachsenden Gemeinden nicht mehr aufnehmen konnten. 660 wurde daher auf dem Konzil von Nantes ein Edikt erlassen, das nur den Geistlichen das Begräbnis in den Kirchen erlaubte; alle anderen Mitglieder der Gemeinden sollten unter freiem Himmel, auf den in der Umgebung der Kirchen angelegten und zu ihrem Besitz gehörenden Kirchhöfen begraben werden. Das Edikt wurde von den Gemeinden selbst nie konsequent befolgt. Namentlich den Adligen, später auch dem gehobenem Bürgertum, wurde ein Begräbnis in der Kirche gewährt, das sie sich oft durch Stiftungen schon zu Lebzeiten erkauften.
Wir dürfen voraussetzen, daß auch die ältesten christlichen Gräber in unserem Stadtgebiet in den Kirchen lagen. Die Gebeine der von der Kirche Heiliggesprochenen wurden im hohen Mittelalter aus ihren unterirdischen Gräbern „erhoben“, in kostbaren Schreinen oder Tumben erneut bestattet und zur Verehrung durch die Gläubigen in den Kirchen aufgestellt.
Der hl. Suitbertus starb am 1. März 713 und wurde in der Kirche des nach 695 gegründeten Benediktinerklosters in Kaiserswerth bestattet. Die Gebeine des Missionars der Brukterer, der in einer Kölner Allerheiligen-Litanei von 818 erstmals unter den Heiligen der Kirche erscheint, müssen noch im 12. Jahrhundert erhoben worden sein.[5] Der heute erhaltene kostbare Schrein entstand zwischen ca. 1193 und 1332 und nahm auch die Gebeine des hl. Willeicus auf.

2 Tumba des Sel. Gerricus
St. Margaretha in Gerresheim

Der Reliquienschrein aus vergoldetem Silber- und Kupferblech mit wertvollen Emailarbeiten gilt als die bedeutendste mittelalterliche Goldschmiedearbeit Düsseldorfs[6] (Farbtafel I).

In der ehemaligen Stiftskirche St. Margareta in Gerresheim ist das Tumbengrab des seligen Gerricus erhalten. Der fränkische Ritter Gerrich hatte nach 870 auf seinem Grundbesitz einen Frauenkonvent gestiftet, dem seine Tochter als erste Äbtissin vorstand. Er war in der alten Pfarrkirche von Gerresheim bestattet. Im 14. Jahrhundert wurden seine Gebeine erhoben und in einem Sarkophag aus Sandstein beigesetzt, der in der Mitte des Chores der Stiftskirche in einer im 17. Jahrhundert abgerissenen Kapelle aufgestellt wurde.[7] Heute steht der Sarkophag im Westjoch des südlichen Seitenschiffs. Die Wände der Tumba sind mit gotischen Spitzbögen verziert, über denen sich krabbenbesetzte Wimperge erheben, die mit einer Kreuzblume abschließen (Abb. 2).

Auch in der alten St. Martins-Kirche in Bilk, die auf den Fundamenten eines karolingischen Vorgängerbaus errichtet wurde, fand man 1935 bei Grabungen Skelette. Ob es sich hier um Gräber in unserem Sinne handelte oder um die Überreste von Mönchen, die bei kriegerischen Überfällen von Sachsen, Normannen und Ungarn in der niedergebrannten Kapelle ihr Leben ließen, blieb ungeklärt.[8]

3 Tumba des Grafen Gerhard I. und der Gräfin Margaretha von Berg im Altenberger Dom

Nach der Stadterhebung Düsseldorfs 1288 wurde die Pfarrkirche St. Lambertus 1306 zur Stiftskirche umgewandelt. Um das Ansehen der Kirche zu erhöhen und sie auch als Grabkirche besser auszustatten, beschaffte ihr Herzog Wilhelm I. am Ende des 14. Jhs. Reliquien aus umliegenden Klöstern und Kirchen. Die Gebeine des Hl. Willeicus aus Kaiserswerth, das Haupt der Hl. Lucia aus Altenberg und der Leib des Hl. Apollinaris aus Remagen wurden in kostbare Reliquienbehälter gebettet, die nach mittelalterlichem Glauben die Bedeutung von Gräbern erhielten, auch wenn die Heiligen nicht am Ort gestorben und begraben worden waren.[9]

## *Die Fürstengruft in St. Lambertus*

Als Wilhelm I. von Berg (1360–1408) 1380 Herzog geworden war und Düsseldorf zur Residenzstadt erhob, wurde die alte Grablege des bergischen Geschlechts, der Altenberger Dom im Bergischen Land, aufgegeben und in der Düsseldorfer Stiftskirche eine Gruft erbaut. Sie lag tief in der Erde beim Petersaltar in der Nähe der Sakristei. Der 1408 verstorbene Herzog Wilhelm wurde hier bestattet. Fünf weitere Angehörige des Hauses Berg folgten ihm. Die häufig vom Hochwasser des Rheins überflutete unterirdische Grabkammer ist heute nicht mehr auffindbar. Ebenso verschwunden sind die Überreste dieser Toten.[10]

Das älteste erhaltene Grabmal in der Lambertuskirche, das im nördlichen Chorumgang aufgestellt ist und im Volksmund „Die blaue Margaret" heißt, ist von Geheimnissen umgeben. Es ist ein Tumbengrab aus bräunlichem Sandstein. In die Tumba, den steinernen Sarg, wurde der Leichnam gebettet. Die Grabplatte ist bei diesem mittelalterlichen Grabmalstyp häufig mit einer plastischen Darstellung des unter einem Baldachin ruhenden Toten verziert. Solche im Chor aufgestellten Tumbengräber besaßen die Grafen von Berg im Altenberger Dom. Von hervorragender bildhauerischer Qualität ist das im letzten Viertel des 14. Jahrhunderts entstandene Doppelgrab für Graf Gerhard I. (gest. 1369) und Margaretha von Berg (gest. 1389) (Abb. 3).[11] Das Düsseldorfer Grabmal gehört typologisch und stilistisch in ihre Nähe.

Auf der Grabplatte liegt, auf ein Kopfkissen gebettet, eine vornehme junge Frau (Abb. 4). Sie ist in einen weiten Kapuzenmantel gehüllt. Den Kopf umschließt eine Kräuselhaube. Das Stirnhaar hält ein mit Perlen besticktes Band zurück. Unter dem mit einer Schmuckschließe zusammengehaltenen Mantel trägt sie ein am Hals hochgeknöpftes Kleid, dessen lange Ärmel ebenfalls mit vielen kleinen Knöpfen geschlossen sind und bis auf den Handrücken reichen. Die junge Frau ist nicht als Tote dargestellt, sondern mit offenen Augen, die Hände betend zusammengelegt. Ihre Füße stützen zwei kleine Hunde. Die Tiere versinnbildli-

4 Tumba der „Blauen Margaret" Pfarrkirche St. Lambertus (Detail)

5 Tumba der „Blauen Margaret“ Pfarrkirche St. Lambertus

chen Treue und Wachsamkeit und liegen häufig auf mittelalterlichen Grabmälern zu Füßen vornehmer Frauen. Die Wände des Sarkophags sind mit dreipassigen Spitzbögen verziert. Die Vorderkante der Sarkophagplatte trägt die Inschrift: MISERICORDIAE:PARENTI[12] (Abb. 5). Die reiche architektonische Umrahmung der liegenden Figur durch einen Baldachin, Engelpaare und Maßwerk, wie sie das Altenberger Doppelgrab auszeichnet, fehlt in Düsseldorf. Auf der Rückseite des Sarkophages erscheint ein Wappenschild mit den Wappen von Jülich, Berg und Waldeck.
Wen die Tote darstellt, d.h. wessen Leichnam einst in dem heute leeren Sarkophag ruhte, läßt sich nicht mehr mit Sicherheit feststellen. Wegen des Waldeck'schen Wappens kommt die 1384 verstorbene Margaretha von Windeck, Gräfin von Berg und Ravensberg, in Betracht.[13] Sie war die Großmutter Herzog Wilhelms I. Der Name „Blaue Margaret“ geht vermutlich auf eine ehemalige farbige Fassung des Grabmals zurück.
Rätselhaft wie die Bestimmung des Grabmals ist auch seine weitere Geschichte. Aus einem nicht überlieferten Grund wurde das Grabmal 1711 unter der Herrschaft des Kurfürsten Johann Wilhelms II. zerstört. Die Sarkophagplatte mit der Figur wurde zunächst im nördlichen Chor als Wandgrabmal aufgestellt. Die Überreste der Toten brachte man in die Fürstengruft, die Tumba wurde als Sockel für ein Kreuz auf dem Derendorfer Kirchhof verwendet. Erst am Ende

des 19. Jahrhunderts, als ein reges Interesse an der Düsseldorfer Geschichte erwachte, entdeckte Notar Strauven den Zusammenhang zwischen dem Kreuzessockel und der Grabfigur. Das Grabmal wurde 1871 in seiner alten Form wiederhergestellt.[14]

Herzog Wilhelm der Reiche (1516–1592) ließ von seinem Hofarchitekten Johann Pasqualini hinter dem Hochaltar eine neue Gruft bauen, in der er selbst sowie acht weitere Familienangehörige beigesetzt wurden. Diese jüngere Fürstengruft in St. Lambertus existiert noch heute. Ihr Zugang wurde erst nach dem letzten Krieg wiederentdeckt (Abb. 6). Bei Restaurierungsarbeiten am Grabmal des Herzogs fand Stadtbaudirektor Camp 1954 den vermauerten Eingang in die Gruft.[15] Sie ist ein 2,55 m hoher, gewölbter Raum von 4,30 m Länge und 3,22 m Breite. Im Osten ist eine Nische ausgemauert, in der auf zwei Eisenrosten heute zwei Bleisärge stehen (Abb. 7). Die Wände sind weißgetüncht. Lateinische Inschriften bilden ihren einzigen Schmuck. Die Inschriften für Wilhelm den Reichen wurden in Gedichtform von Theodor Ibew und Jakob Jom von Roermond verfaßt. Eine zweite Inschrift bezieht sich auf die Schwester des Herzogs, die 1586 verstorbene Amalia von Jülich, die zunächst neben dem Petersaltar bestattet wurde. Ihr Sarg wurde am 13. 3. 1592 in der neuen Gruft beigesetzt. Eine Inschrift auf einer Bleiplatte erinnert an Herzog Johann Wilhelm I., den Sohn Wilhelms des Reichen, der am 31. Oktober 1628 beigesetzt wurde.[16]

Die Ruhe der Toten in der Fürstengruft wurde mehrmals gestört. 1809 wurden die Bleisärge, in denen sie lagen, von dem Kirchenvorstand Notar Haager zum Preise von 317 Talern verkauft. Die pietätlose Handlung erklärt sich einerseits aus der wirtschaftlichen Not der Zeit, andererseits aus der Rücksichtslosigkeit, die gegenüber dem alten Fürstengeschlecht nach der Französischen Revolution eingenommen wurde. Die Gebeine der Toten hat Haager ausgeschüttet und in der Gruft liegengelassen. Als 1815 die Preußen die Regierung in Düsseldorf antraten, wurden viele Mißstände der unruhigen Jahre des Krieges und der Franzosenherrschaft beseitigt. Die Regierung veranlaßte die Gemeinde der inzwischen zur Pfarrkirche umgewandelten Stiftskirche, einen Bleisarg zu beschaffen und darin die Überreste der Toten zu sammeln. Sie bewirkte ebenfalls, daß die Gebeine der Herzogin Jacobe von Baden, der Gemahlin Herzog Johann Wilhelms I., die wegen des ihr zur Last gelegten Ehebruchs nach ihrem gewaltsamen Tod 1597 in der Kreuzherrenkirche beigesetzt worden war, ebenfalls in einem Bleisarg in die Gruft von St. Lambertus überführt wurde (vgl. S. 32). Danach ließ man den Eingang zur Gruft vermauern. Dennoch wurde die Gruft im Laufe des 19. Jhs. nochmals erbrochen. Grabdiebe vermuteten hier kostbaren Schmuck und öffneten die Särge.

1960 sind die Überreste der Toten einer gerichtsmedizinischen Untersuchung unterzogen worden. Mit modernen Untersuchungsmethoden wollte man prü-

6 Zugang zur Fürstengruft
Pfarrkirche St. Lambertus

7 Fürstengruft in der Pfarrkirche St. Lambertus

fen, ob die Toten mit den in den Inschriften genannten Persönlichkeiten übereinstimmten und ob die Gebeine der Jacobe von Baden sich unter ihnen befänden, da die Lage ihres Grabes in der Kreuzherrenkirche nicht eindeutig überliefert war. Die Ergebnisse dieser Untersuchungen haben eine Bestätigung dieser für die Stadtgeschichte wichtigen Fragen erbracht.[17]

So schlicht die Gruft ausgestattet war, so schmucklos die Bleisärge waren, in denen die Toten bestattet wurden, so prachtvoll ist das Grabmonument, das Herzog Johann Wilhelm I. seinem Vater, Wilhelm dem Reichen, über der Gruft errichten ließ. Das Grabmal gehört zu den Wandgrabmälern, ein Grabmalstyp, den die italienische Renaissance erfand. Es besteht aus einem hohen architektonischen Aufbau mit Säulen und Tabernakeln aus schwarzem Marmor. Freistehende Figuren und Reliefs aus weißem Marmor beleben die Architektur. Zum Grabmal führen vier Stufen hinauf, die mit vier wappenhaltenden Löwenpaaren besetzt sind (Farbtafel II). In der Sockelzone steht ein geschweifter Sarkophag, auf dem der Herzog liegt. Die Figur ist in feinstem weißen Marmor ausgeführt. In seiner Rüstung – Helm und Waffen hat er abgelegt – ruht er von seinen Kriegstaten aus. Den Kopf auf den Arm gestützt, scheint er Vergangenem nachzusinnen und das Jüngste Gericht zu erwarten (Abb. 8).

Die weiteren figürlichen Darstellungen des Grabmals folgen einem in der Renaissance ausgebildeten allegorischen Programm, das die religiösen und humanistischen Prinzipien geistlicher und weltlicher Fürsten veranschaulicht. Im ersten Geschoß stehen in den Nischen zwischen Säulen vier Frauen, die die vier aus der Antike überlieferten Kardinaltugenden versinnbildlichen. Sie tragen die traditionellen Attribute: die Klugheit (Prudentia) die Schlange, die Gerechtigkeit (Justitia) Schwert und Waage, die Stärke (Fortitudo) die durchbrochene Säule und die Mäßigung (Temperantia) Krug und Becher. Diesen antiken Tugenden werden im Obergeschoß die christlichen übergeordnet: der Glaube (Fides) mit dem Abendmahlskelch, die Liebe (Caritas) mit zwei kleinen Kindern. Die Hoffnung (Spes) trägt einen Anker und thront in der Nische der obersten Ädikula. Tod und Vergänglichkeit werden durch zwei weibliche Figuren mit Spaten und Totenschädel versinnbildlicht. Der Auszeichnung der Hoffnung als höchste christliche Tugend entspricht auch die Devise des Herzogs: IN DEO SPES MEA (In Gott liegt meine Hoffnung). Die Bekrönung bildet der auferstandene Christus mit der Siegesfahne. Das Relief im Bogenfeld stellt das Jüngste Gericht dar. Wappentragende Engel, Genien, Vasen und Obelisken ergänzen das überaus reich gestaltete Grabmal.

In dem Marmorspiegel über der Figur des Herzogs ist eine lange, lateinische Inschrift eingemeißelt, in der Leben und Taten des Verstorbenen gewürdigt werden.

ILLUSTRISS. PRINCIPI D. GUILIELMO DUCI JULIAE CLIVIAE ET MONTIUM, COMITI MARCAE ET RAVENSBURGI D(omi) NO IN

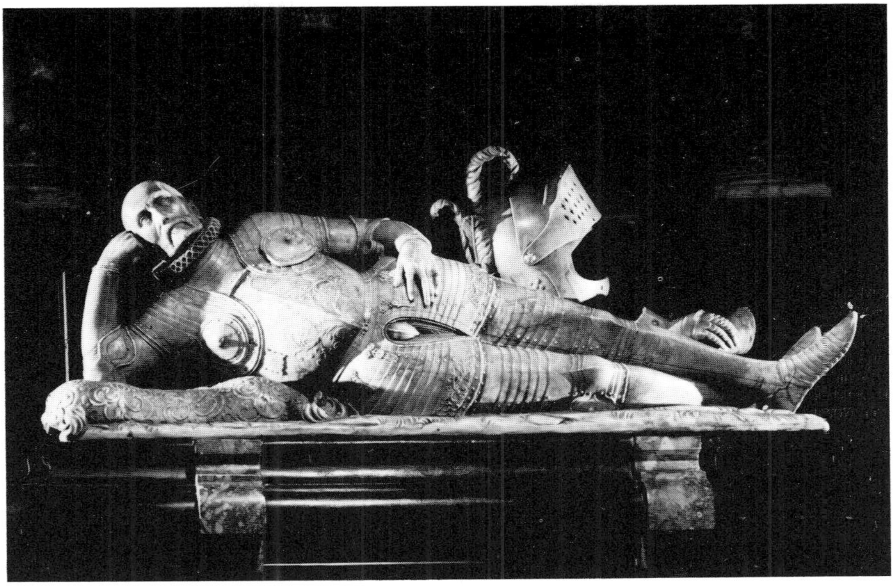

8 Grabmal Wilhelms des Reichen in der Pfarrkirche St. Lambertus (Detail)

RAVENSTEIN, PARE(n) TI OPTIME MERITO, QUI ANNO CHRISTI MDXVI. V. KAL. AUG. NATUS, VITAM USQUE AD ANNUM MDXCII PRODUXIT, INEUNTE VIRILI AETATE OB DUCATUM GELDRIAE ET COMITATUM ZUTPHANIAE DIFFICILL (issi) MO BELLO CONTRA CAROLUM V. IMP.TANQUAM DOMINUM BELGII IMPLICATUS, POST QUADRIENNIUM PACE FACTA ET SERENISS.D. MARIA FERDINANDI ROM. REGIS ET POSTEA IMP. F.IN MARTIMONIUM DUCTA, EADEMQUE IN COELUM PRAEMISSA, CLIVISQUE TUMULATA, PLURIMIS TURBIS OB BELLA INTESTINA GERMANIAE, ET VICINA BELGICUM ET COLONIE(n) SE, CUM ANTEA PRO CONSERVANDA PACE PUBLICA IMPERII MULTOS SAEPE LABORES RE ET CONSILIO FELICITER SUSCEPISSET, JACTAT(us) TANDE(m) POSTQUAM LIII.ANN.LAUDABILITER SUIS PRAEFUISSET, OMNIUM DOLORE NON. JAN. SENIO CONFECTUS ANIMAM DEO OPT.MAX.PLACIDISSIME REDDIDIT.JOANNES GUILIELMUS UNICUS FILIUS ET HAERES MOERENS M.E.P. (Dem Durchlauchtigsten Fürsten, Wilhelm, Herzog von Jülich, Cleve, Berg, Grafen von Mark und Ravensburg, Herrn in Ravenstein, seinem hochverdienten Vater. Im Jahre des Heils 1516 am 28. Juli geboren, lebte er bis zum Jahre 1592. Bei beginnendem Mannesalter wegen des Herzogtums Geldern und der Grafschaft Zutphen in einen beschwerlichen Krieg mit Kaiser Karl V. als Beherrscher von Belgien

verwickelt, schloß er nach vier Jahren Frieden und heiratete die Durchlauchtige Fürstin Maria, Tochter des römischen Königs und späteren Kaisers Ferdinand. Nachdem diese vor ihm dahingeschieden und zu Cleve begraben worden war, ist er selbst nach vielen Unruhen durch die Bürgerkriege in Deutschland, dem benachbarten Belgien und Köln, nachdem er in vielen schwierigen Lagen durch Kraft und Klugheit glücklich sich behauptet hatte, endlich nach einer dreiundfünfzigjährigen rühmlichen Herrschaft, zur allgemeinen Trauer am 5. Januar an Altersschwäche sanft im allmächtigen und allgütigen Herrn entschlafen. Johann Wilhelm, sein einziger Sohn und Erbe, hat ihm dieses Denkmal gesetzt.)
Die beiden seitlichen Inschriften beziehen sich auf seine Eltern, den 1539 verstorbenen Herzog Johann IV. von Kleve und die 1543 verstorbene Herzogin Maria von Jülich-Berg.[18]
Das Wandgrabmal wird von einem schmiedeeisernen Gitter umgrenzt, das 1708 von Gabriel Grupello, dem Hofbildhauer des Kurfürsten Johann Wilhelm II., entworfen wurde.
Der Bildhauer dieses Grabmonuments, das Richard Klapheck als das bedeutendste manieristische Grabmal des Niederrheins bezeichnete[19], war lange Zeit unbekannt. Noch Paul Clemen schrieb es einem italienischen Bildhauer zu.[20] Für eine Herstellung des Grabmals in Italien sprachen auch überlieferte Nachrichten. Diese Meinung war nicht mehr haltbar, als F. Küch 1897 im Staatsarchiv den Entwurf eines Vertrages entdeckte, in dem die Räte Johann Wilhelms I. 1595 das Grabmal bei dem Kölner Bildhauer Gerhard Scheben bestellten.[21] In einer nicht erhaltenen Skizze waren die Darstellungen und die Farben des Marmors vorgeschrieben. Als Honorar wurden 2000 Goldgulden und 50 Taler und eine Lieferzeit von drei Jahren vereinbart, die Scheben allerdings überschritt. Erst 1599 war das Werk fertig und wurde in der Kirche aufgestellt.
Über den Bildhauer Gerhard Scheben sind nur wenige Daten bekannt. 1545 geboren, kam er 1582 nach Köln, trat dort 1592 zur Reformierten Gemeinde über, wurde 1597 in die Kölner Steinmetzzunft aufgenommen und starb 1610. Sein Grabmal ist auf dem Protestantischen Friedhof Kölns erhalten. Die für die Kunstgeschichte so wichtigen Fragen, wo er geboren und ausgebildet wurde und welche anderen Werke er schuf, blieben bisher unbeantwortet.[22] So hat zwar die Auffindung des Vertragsentwurfs einen Namen geliefert, dafür aber neue Fragen aufgeworfen.
Das Grabmal wurde 1634 bei der Explosion des in der Nähe des Schlosses gelegenen Pulverturms schwer beschädigt und 1635–1640 von Hofbildhauer Paul Müller restauriert. Am Anfang des 19. Jahrhunderts war Carl Kamberger hier als Restaurator tätig. Am Ende des 19. Jahrhunderts wurde das Grabmal gründlich von dem Trierer Bildhauer Sobry restauriert und gereinigt. Die Schäden des Zweiten Weltkrieges beseitigte der Bildhauer Carl Stump 1956.

## *Das Mausoleum in St. Andreas*

Als 1614 mit dem Regierungsantritt von Herzog Wolfgang Wilhelm (1578–1653) das Fürstenhaus Pfalz-Neuburg in Düsseldorf die Herrschaft übernahm, folgte bald auch eine Neuerung in der Bestattung der fürstlichen Toten. Der zum katholischen Glauben konvertierte Herzog rief 1619 die Jesuiten nach Düsseldorf und erbaute ihnen ab 1622 die heutige Andreaskirche, die er zur Hofkirche bestimmte.[23] Es war konsequent, daß nun auch die Fürstengruft in der Stiftskirche als Grablege eines anderen Geschlechts aufgegeben und die neuerbaute Hofkirche zur Aufnahme der fürstlichen Leichname erwählt wurde.[24] Im Gegensatz zu der unterirdischen, den Blicken der Untertanen entzogenen Grabkammer, bevorzugte man im Barockzeitalter einen überirdischen Grabbau, der als Grabkapelle dem Kirchenbau hinter dem Chor angefügt wurde. Das Vorbild bildete die Grabkapelle der Jesuitenkirche in Neuburg a. d. Donau, dem Stammsitz des Geschlechts. Wolfgang Wilhelm ließ das Mausoleum von seinem Hofarchitekten Johann Lollio, gen. Sadeler, als einen innen sechseckigen, außen zwölfeckigen Zentralbau errichten. Er wurde nach der Vollendung des Kirchbaus begonnen und erst nach 1651 fertiggestellt. Offenbar hat die Geldnot während des Dreißigjährigen Krieges (1618–1648) den Bau behindert, denn Wolfgang Wilhelm legte in seinem Testament von 1642 seinem Sohn und Nachfolger Philipp Wilhelm (1615–1690) ans Herz, den Bau des Mausoleums zu vollenden.[25] Die Särge der hier beigesetzten Toten stehen in den Nischen zwischen den Pfeilern. Im Gegensatz zu der mit Stuck, Skulpturen und Gemälden reich verzierten Kirche blieb das Mausoleum ein einfacher, schmuckloser Raum (Abb. 9). Anna Catharina Constantia, die erste Gemalin des Herzogs Philipp Wilhelm, wurde als erste hier beigesetzt.[26]

Der einzige künstlerisch gestaltete Sarkophag ist der des Kurfürsten Johann Wilhelm II. (1658–1716) (Abb. 10). Der geschweifte Zinnsarg steht auf Löwenfüßen. Löwenköpfe mit Tragringen in den Mäulern bilden die Ecken. Auf dem Deckel liegt ein Bronzekruzifix. Die Vorderseite des Sarges bedeckt ein Hermelinmantel, auf dem eine lange lateinische Inschrift steht.[27] Drei Medaillons sind an ihm befestigt, das mittlere, ein Altersportrait des Kurfürsten mit dem Lorbeerkranz; die beiden seitlichen zeigen links das Wappen des Kurfürsten, rechts eine Hafenszene mit Segelschiffen. Die Umschrift: DOMINUS VIRTUTUM NOBISCUM. TANDEM PORTUS POST VITAE PROCELLAS OBTENTUS (Der Herr der Tugenden sei mit uns. Nach Lebensstürmen zuletzt in den Hafen übergegangen) interpretiert die Hafenszene als Jenseits-Allegorie.

Als Grabmal des kunstsinnigen und prachtliebenden Barockfürsten enttäuscht das eher mittelmäßige Werk. Während in der älteren kunsthistorischen Literatur der kurfürstliche Hofbildhauer Gabriel Grupello, der Schöpfer des Reiter-

9 Mausoleum bei der Pfarrkirche St. Andreas, Innenraum

10 Sarkophag des Kurfürsten Johann Wilhelms II. im Mausoleum bei der Pfarrkirche St. Andreas

denkmals Johann Wilhelms auf dem Marktplatz, auch als Urheber seines Grabmals galt[28], wurde bei einer neueren Untersuchung des Sarkophags die Signatur F. van Stappen gefunden.[29]

Kurfürst Johann Wilhelm II., der nach der Aufbahrung in der Schloßkapelle am 3. August 1716 im Mausoleum beigesetzt wurde, war der letzte in Düsseldorf residierende Fürst. Mit seiner Beisetzung endet die Geschichte der Fürstengräber in der Residenzstadt. Seine Nachfolger, Carl Philipp († 1742) und Carl Theodor († 1799), residierten in Mannheim und ab 1777 in München und wurden dort bestattet. Der letzte Kurfürst von der Pfalz und Bayern, Maximilian Joseph von Pfalz-Zweibrücken, der 1806 das Herzogtum Berg an Napoleon abtrat, fand sein Grab in seiner Residenzstadt München.

Ähnlich wie die Fürstengruft in St. Lambertus wurde auch das Mausoleum bei St. Andreas am Anfang des 19. Jahrhunderts geplündert. 1819 schrieb der preußische Tribunalrichter Theodor von Haupt an den Oberpräsidenten von Pestel in Köln, daß das Mausoleum dem Küster als Rumpelkammer diene, die Särge von Leichenfledderern geöffnet worden seien und sich in einem unwürdigen Zustand befänden.[29] Die preußische Regierung hat auch hier für die Herstellung eines geordneten Zustandes gesorgt. Die kärgliche Ausstattung des Mausoleums ist in unserem Jahrhundert als unbefriedigend empfunden, eine Verschönerung gefordert[30] und 1935 verwirklicht worden.[31] 1958 wurde es zum 300. Geburtstag des Kurfürsten Johann Wilhelms restauriert und nach Plänen von Ewald Mataré neu gestaltet.

11 Senkgrab unter dem Fußboden der Pfarrkirche St. Lambertus

## *Grabstätten des niederen Adels und gehobenen Bürgertums in Düsseldorfer Kirchen*

Grabstätten in den Kirchen, wie sie die Angehörigen der fürstlichen Geschlechter beanspruchten, wünschten auch die Angehörigen des niederen Adels und gehobenen Bürgertums zu erhalten. Gegen hohe Gebühren boten die Stiftskirche, die Klosterkirchen und im 18. Jahrhundert auch die beiden protestantischen Kirchen Begräbnisplätze für Laien. In den Kirchen sind heute kaum noch Grabsteine erhalten, die diesen Brauch bezeugen. Umbauten, insbesondere die Erneuerung der Fußböden, haben die Grabplatten zerstört. In den meisten Fällen handelte es sich um Senkgräber, die direkt unter dem Fußboden angelegt und durch Grabplatten bedeckt wurden. Durch das Einsinken der Gräber und die Unebenheit der Grabplatten wurde der Fußboden so holprig, daß die Sicherheit der Kirchgänger bedroht war. Zudem stiegen aus den Fugen zwischen den Grabplatten Verwesungsgerüche in die Kirchen (Abb. 11).

Die Stiftskirche besaß neben den Senkgräbern auch ausgemauerte Totenkeller. Ein unter dem Chor gelegener Totenkeller war für die Kanoniker bestimmt, ein weiterer wurde für Laien noch im späten 18. Jahrhundert angelegt. Dieser Keller mit einem Zugang außerhalb der Kirche war 13,55 m lang, 6,60 m breit und 2,50 m hoch. An einem mittleren Gang lagen auf beiden Seiten in drei Etagen übereinander insgesamt 96 Grabkammern. Jede hatte eine Länge von

12 Verschluß einer Grabkammer im Totenkeller der Pfarrkirche St. Lambertus

2,16 m, eine Breite von 66 cm und eine Höhe von 59 cm. Vorn waren sie mit einer Steinplatte zu verschließen und mit einer Nummer versehen, die im Totenbuch registriert wurde (Abb. 12).[32]
Der letzte Totenkeller wurde 1798 vor dem Südportal ausgebaut. Hier standen 1935 noch Trümmer von Epitaphien. In einigen offenen Grabkammern lagen Überreste von Toten[33] (Abb. 13).
In den Düsseldorfer Kirchen sind nur noch wenige Epitaphien erhalten. Es sind Gedenksteine, die an den Kirchenwänden befestigt wurden, ohne die Stelle des Grabes zu bezeichnen. Sie stammen aus dem 17. und 18. Jahrhundert. Als Beispiel für diese barocken Epitaphien, die oft ähnlich gestaltet waren, soll hier der Gedenkstein für das Ehepaar Hermann und Susanna von Hochsteden in der Lambertuskirche dienen.[34]
Der Epitaph aus schwarzem Granit ist 2,40 m hoch und 1,30 m breit. Er gliedert sich in eine mittlere Tafel von hochrechteckigem Format, einen oberen geschweiften Aufsatz, dessen Mitte ein Knauf markiert und einen unteren, ebenfalls geschweiften Abschluß. Im Oberteil erscheinen die beiden Wappen der Familien von Hochsteden und von Pranck unter Helmbüschen. Im Mittelteil steht, umrahmt von einer Kartusche mit Muscheldekor, eine lange lateinische Inschrift. Sie nennt Titel und Ämter des 1686 verstorbenen Hermann von Hochsteden, der unter Kurfürst Philipp Wilhelm Minister war. Dann folgen Namen und Titel seiner 1688 verstorbenen Ehefrau Susanna von

13 Im Totenkeller von St. Lambertus
Zeichnung von Fritz Köhler

14 Epitaph des Hermann und der
Susanna von Hochsteden
in der Pfarrkirche St. Lambertus

Hochsteden, einer geborenen Freifrau von Pranck. Den äußeren Rahmen bilden je 16 Wappen der Vorfahren aus den Familien des Mannes und der Frau. Unter der Inschrift erscheint der Totenschädel mit gekreuzten Oberschenkelknochen als Vergänglichkeitssymbol. Im unteren Teil des Epitaphs nennen sich in einer weiteren lateinischen Inschrift die Kinder des Ehepaares als Auftraggeber des Grabmals. Die großen, hervorgehobenen Buchstaben bilden ein Chronogramm, aus dem sich das Jahr 1688 (Todesjahr der Mutter) als Entstehungsjahr des Epitaphs ergibt (Abb. 14).

Neben der Stiftskirche waren die Kreuzherrenkirche und ihr Klosterfriedhof begehrte Begräbnisstätten der vornehmen Düsseldorfer Familien. Die Kreuzherren waren 1438 von Herzog Gerhard und seiner Gemahlin, der Herzogin Sophie von Sachsen-Lauenburg, nach Düsseldorf berufen worden. 1446 wurde die Gründung des Konvents bestätigt, die auch das Begräbnisrecht mit einschloß. Der Bau der Kirche und des Klosters zog sich bis in die zweite Hälfte des 15. Jahrhunderts hin. In ihrem Testament bestimmte die 1473 verstorbene Herzogin Sophie die Kreuzherrenkirche als ihren Begräbnisplatz. Ob sie dort wirklich begraben wurde, ist jedoch nicht gesichert.[35]

Die vornehmste Tote der Kreuzherrenkirche war die Herzogin Jacobe von Baden, die Gemahlin Herzog Johann Wilhelms I., die am 3. September 1597 ermordet in ihrem Bett aufgefunden wurde. Sie war ein Opfer der Intrigen am herzöglichen Hof. Die Herzogin, der man einen unbewiesenen Ehebruch zur Last legte, wurde nicht in der Fürstengruft der Stiftskirche beigesetzt, sondern im Chor der Kreuzherrenkirche in einer ausgemauerten Gruft ohne Zugang, die nach dem Einsetzen des Sarges vermauert wurde und durch kein Grabmal gekennzeichnet war. Das Begräbnis fand in der Nacht des 10. September 1597 ohne jeden Prunk statt, da man am Hof Sympathiekundgebungen der Bevölkerung für die sehr beliebte Herzogin fürchtete.[36]

Mit der Säkularisation des Kreuzherrenklosters hörten auch die Begräbnisse in der Kirche auf. Die Kirche wurde während der Franzosenherrschaft und der Zeit des Generalgouvernments profanen Zwecken nutzbar gemacht. Bevor die preußische Regierung 1820 hier ein Waffenlager einrichtete, grub man die in der Kirche liegenden Gebeine der Toten aus und sammelte sie in einem Schrein. Dieser wurde am Allerheiligentag des Jahres 1819 unter dem Friedhofskreuz auf dem Golzheimer Friedhof erneut begraben. Der von dem Steinmetzen Jansen aus Schiefer gehauene Gedenkstein steht heute auf dem südlichen Friedhofsteil (Abb. 15). Sein Aufsatz trägt die lateinische Inschrift:

HIC SILENT AFFECTUS
ODIUM ET IRA
QUOD SUPEREST TERRENIS
UNUM SUSCEPIT SEPULCHRUM

(Hier schweigen Leidenschaft, Haß und Zorn. Was von den Irdischen übrig ist, nimmt ein Grab auf.)
Die Inschriften auf dem Hauptteil des Steines in Latein und Deutsch erinnern an die Übertragung. Die deutsche Version lautet:

> Hier liegen die Gebeine
> Welche am 1er November 1819
> Aus der Ehemaligen Kirche der
> im Jahre 1802
> in Düsseldorf Aufgelösten
> Kreutz Herren Canonie
> ueberbracht worden sind.
> Sie ruhen in Frieden.

Das besondere Interesse der preußischen Regierung galt der Auffindung des Grabes der Herzogin Jacobe. Zu diesem Zweck nahm man im Oktober 1819 im Chor der Kreuzherrenkirche gründliche Grabungen vor. Man fand schließlich an einem auch den Überlieferungen entsprechenden Ort vor dem Altar der Mater Dolorosa eine Gruft ohne Zugang, in der ein einzelner Bleisarg stand. An den Wänden der Gruft fanden sich keine Inschriften. Das in dem Sarg liegende Skelett wurde von den Ärzten als das einer Frau erkannt. Nach weiteren Untersuchungen war man überzeugt, das Grab der Herzogin gefunden zu haben. 1820 wurde der Sarg in die Lambertuskirche überführt und in der Fürstengruft beigesetzt. Am Ende des 19. Jahrhunderts entstanden Bedenken wegen der Identität der gefundenen Toten mit der Herzogin Jacobe. Man hat 1880 nochmals in der Kreuzherrenkirche nach verborgenen Grüften gegraben, jedoch ohne in dieser Frage Ergebnisse zu erhalten.[37]
Bei den Grabungen 1819 und 1880 hatte man noch verschiedene andere Grüfte und Totenkeller gefunden. In einem Totenkeller von 3,30 m Länge und 2,40 m Breite standen an den Wänden die Namen und Todesdaten der dort Beigesetzten. Es waren Angehörige der vornehmen Düsseldorfer Familien Mattenclot, Redinghoven und Winkelhausen. Der älteste war der 1593 verstorbene Pronotar Gabriel Mattenclot, der jüngste der 1724 beigesetzte Johann Gottfried von Redinghoven.
Von den Grabplatten, die den Fußboden der Kreuzherrenkirche bedeckt hatten, waren in preußischer Zeit vermutlich nicht mehr viele erhalten. Das Hochwasser von 1784 hatte auch die Kreuzherrenkirche überspült, deren Fußboden danach neu gedeckt werden mußte.
Auch in den anderen Düsseldorfer Klöstern wurden Tote bestattet. In erster Linie natürlich die Angehörigen des Ordens, wohl aber auch Laien, die den Klöstern besonders nahestanden. In der ehemaligen Klosterkirche des Franziska-

I Schrein des Hl. Suitbertus
Pfarrkirche St. Suitbertus in Kaiserswerth

II Grabmal Herzog Wilhelms des Reichen
Pfarrkirche St. Lambertus

15 Umsetzungsstein für die Toten aus der Kreuzherrenkirche Golzheimer Friedhof

nerordens, der heutigen Maximilianskirche, lag die Gruft der Mönche im Westen neben der Kirche. Die darüberliegende Kapelle wurde in den dreißiger Jahren von dem Bildhauer Friedrich Coubillier zu einer Gefallenengedächtnisstätte umgestaltet. Zwei Epitaphien von Laien, die noch aus der ersten, 1662–1668 erbauten Klosterkirche stammen, sind heute im Kreuzgang eingemauert. Die Inschriften nennen den italienischen Maler Johannes Franciscus Cassioni, ein Hofmaler des Kurfürsten Johann Wilhelm, der am 8. Februar 1712 starb, und den Sekretär des Geheimen Kurfürstlichen Rats zu Düsseldorf und Präfekten zu Breisich Johann Wilhelm Anton Konigs, der ebenfalls 1712 starb[38] (Abb. 16).

Auch in den Kirchen der reformierten und lutherischen Gemeinde fanden im 18. Jahrhundert Bestattungen von Pfarrern und Gemeindemitgliedern statt. Beide Kirchen waren erst unter der Regierung des Kurfürsten Johann Wilhelms am Ende des 17. Jahrhunderts erbaut worden. Die größere, die heutige Neanderkirche an der Bolkerstraße, war als Gotteshaus der reformierten Gemeinde 1684 vollendet, die kleinere Kirche der lutherischen Gemeinde an der Bergerstraße 1687. Im Gegensatz zur katholischen Stiftskirche besaßen die beiden protestantischen Gemeinden keine eigenen Friedhöfe und mußten den außerhalb der Stadt gelegenen kommunalen Friedhof benutzen (vgl. II. Kap., S. 48). Das Begräbnisrecht in der Kirche, wie es die katholischen Kirchen Düsseldorfs besaßen, wurde ihnen erst im 18. Jahrhundert zuerkannt.

16 Epitaph des J. W. A. Konigs in der Pfarrkirche St. Maximilian

Zu den ältesten Gräbern in der lutherischen Bergerkirche gehört das Grab des 1708 nach Düsseldorf berufenen Pfarrers Batholomäus Crasselius, der als Liederdichter berühmt wurde und 1724 vor dem Altar begraben wurde.[39] Seine Grabplatte ist heute neben dem Portal aufgerichtet. Die Inschrift ist, protestantischer Tradition entsprechend, in Deutsch geschrieben. Darunter sieht man eine Darstellung des Guten Hirten, der das verirrte Lamm auf seinen Schultern heimträgt. Dieses Bild erscheint schon auf Grabmälern des frühen Christentums und kennzeichnet das Vertrauensverhältnis der Gläubigen zu Christus, wie auch hier die Umschrift: „Der Gute Hirte ist mein göttliches Panier" ausdrückt.

Nach den Gemeindeprotokollen wurde im 18. Jahrhundert noch eine größere Zahl Gemeindemitglieder in der Kirche bestattet, so z. B. 1743 der Kammerherr Freiherr Alexander Moritz von Prittwitz gegen eine Gebühr von 100 Reichstalern und 80 Albus, dessen Wappen an der Galerie aufgehängt wurden.[40]

Die Bestattungen in der rheinnahen Bergerkirche waren wie die in der Stiftskirche aus hygienischen Gründen bedenklich. Beim Hochwasser des Frühjahrs 1784 stand das Wasser in der Kirche, bei seinem Rückgang waren die Gräber eingesunken.[41]

Die reformierte Gemeinde hat bis zur Mitte des 18. Jahrhunderts keine Bestattungen in der Kirche zugelassen. Selbst die Pastoren wurden auf dem Neuen

# Wir Karl Theodor von GOttes Gnaden

Die Abschaffung der Begräbnüsse in den Städten, und Applanirung der Kirchhöfe.

**Pfalzgraf bey Rhein, Herzog in Ober- und Nieder Bayern, des Heil. Röm. Reichs Erztruchses und Churfürst, zu Gülich, Cleve und Berg Herzog, Landgraf zu Leuchtenberg, Fürst zu Mörs, Marquis zu Bergen op Zoom, Graf zu Veldenz, Sponheim, der Mark und Ravensberg, Herr zu Ravenstein, ꝛc. ꝛc.**

**Unsern gnädigsten Gruß zuvor!**

Liebe Getreue! Nachdem Wir in gnädigster Erwegung der aus den Toden Gräbern auffsteigenden Ausdünstungen, und daher auf das menschliche Leben, und Gesundheit entstehenden schädlichen Folgen gnädigst entschlossen haben, und wollen, daß in Unseren Städten alle Begräbnüsse fürohin gänzlich untersaget, die in denselben befindliche Kirchhöfe applaniret, daß mithin, ausser den Städten, freie entfernete Plätze zu Kirchhöfen angeleget, sodann daß die Leichen wenigstens 6. Fuß tief begraben, die Beisetzung der Leichen in den Kirchen nur Standespersonen jedoch anderst nicht erlaubet seyn solle, als daß solche in wohl ausgemaurten Gewölbern, und darin anzulegenden Backöfen, welche nach eingesetzter Leiche so gleich zuzumauren, verschlossen, ferner, daß der Nahme des Verstorbenen nebst dem Jahr, und Tag der Begräbnüs entweder auf eine Platte oder auf die Mauer notirt, daß sodann dergleichen Behältnüs vor 20. Jahren nicht geöfnet werden sollen; Als befehlen Unseren Gülich- und Bergischen Beamten gnädigst, diese, das Wohl Unserer Unterthanen einzig bezielende, Vorschrift wegen Verlegung der Kirchhöfe aus den Städten, und überhaupt, wo solche nicht räumlich genug sind, sich so fort angelegen seyn zu lassen, diesertwegen mit der Geistlichkeit, auch Kirchen und Gemeinheits Vorstand das Nötige zu überlegen, sodann die Pfarrer, wie auch die Obern der Klöster beiderlei Geschlechts um die Gewölber, wie vor erwehnet, bei Verlust des Begräbnüs-Rechts, einrichten zu lassen, mit Abgabe eines Exemplars zu verbescheiden, und wie weit ihr mit solcher Einrichtung gekommen, in 6. Wochen unterthänigst zu berichten, mithin euch die gehorsamste Befolgung eines und anderen besonders angelegen seyn zu lassen. Düsseldorf den 4ten Mai 1784.

**Aus Seiner Kurfürstl. Durchleucht sonderbarem gnädigsten Befehl.**

**Carl Graf von NESSELROD.**

v. Reiner.

Friedhof bei Derendorf begraben. Erst 1748 wurde Gemeindemitgliedern zu der hohen Gebühr von 100 Reichstalern „in der Hecke“ (vor dem Altar), bzw. 50 Reichstalern an anderen Orten in der Kirche, das Begräbnis gestattet. Offenbar war dieser von den Katholiken übernommene Brauch nicht unumstritten. Natorp kritisierte die darin liegende Bevorzugung der höheren Stände und bezeichnete ihn als eine in Rücksicht auf die Gesundheit „widerwärtige Neuerung“.[42]

Noch bis 1797 wurden in den protestantischen Kirchen Bestattungen vorgenommen, in den Totenkellern der Stiftskirche noch bis 1802. Aber schon seit dem Beginn der Herrschaft Carl Theodors gab es Bestrebungen, alte Begräbnisbräuche, insbesondere die Bestattungen in den Kirchen und auf den innerstädtischen Kirchhöfen, zu unterbinden. 1784 wurde durch Innenminister Graf von Nesselrode in „Erwägung der aus den Todengräbern aufsteigenden Ausdünstungen und die daraus auf das menschliche Leben und die Gesundheit entstehenden schädlichen Folgen“ verfügt, daß nur noch Standespersonen die Beisetzung in wohlausgemauerten Gewölben gestattet werden soll, welche nach eingesetzter Leiche sogleich zuzumauern seien und daß „dergleichen Behältniß vor zwanzig Jahren nicht geöffnet werden sollen...“[43] (vgl. S. 35). Die Beschränkungen mündeten 1803 in dem Erlaß des Kurfürsten Max Joseph mit dem Verbot jeder Bestattung innerhalb der Städte ohne Unterschied auf Religion und Stand, die die Bestattungen innerhalb der Kirchen und in den Totenkellern selbstverständlich miteinschlossen.[44]

Im Laufe des 19. Jahrhunderts ist das Verbot der Bestattungen in den Kirchen wieder etwas gelockert worden. Geistlichen von hohem Rang oder besonderer Auszeichnung wurde das Begräbnis in den Kirchen wieder gestattet. So wurden 1936 die Gebeine des wie ein Heiliger verehrten Jesuitenpaters Hermann Schoenenbusch (1728–1810), der auf dem Bilker Friedhof begraben worden war, in die Kirche Alt-St. Martin übertragen und dort unter einer Grabplatte von Dietrich Meinardus bestattet.[45] Auch für die 1859 verstorbene Schwester Emilie Schneider, Angehörige des Ordens der Barmherzigen Schwestern, wurde eine Grabstätte in der St. Josephs-Kapelle am Theresienhospital eingeräumt.[46] In der Lambertuskirche wurden nach dem Krieg zwei Geistliche im Chorumgang begraben: der letzte Bischof von Danzig Dr. Karl-Maria Splett und der 1966 verstorbene Pfarrer Heinrich Schmitz. Beide Grabplatten wurden von dem Limburger Bildhauer Winter gestaltet.[47]

*II. Kapitel*

# Die verschwundenen Friedhöfe

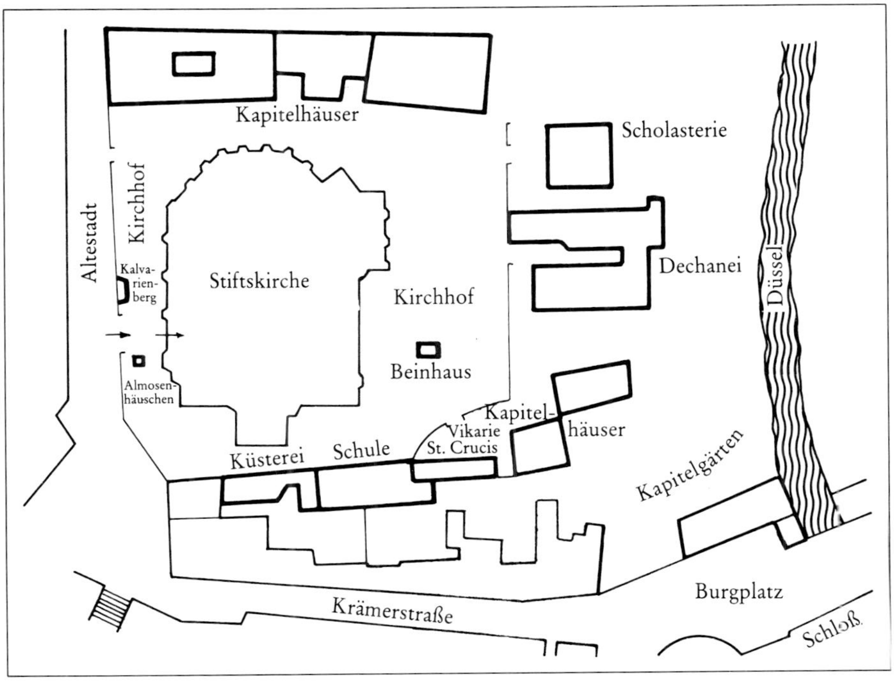


17 Der katholische Kirchhof Düsseldorfs bei der Stiftskirche vor der Schließung 1766

## *Der Kirchhof bei der Stiftskirche*

Schon im Mittelalter reichten die innerkirchlichen Begräbnisplätze für die Düsseldorfer nicht aus. So wurde auf dem Gelände des heutigen Stiftsplatzes rund um die Kirche ein Begräbnisplatz unter freiem Himmel angelegt. Dieser Kirchhof wird 1303 in einer Urkunde zum ersten Mal erwähnt. Sie bekundet die Schenkung eines Hauses, das am Friedhofstor lag, an das Stift.[1] Vermutlich war der Kirchhof noch älter und schon nach dem Bau der St. Lambertus-Kirche im 13. Jahrhundert angelegt worden. Leider ist von ihm keine bildliche Darstellung erhalten. Nur nach Beschreibungen können wir uns eine Vorstellung von seiner Lage, Größe und Ausstattung machen.[2]
Im Norden führte die Hauptstraße Altestadt vorüber, gegen die der Friedhof durch eine 1½ m hohe Mauer geschützt war. In ihr befanden sich zwei Eingänge. „Kircheisen“ genannte Eisenroste an den Friedhofstoren verhinderten, daß Tiere auf den Friedhof liefen. Im Süden und Osten umschlossen die Gebäude des Stifts und die Häuser der Kanoniker den Friedhof (Abb. 17).
Am Haupteingang, der auf das Nordportal der Kirche zuführte, stand auf einem 2 m hohen Sockel, beschirmt von einem Schutzdach, ein Kalvarienberg. Die Figuren aus Sandstein stellten Christus zwischen den beiden Schächern am

18 Kalvarienberg aus dem 15. Jahrhundert
altes Foto vor seiner Zerstörung am Ende des 19. Jahrhunderts

Kreuz, Maria und Johannes, Longinus und den Hauptmann unter dem Kreuz dar. In der Brust Christi und der des guten Schächers waren Reliquien verborgen. Von dem monumentalen niederrheinischen Kunstwerk, das 1469 aufgestellt wurde, sind ein altes Foto (Abb. 18) und eine Zeichnung von 1769 erhalten, die den Kalvarienberg unter seinem Schutzdach zeigt (Abb. 19). Nach der Schließung des Kirchhofs hatte man den Kalvarienberg – gegen den Protest der Stiftsherren – an die nördliche Kirchenwand neben das Bürgerportal gerückt.[3] Ihres schützenden Baldachins beraubt, hat die Skulpturengruppe durch die Witterung so sehr gelitten, daß 1887 ein von dem Düsseldorfer Bildhauer Joseph Reiss geschaffener neugotischer Kalvarienberg an ihre Stelle trat. Das spätmittelalterliche Werk wurde zerstört und als Bauschutt verwendet. Die heute in der Nische der Lambertuskirche aufgestellte Skulpturengruppe ist wiederum eine Kopie des neugotischen Werks, das bereits 1930 verwittert war.[4]

Rechts neben dem Friedhofseingang stand ein Almosenhäuschen, auf dem südlichen Kirchhofsteil ein weiteres kleines Gebäude, das bei der Schließung des Friedhofs abgerissen wurde. Es diente als Beinhaus. Hier wurden die bei der Wiederbelegung der Gräber noch aufgefundenen Gebeine aufbewahrt.[5] Ebenso wie Bildwerke, die an den Kreuzestod Christi erinnern, gehörten auch die

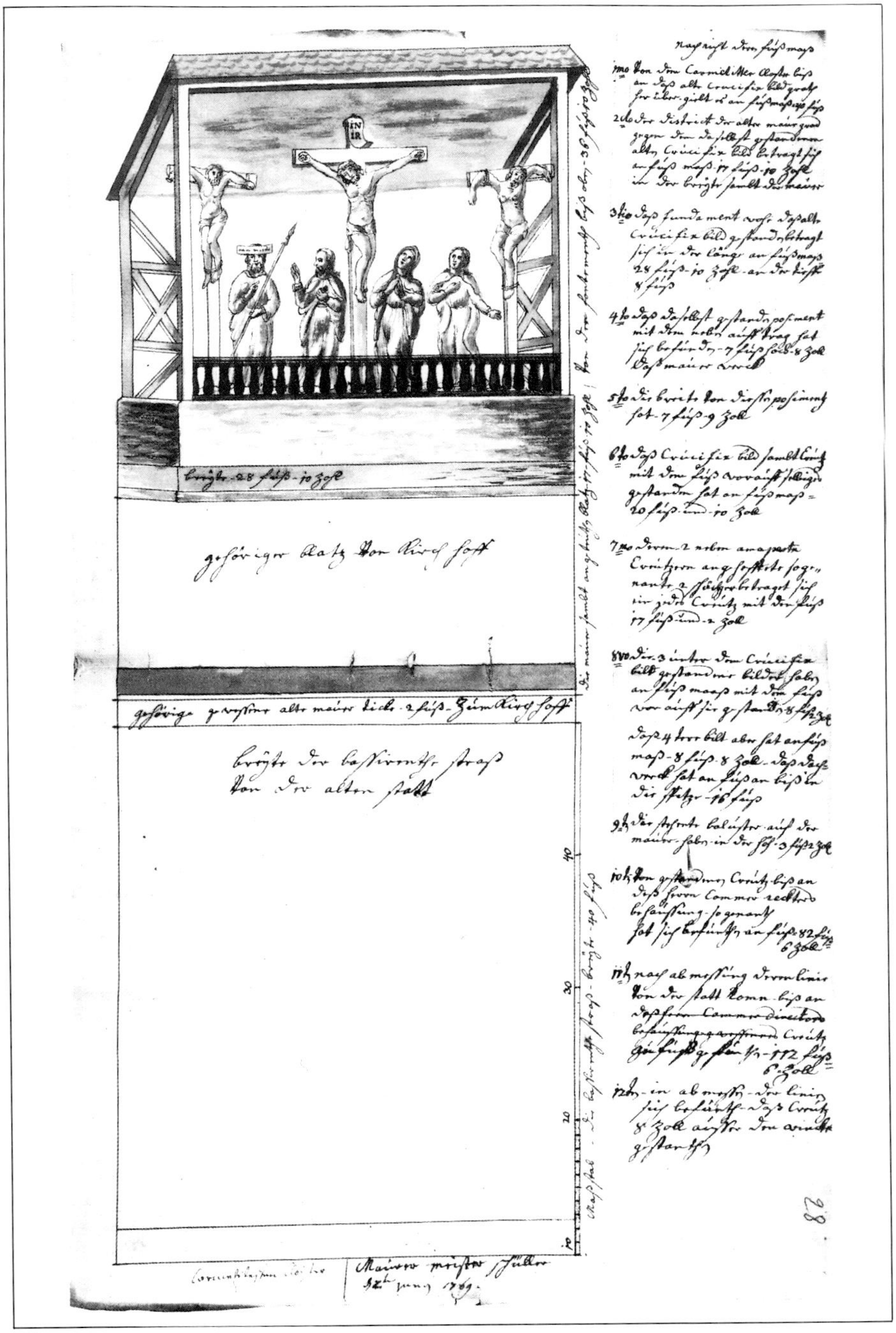

19 Skizze des Kalvarienbergs mit Schutzdach
Hauptstaatsarchiv Düsseldorf

20 Ehemaliges Beinhaus von Kaiserswerth

21 Inschriften über dem Tor des Kaiserswerther Beinhauses

Beinhäuser zu den Einrichtungen alter Friedhöfe. Bei der Wiederbelegung der Gräber grub man die Gebeine der Toten aus und sammelte sie in den Beinhäusern. Die aufgeschichteten Schädel und Oberschenkelknochen bildeten ein schauriges „Memento Mori“, ein Mahnmal der Vergänglichkeit des Menschen. Seit der Schließung der alten Kirchhöfe sind auch die Beinhäuser verschwunden. Auf den im 19. Jahrhundert angelegten Friedhöfen wurde auf den Bau von Beinhäusern verzichtet. Überreste von Toten, die bei der Wiederbelegung der Gräber von den Totengräbern gefunden wurden, bestattete man in einer tieferen Erdschicht. Die langen Ruhefristen, die im 19. Jahrhundert gesetzlich vorgeschrieben waren, bewirkten, daß die Verwesungsprozesse abgeschlossen waren. In Kaiserswerth, dessen katholischer Begräbnisplatz ebenfalls um die Stiftskirche St. Suitbertus angelegt worden war, diente das 1729 am Kirchhof erbaute Haus diesem Zweck, worauf die Inschriften über dem Eingang hinweisen, deren Chronogramme die Jahreszahl 1729 ergeben[6] (Abb. 20 und 21).
Im ausgehenden Mittelalter (1431) lebten innerhalb des mittelalterlichen Mauerringes 1250 Menschen. Am Ende des 18. Jahrhunderts (1775) innerhalb der neuzeitlichen Stadtbefestigung 8208 Bürger.[7] Setzt man eine Sterbequote von ca. 3 % im Jahr voraus, so waren im 15. Jahrhundert jährlich 37 Tote zu begraben, am Ende des 18. Jahrhunderts dagegen ca. 250. Diese Überschlagsrechnung verdeutlicht, welcher Raumnot der Kirchhof im Laufe der Jahrhunderte ausgesetzt war. Das Gelände konnte nicht erweitert werden, da die Umgebung dicht bebaut war. Dies führte dazu, daß die Gräber in immer schnellerer Folge wiederbelegt wurden. Im späten 18. Jahrhundert sollen die Gebeine nur noch eine Handbreit unter der Erde gelegen haben, und die Verwesung der Leichen verbreitete üble Gerüche.[8] Zu diesem Mißstand kam die ungünstige Lage des Kirchhofs in der Nähe des Rheins. Bei Hochwasser wurde der Friedhof häufig überschwemmt. Da sich durch die jahrhundertelangen Bestattungen der Boden gehoben hatte, lief das Wasser in die umliegenden Häuser.
Diese Umstände zwangen die Regierung einzugreifen. 1756 erging die erste Aufforderung des Kurfürsten Carl Theodor (1742–1799) an das Stift, den Kirchhof zu schließen.[9] Es vergingen jedoch noch zehn Jahre, ehe sich dieser Plan verwirklichen ließ. Das Stift setzte der Maßnahme erhebliche Widerstände entgegen. Erst der energische und reformfreudige Statthalter Graf von Goltstein setzte die Schließung des Friedhofs 1766 durch. Die Grabmäler durften auf den neuangelegten Friedhof vor dem Flingertor übertragen werden (vgl. S. 45). 1769 wurde die Friedhofsmauer abgerissen, der Kalvarienberg versetzt und die Straße verbreitert. 1815 wurde der Friedhof applaniert und gepflastert, Linden angepflanzt und der ehemalige Kirchhof in einen städtischen Platz umgestaltet.

Die Schließung des Kirchhofs bei der Stiftskirche im Herzen Düsseldorfs war eine unumgängliche Maßnahme, die in der zweiten Hälfte des 18. Jahrhunderts in fast allen größeren Städten vollzogen wurde. Vielen seiner rheinischen Nachbarstädte ging Düsseldorf hierin voran. In Bonn z. B. ließ Kurfürst Max Franz 1787 den Kirchhof um das Münster und die Pfarrkirchhöfe in der Stadt schließen und bestimmte den schon am Anfang des 18. Jahrhunderts vor dem Sterntor als Soldatenfriedhof angelegten Begräbnisplatz zum allgemeinen Friedhof. In Köln, Neuss und Aachen wurde diese Maßnahme solange hinausgezögert, bis die französische Besatzung am Anfang des 19. Jahrhunderts die Schließung der innerstädtischen Friedhöfe rigoros befahl und die Städte zwang, neue Friedhöfe vor ihren Mauern anzulegen. Köln z. B. verdankt seinen 1808–1810 angelegten Melatenfriedhof dem französischen Begräbnisrecht.[10]
Um den Widerstand zu verstehen, den namentlich die Katholiken der Schließung der Kirchhöfe entgegensetzten, muß man religiöse und historische Gründe berücksichtigen. Die Kirche war das Zentrum der lebenden Gemeinde, gleichzeitig aber – als Mittelpunkt des Begräbnisplatzes – auch das der toten Gemeinde. In ihr lagen die Märtyrergräber oder Reliquien, von deren körperlicher Nähe man sich eine Heilswirkung erhoffte. Auch die Gebete der Gläubigen, vor allem aber die an den Jahrestagen des Todes abgehaltenen Totenmessen, setzten eine enge räumliche Verbindung von Kirche und Friedhof voraus. Die Toten waren vom religiösen Leben nicht ausgeschlossen, denn die Kirchgänger wurden auf dem Wege zur Kirche, der über den Kirchhof führte, ständig an die Verstorbenen, wie auch an den eigenen Tod, erinnert. Wo man einst begraben sein würde, war deshalb eine wichtige Frage für die Gläubigen. Noch in der Mitte des 19. Jahrhunderts, als sich die neuen, außerhalb der Städte angelegten Friedhöfe bereits bewährt hatten, beklagte der Kölner Appellationsgerichtsrat August Reichensperger den Verlust der Begräbnisstätten in den Kirchen, Kreuzgängen und auf den Kirchhöfen und die weltlichen Gesetze, die „dem natürlichen Wunsch eines warmen Christenherzens verwehrten, im Tempel Gottes, in der Nähe der Reliquien eines Heiligen oder Märtyrers, welche der Altar birgt, seine Ruhestätte zu finden“.[11]
Für die Protestanten hingegen ergab sich aus der Lage des Friedhofs kein Problem. Da sie nicht an die fürbittende Kraft von Heiligen glauben, keine Reliquienverehrung kennen und keinen Memorienkult, sondern einzig auf den Opfertod Christi als Gewähr für die Auferstehung vertrauen, war es nicht nötig, daß sich der Friedhof bei der Kirche befand. Auch Martin Luther hat in der Standortfrage der Friedhöfe eine sehr moderne Haltung eingenommen. Für ihn waren bereits hygienische und ästhetische Gesichtspunkte bestimmend, und er zog deshalb einen außerhalb der Stadt gelegenen, schön angelegten und geräumigen Friedhof einem überbelegten innerstädtischen Kirchhof mit seinen hygienischen Mängeln vor.[12]

Außerhalb der Städte gelegene, sog. „Feldfriedhöfe" gab es in Deutschland schon seit dem späten Mittelalter. Vermutlich waren die Pestepidemien der Anlaß für die Anlage dieser externen Friedhöfe. Oft erhielten sie einen ausgesprochen diskriminierenden Charakter. Hier wurden diejenigen beerdigt, die auf dem Kirchhof in der Stadt kein Begräbnisrecht genossen, da sie nicht zur Gemeinde gehörten. Das betraf Arme, Fremde und Soldaten und die Angehörigen religiöser Minderheiten, wie Protestanten und Juden, in katholischen Gegenden. Auch in Düsseldorf gab es solche externen Friedhöfe, von denen später die Rede sein wird (vgl. S. 48ff).

## *Der katholische Friedhof vor dem Flingertor*

Als Ersatz für den 1766 geschlossenen Kirchhof der Stiftskirche ließ Graf Goltstein im selben Jahr vor dem Flingertor einen neuen Friedhof für die katholische Gemeinde der Innenstadt anlegen. Man hatte zunächst vergebens versucht, den Neuen Friedhof bei Derendorf, der im 18. Jh. vorwiegend von den Protestanten benutzt wurde, auch den Katholiken anzuweisen.[13] Die Lage im Osten der Stadt entsprach den Richtlinien des 18. Jahrhunderts über Friedhofsanlagen. Man berücksichtigte die Windrichtung, um zu verhindern, daß Verwesungsgerüche in die Stadt getrieben werden. Da in Düsseldorf der Wind am häufigsten aus dem Westen weht, war die Anlage des Friedhofs östlich der Stadt konsequent. Im Stadtplan von 1798 ist der Friedhof eingezeichnet. Er lag inmitten von Gärten, nur wenige Meter von der ehemaligen Stadtbefestigung entfernt (Abb. 22). Ein von Landvermesser Johannes Petrus Nosthoffen 1766 gezeichneter Friedhofsplan zeigt die Anlage und innere Aufteilung des Begräbnisplatzes[14] (Abb. 23). Das Gelände, dessen Fläche 1½ Morgen, 9 Ruten und 37 Fuß betrug, hatte eine rechteckige Form. Zwei Eingänge (A) führten zur Landstraße nach der Stadt (heutige Steinstraße) und zur Benrather Straße. Der Kreuzweg (B) teilte den Friedhof in vier gleiche Felder auf, die außerdem durch einen umlaufenden Weg (C) erschlossen wurden. An der mit D gekennzeichneten Stelle sollte das Friedhofskreuz stehen, an den mit E gekennzeichneten Ecken zwei Beinhäuser. Die vier Begräbnisfelder waren in jeweils 19 waagerechte Reihen eingeteilt. Auf jeder Reihe sind 16 Grabstellen eingezeichnet. So entstanden 1216 Gräber. Gemessen an der Bevölkerungszahl (ca. 8000 Katholiken in der Innenstadt) war der Friedhof sehr klein. Bei der angenommenen Sterbequote von 3% ($240 \times 5 = 1200$) wären die Gräber schon nach etwa 5 Jahren belegt gewesen und hätten wiederbelegt werden müssen. Eine Ruhefrist von nur 5 Jahren war allerdings in dieser Zeit üblich.[15]

Am 14. 3. 1769 wurde der Friedhof geweiht und am 14. 4. 1769 in Benutzung genommen. 1778 errichtete man ein steinernes Friedhofskreuz. Es stand vorher

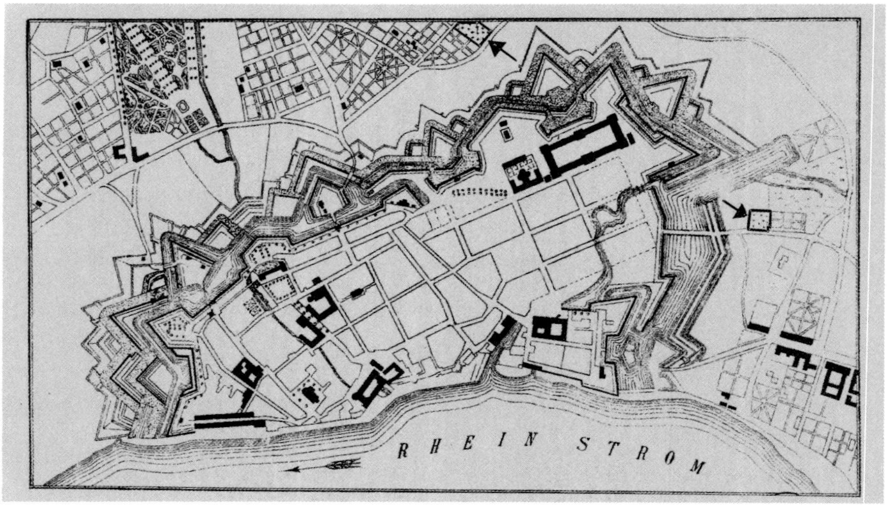


22 Stadtplan von Düsseldorf im Jahre 1798 mit dem vor den Stadtmauern gelegenem Friedhof vor dem Flingertor und dem Garnisonsfriedhof (Pfeile)
Stadtarchiv Düsseldorf

beim Hochgericht in Derendorf und wurde nach der Schließung des Friedhofs vor dem Flingertor auf den Derendorfer Pfarrkirchhof übertragen.[16]
Eine Mauer – wie auf dem Nosthoffen-Plan eingezeichnet – besaß der Friedhof nicht. Erst 1803 ordnete Innenminister Freiherr von Hompesch ihren Bau an. Steine von der geschleiften Stadtbefestigung sollten dafür verwendet werden.[17] Da der Friedhof schon bald danach aufgegeben wurde, kam der Bau der Friedhofsmauer nicht mehr zur Ausführung.
Der Friedhof vor dem Flingertor erwies sich als eine städtebauliche Fehlplanung, was freilich bei seiner Anlage noch nicht voraussehbar war. Nach dem verlorenen Krieg gegen Frankreich wurde 1801 im Frieden von Lunéville bestimmt, daß die Festungsanlagen Düsseldorfs geschleift werden. Die 1802 begonnene Schleifung hatte zur Folge, daß der die Stadt einengende Gürtel der Stadtmauern fiel. Der Friedhof war ein Hindernis für die Ausdehnung der Stadt und wäre bald wieder von Häusern umschlossen gewesen. So entschloß man sich, ihn aufzugeben und in einem erheblich weiteren Abstand von der damaligen Stadtgrenze im Norden einen neuen kommunalen Begräbnisplatz – den Golzheimer Friedhof – anzulegen.
Am 6. September 1804 wurde der Friedhof vor dem Flingertor geschlossen und für 345 Reichstaler versteigert. Rat Weingartz, der das Gelände erwarb, mußte sich verpflichten, 20 Jahre lang den Boden nicht zu bearbeiten.[18] Von den Grabmälern des Friedhofs vor dem Flingertor sind vermutlich einige auf dem neuen Golzheimer Friedhof wiederverwendet worden (vgl. V. Kap., S. 91 f)

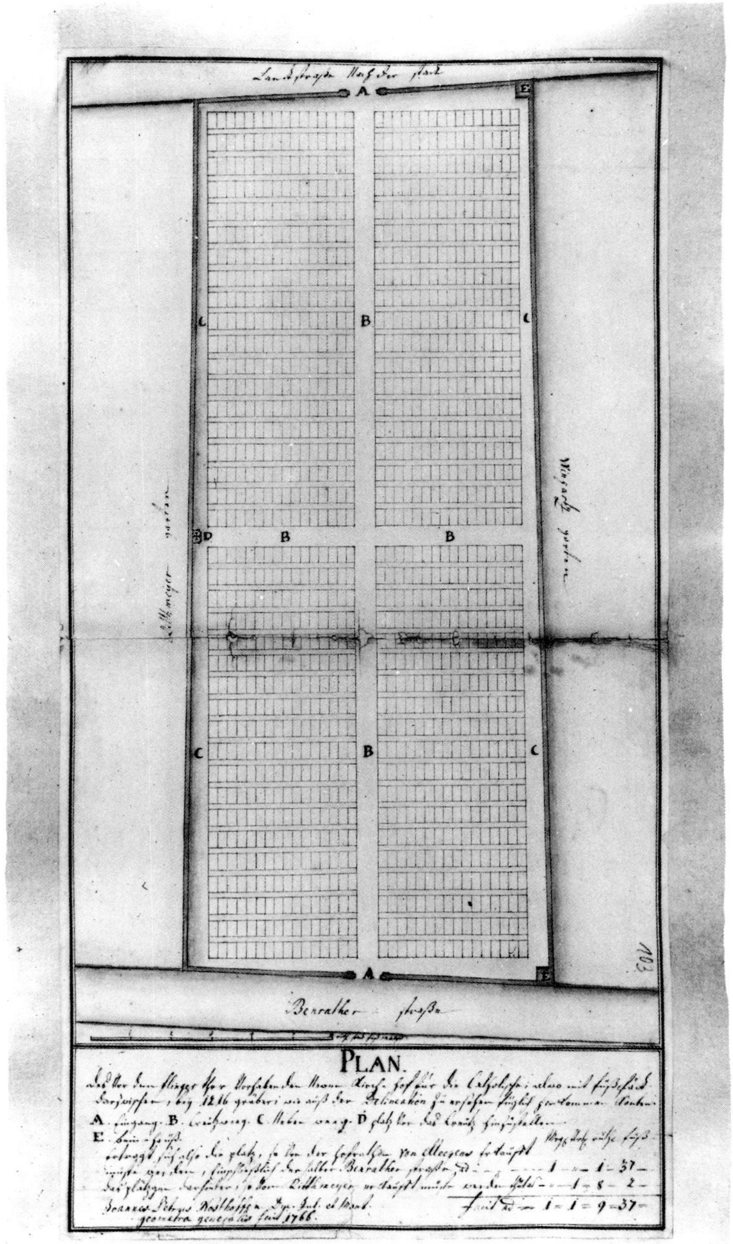


23 Projektplan des Friedhofs vor dem Flingertor 1766
Hauptstaatsarchiv Düsseldorf

## *Der Neue Friedhof vor dem Ratinger Tor*

1565 ließ Herzog Wilhelm der Reiche nach einer Pestepidemie einen Notfriedhof außerhalb der Stadt, in der Nähe von Derendorf, anlegen und ihn von Weihbischof Johannes Kritius aus Münster weihen.[19] Auf diesem Friedhof sollen im Pestjahr 1577 170 Tote kostenlos beerdigt worden sein.[20] Dieser Friedhof war der älteste kommunale Begräbnisplatz Düsseldorfs. Er gehörte – im Gegensatz zum Kirchhof der Stiftskirche – nicht der Kirche, sondern als Geschenk des Landesherrn der Stadt. Da die Pest Düsseldorf zum letzten Mal am Ende des 17. Jahrhunderts heimsuchte, wurde der Friedhof auch für Beerdigungen der Armen und Fremden genutzt und den langsam wachsenden protestantischen Gemeinden zur Verfügung gestellt, denen 1602 das Begräbnis auf dem Friedhof an der Lindentrappenpforte verweigert wurde (HSTA Jülich-Berg II 5 178).

Am Ende des 18. Jahrhunderts hatten die beiden protestantischen Gemeinden je ca. 1000 Mitglieder, also jährlich ca. 60 Tote zu beerdigen.[21] Wann hier die ersten Protestanten beerdigt wurden, ist leider nicht feststellbar, da erst ab 1769 durch einen Erlaß Carl Theodors die Angabe des Beerdigungsortes in den Totenbüchern der Kirchen vorgeschrieben war.[22] Nach den Protokollbüchern der Reformierten Gemeinde wurde schon 1624 ein Pastor auf dem Neuen Friedhof beerdigt.[23]

Der Begräbnisplatz lag an der Kreuzung der Frankfurter Landstraße (der heutigen Kaiserswerther Straße) mit der Derendorfer Landstraße (der heutigen Nordstraße). Nach der gegenüberliegenden Kapelle, die 1807 abgerissen wurde (an sie erinnert nur noch die Kapellstraße), wurde der Begräbnisplatz auch „Friedhof am Kapellchen" genannt und nach einem am Friedhof stehenden Siechenhaus erhielt er den Namen „Tollenfriedhof".[24]

Am 7. Mai 1766 zeichnete Landvermesser Nosthoffen einen Plan des Friedhofs (Abb. 24).[25] Er zeigt ein großes Grundstück von unregelmäßiger, annähernd dreieckiger Form, das 2 Morgen, 3 Viertel, 3 Ruten und 170 Fuß oder 92352 Quadratfuß umfaßte und damit mehr als doppelt so groß wie der Friedhof vor dem Flingertor war. Drei Gebäude (A, B und C) sind auf dem Plan eingezeichnet, von denen C als Beinhaus bezeichnet wird.

Den Friedhof umgab eine Mauer. An ihr lag das Siechenhaus, das 1807 nach der Aufgabe des Friedhofs geschlossen wurde. Der Eingang lag an der Kreuzung der beiden Straßen und war von zwei „Schoeffen" (Schuppen?) zum Abstellen der Leichenbahren (D) flankiert. Von hier führte ein breiter Weg (F) auf das Haus zu. Grabfelder sind nicht eingetragen, doch geht aus den Beschreibungen hervor, daß die beiden protestantischen Gemeinden den vorderen Teil des Friedhofs benutzten. Mehrstellige Erbbegräbnisse mit Grüften gab es offenbar entlang der Friedhofsmauer, denn aus dem Tagebuch des Johann Conrad Jacobi

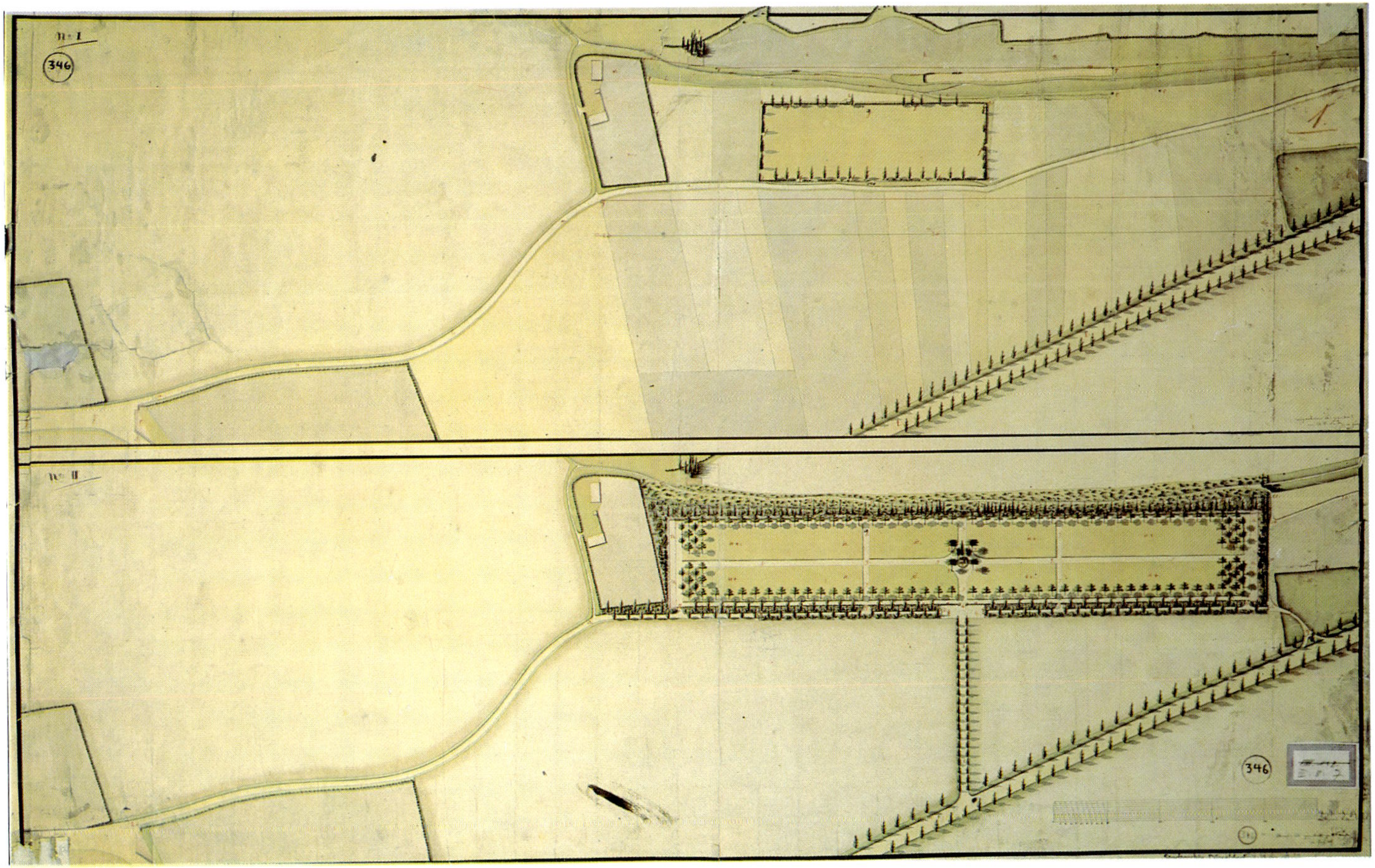


III Plan des Golzheimer Friedhofs von Maximilian Friedrich Weyhe 1816
Stadtarchiv Düsseldorf

IV Caspar Scheuren, Der Kirchhof
Aquarell aus dem Album „Erinnerungen von Düsseldorf und der Umgegend“. Stadtmuseum Düsseldorf

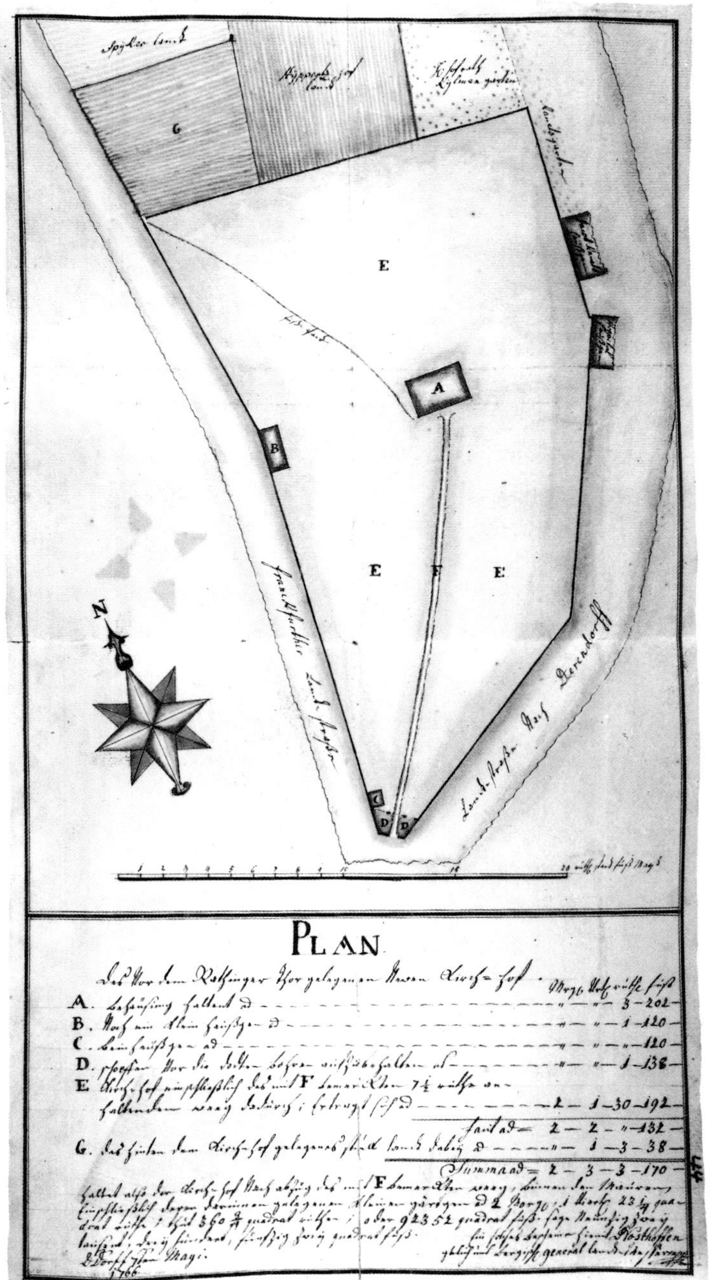


24 Plan des Neuen Friedhofs bei Derendorf 1766
Hauptstaatsarchiv Düsseldorf

erfahren wir, daß seine 1747 verstorbene erste Frau in einem Erbbegräbnis bestattet wurde.[26]

Über die Schließung des Neuen Friedhofs geben die Urkunden im Archiv der Evangelischen Kirche im Rheinland Auskunft.[27] Der Plan der kurfürstlichen Regierung, anstelle des Friedhofs vor dem Flingertor, am Rhein – in der Nähe des Dorfes Golzheim – einen neuen Friedhof anzulegen, schloß die Absicht mit ein, diesen Friedhof allen christlichen Gemeinden Düsseldorfs zur Verfügung zu stellen. Damit wurde der Neue Friedhof entbehrlich und konnte ebenfalls geschlossen werden. 1804 wurde das Grundstück versteigert. Prokurator Carl Wilhelm Monten erwarb den von den Protestanten benutzten Friedhofsteil in der Größe von 1 Morgen ¼ und 10½ Ruten für 610 Reichstaler und überließ ihn der lutheranischen Gemeinde, die ihn ihrerseits 1806 an Cornelius Heck für 660 Reichstaler weiterverkaufte, nachdem am 18. Juli 1805 dort die letzte Tote beerdigt worden war. Die reformierte Gemeinde beteiligte sich an dem Kauf und Verkauf. Im Hintergrund dieses schnellen Grundstückhandels stand die Befürchtung der Protestanten, daß die Mitbenutzung des neuen Golzheimer Friedhofs nicht gesichert wäre und daß auf dem versteigerten Friedhof die Grabmäler überstürzt abgeräumt und zerstört wurden. Durch den Erwerb konnten die Grabmäler noch bis 1806 stehenbleiben. Weiterhin war gesichert, daß der Käufer den Boden 20 Jahre lang nicht bestellen durfte. Die Frist ermöglichte es den Gemeinden, den Friedhof in Ruhe zu räumen. Bei Ausschachtungsarbeiten auf dem Friedhofsgelände wurden sieben Kisten mit Gebeinen gefunden, die vermutlich bei der Schließung vergraben worden waren.[28] Eine größere Anzahl protestantischer Grabsteine des 17. Jahrhunderts verlegte man als Bodenplatten im Radraum der Volkardeyer Mühle. Sie stammen vermutlich ebenfalls vom Neuen Friedhof.[29]

## *Der jüdische Friedhof*

Für die jüdische Gemeinde Düsseldorfs richtete Kurfürst Johann Wilhelm II. einen eigenen kleinen Begräbnisplatz ein, der an der Kasernenstraße, zwischen Graben- und Benrather Straße, lag. Die Begräbnisgebühr betrug einen Goldgulden pro Toten.[30] Er war – wie der Neue Friedhof – ein externer Begräbnisplatz, der bis zur Bebauung der Karlstadt am Ende des 18. Jahrhunderts vor den Stadtmauern lag. Schon 1780 erging jedoch an die jüdische Gemeinde die Weisung, einen anderen Begräbnisplatz zu benutzen. 1787 wurde er applaniert und überbaut.

Bei Bauarbeiten wurden 1884 mehrere Grabsteine in ca. 10 m Tiefe gefunden, die offenbar bei der Schließung des Friedhofs vergraben worden waren. Nach den orthodoxen jüdischen Religionsgesetzen ist das Grab unantastbar, so daß eine Transferierung von Gräbern und Grabmälern, wie sie auf den christlichen Friedhöfen durchgeführt wurden, von den Juden abgelehnt wurde. Unter den Grabsteinen befand sich auch der von Sarah de Geldern, der Großmutter Heinrich Heines.[31] Der jüdische Friedhof wurde auf ein Grundstück am Gräulichen Bongard in Pempelfort verlegt (vgl. IX. Kap., S. 195)

## *Der Garnisonsfriedhof*

Für die in Düsseldorf verstorbenen Soldaten der Garnison wurde am Anfang des 18. Jahrhunderts ein eigener Begräbnisplatz angelegt. Die Soldaten besaßen wenig Ansehen bei den Bürgern. Ein Begräbnis auf dem Kirchhof des Stiftes wurde ihnen, auch wenn sie katholisch waren, in der Regel verweigert. Das schlechte Verhältnis rührte noch aus der Zeit der Zwangseinquartierungen der Soldaten in Bürgerhäusern her. Erst unter der Regierung von Kurfürst Johann Wilhelm II. erhielten die Soldaten Kasernen, eine eigene Kirche und ein Hospital. Der Friedhof lag im Süden der Stadt, an der heutigen Wasserstraße. Am 21. Juli 1727 wurde er von Garnisonspfarrer Jakob Vreyken eingeweiht.[32] Er ist auf den Stadtplänen des 18. Jahrhunderts eingetragen (vgl. Abb. 22). Bis 1810 blieb dieser Friedhof in Benutzung. Dann war er den von Maximilian Weyhe geplanten Grünanlagen im Wege und wurde geschlossen. Die in Düsseldorf stationierten Militärpersonen wurden nun ebenfalls auf dem städtischen Friedhof beigesetzt. Nach einer Vermessung von Geometer Aleff vom 11. April 1809 war der Friedhof 135½ Ruten groß. Der Schätzwert betrug 21 Reichstaler.[33] Über die Gestaltung dieses kleinen Begräbnisplatzes wissen wir nichts. Es ist kaum anzunehmen, daß die hier beerdigten Soldaten steinerne Grabmäler besaßen.

Dies sind die Begräbnisplätze, die nach Urkunden und Stadtplänen bis zum Anfang des 19. Jahrhunderts – die Friedhöfe der Außenbürgerschaften ausgenommen – in Düsseldorf bezeugt sind.[34].

Als Kurfürst Maximilian Joseph am 8. Juli 1803 in den Herzogtümern Jülich und Berg die Schließung aller innerstädtischen Begräbnisplätze verfügte[35] und die Anlage externer Begräbnisplätze forderte, auf denen ohne Rücksicht auf Religion und Stand alle Bürger beerdigt werden sollten, war diese Forderung in Düsseldorf bereits erfüllt. Nur in den Außenbürgerschaften Derendorf, Volmerswerth, Bilk und Hamm lagen die Begräbnisplätze noch in den Ortschaften. Sie wurden in den folgenden Jahren ebenfalls außerhalb der Dörfer verlegt (vgl. IX. Kap., S. 191 ff).

*III. Kapitel*

# Die Geschichte des Golzheimer Friedhofs

## *Die Gründung (1804)*

Während der Regierungszeit des Kurfürsten Maximilian Joseph (1799–1806) wurden am 27. Januar 1804 Hofbaumeister Caspar Anton Huschberger und Wasserbaumeister Christian Wilhelm Gottlieb Bauer mit der Suche nach einem geeigneten Platz für die Anlage eines neuen Friedhofs beauftragt.[1] Nach den negativen Erfahrungen, die man mit dem zu stadtnahen Friedhof vor dem Flingertor gemacht hatte, wählten sie ein von der nördlichen Stadtgrenze ca. 2 km entferntes Gelände. Es gehörte zum Dorf Golzheim, nach dem der Friedhof seinen Namen erhielt. Das Grundstück lag hinter einer Sandbank am Rhein (der nicht mehr existierenden Golzheimer Insel) und war von Ackerland umgeben. Seine etwa 2 m über dem Ufer erhabene Lage versprach Schutz vor dem Hochwasser. Das Grundstück gehörte dem Bauern Andreas Wenders[2] und hatte die Form eines langgestreckten Rechtecks mit einer Fläche von ca. 480 Fuß.[3]

Der Golzheimer Friedhof war sowohl für die katholische als auch für die beiden protestantischen Gemeinden bestimmt. Ihrem Bevölkerungsanteil entsprechend erhielten die Katholiken den größeren südlichen Teil des Begräbnisplatzes, die Protestanten einen kleineren, im Norden gelegenen Teil. Die Friedhofsanlage war außerordentlich einfach und bescheiden. Eine Vorstellung vermittelt uns der obere Teil des Friedhofsplans, den Maximilian Friedrich Weyhe 1816 zeichnete.[4] In diesem Jahr wurde der Düsseldorfer Gartenarchitekt von der neuen preußischen Regierung mit der Erweiterung und gärtnerischen Gestaltung des Friedhofs beauftragt. Er nahm im oberen Teil seines Planes zunächst die ursprüngliche Anlage auf, um dann im unteren Teil die erweiterte Anlage mit den geplanten Neupflanzungen vorzustellen. Nach seiner Zeichnung gab es auf dem kurfürstlichen Friedhof weder Gebäude noch Pflanzungen. Lediglich einige Pappeln, die im Sommer Schatten spendeten und Schutz vor dem Wind boten, umgaben den Begräbnisplatz. Es fehlte ein Eingang und jede Art von Umzäunung oder Einhägung des Friedhofs, dessen östliche Seite an einen Feldweg grenzte (Farbtafel III).

Am 22. Mai 1805 wurde auf dem katholischen Teil des neuen Friedhofs die erste Leiche bestattet. (Die Protestanten nahmen ihren Friedhofsteil erst im Juli 1805 in Benutzung.) Die Tote war die am 18. Mai 1805 verstorbene Maximiliane Gräfin von Salm-Reiferscheidt-Bedburg, Äbtissin zu Elten. Das Grab lag auf dem heutigen südlichen Friedhofsteil. Das Grabmal ist nicht erhalten, jedoch im ältesten Düsseldorfer Friedhofsbuch abgebildet.[5] Eine klassizistische Stele mit antiken Todessymbolen steht unter einer Trauerweide (Abb. 25). Die Tatsache, daß eine Persönlichkeit, die sowohl dem Adel als auch dem geistlichen Stande angehörte, auf dem neuen städtischen Friedhof beerdigt wurde, beweist, daß der Erlaß aus dem Jahre 1803 konsequent befolgt wurde.

25 Grabmal der Maximiliane Gräfin von Salm-Reiferscheidt-Bedburg
Lithographie aus J. Liebesleben, Düsseldorfs schönste Kirchhofs-Monumente. 1830

## *Der Friedhof während der Franzosenzeit (1806–1813)*

1806 trat Kurfürst Max Joseph das Herzogtum Jülich-Berg an Frankreich ab. Napoleon verleibte es dem Großherzogtum Berg ein und machte seinen Schwager Joachim Murat zum Landesherrn. Die schon ein Jahr nach der Eröffnung des Golzheimer Friedhofs beginnende französische Herrschaft hat dem Begräbnisplatz der Hauptstadt des Großherzogtums Berg keinen Ausbau beschert. Der Friedhof unterstand nun der Verwaltung der Stadt im Rahmen der französischen Gesetze. Das Begräbniswesen beherrschte das 1804 erlassene „Décret sur les sépultures", das im gesamten französischen Herrschaftsbereich Geltung hatte und in umfassender und moderner Weise die Friedhofsfragen regelte.[6]

Das Gesetz gliedert sich in 5 Titel und 27 Artikel, von denen hier die wichtigsten Bestimmungen genannt seien. Beerdigungen in Kirchen und anderen Gebäuden sowie innerhalb der Stadt wurden verboten (Art. 1) und die Anlage eines mindestens 40 m außerhalb gelegenen Friedhofs gefordert (Art. 2). Diese Voraussetzungen waren in Düsseldorf bereits gegeben. Eine 2 m hohe Mauer sollte den Friedhof umgeben (Art. 3) Die Größe der Gräber wurde mit 2,05 m Länge, 80 cm Breite und 2 m Tiefe festgelegt (Art. 5) und eine fünfjährige Ruhefrist vor ihrer Wiederbelegung zugesichert (Art. 7). Der Friedhof besteht vorwiegend aus Reihengräbern, jedoch wird der Erwerb von Erbbegräbnissen, der Bau von Grabgewölben und die Errichtung von Grabmälern gegen Stiftungen oder Schenkungen zugunsten der Armen und Hospitäler gestattet (Art. 10). Mit den „Leichenbegängnissen" beschäftigt sich Titel V. Hierin wird vor allem das Verhältnis zu den Kirchen festgelegt. Das kirchliche Geleit auf den Friedhof (das in Frankreich nach der Revolution verboten war) wurde wieder erlaubt (Art. 18). Doch sollen die Kosten für die kirchliche Totenfeier und das Geleit auf den Friedhof von den Bischöfen und den weltlichen Behörden gemeinsam festgelegt werden (Art. 20). Sehr wichtig war die Bestimmung, daß den Armen von den Kirchen das Begräbnis kostenlos zu gewähren sei. Die Beerdigungskosten sollen von der örtlichen Munizipalverwaltung vorgeschlagen und vom Präfekten beschlossen werden (Art. 25).

Die praktischen Auswirkungen dieses Gesetzes auf die Friedhofsanlage sind in Düsseldorf offenbar gering gewesen. Eine Friedhofsmauer, wie in Art. 3 gefordert, hat es nie gegeben. Auch Erbbegräbnisse wurden erst in preußischer Zeit eingerichtet. Vielleicht sind die Pappeln in der Franzosenzeit angepflanzt worden, denn das Dekret schreibt die Anpflanzung von Bäumen ausdrücklich vor (Art. 3). Die schnellwachsende Baumart, die ursprünglich nicht im Rheinland heimisch ist, wurde von den Franzosen hier eingeführt. Auch eine feste Gebührenordnung für die Beerdigungskosten wurde erst von der preußischen Regierung erlassen (vgl. S. 62 ff).

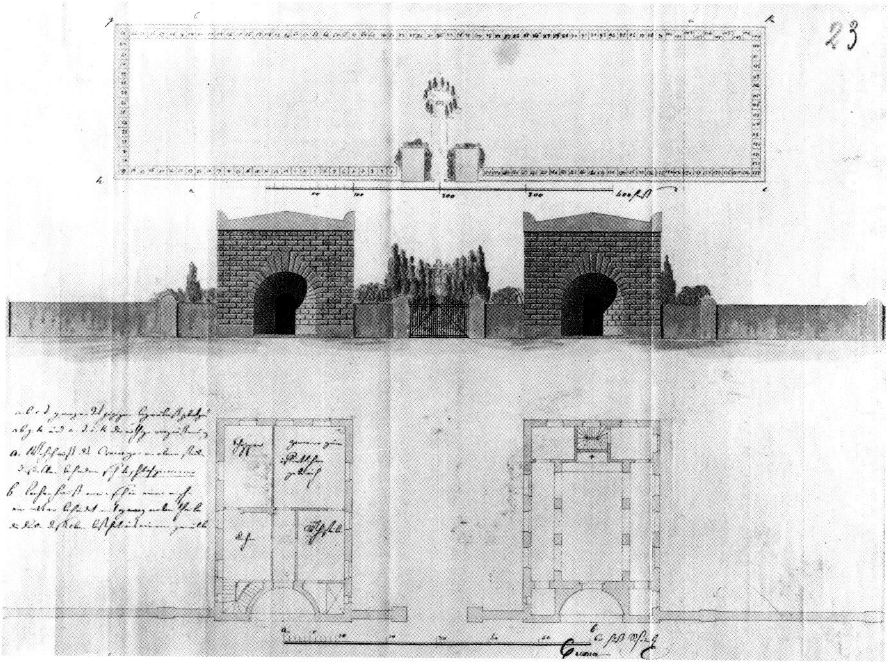

26 Entwurf für Friedhofsbauten von Johann Peter Cremer 1809
Stadtarchiv Düsseldorf

Wünsche, Vorstellungen und konkrete Pläne, wie der Friedhof auszubauen und zu verschönern sei, waren wohl vorhanden, doch fehlte es der durch die hohen Kriegskontributionen finanziell geschwächten Stadt an den Mitteln zu ihrer Verwirklichung. 1807 wurde der Bau einer Friedhofsmauer und eines Wärterhäuschens erwogen. Ferner wurde ein klassizistisches Rundtempelchen als Unterstand für die Friedhofsbesucher gewünscht und ein repräsentatives Friedhofstor mit einer Inschrift.[7]

Die Pläne für Friedhofsbauten erreichten 1809 immerhin das Stadium eines baureifen Entwurfs, der die Signatur des Architekten Johann Peter Cremer trägt.[8] Er hatte 1804–1806 an der Ecole Polytechnique in Paris bei Jean Nicolas-Louis Durand studiert und arbeitete nun in Düsseldorf unter der Leitung des Stadtbaumeisters Adolph von Vagedes.[9] Sein Entwurf läßt einen starken Einfluß des strengen französischen Klassizismus erkennen. Es ist anzunehmen, daß Cremer in Paris auch die Anlagen und Friedhofsbauten der Pariser Friedhöfe kennengelernt und sich hieran für seinen Düsseldorfer Entwurf orientiert hat.

Wie auf dem 1800 gegründeten Pariser Friedhof Père Lachaise flankieren zwei im Äußeren gleiche Gebäude das Friedhofstor. Das linke war als Wohnhaus für den Friedhofswärter, das rechte als Leichenhaus bestimmt. Die Fassaden sollten aus Werkstein aufgeführt werden. Die flachen Giebeldächer zieren Akroterien. Eine fast unheimliche Sogkraft haben die halbkreisförmigen, tief eingeschnittenen Portale. Der von Polizeikommissar Schnabel erläuterte Kostenanschlag belief sich auf 7090 Francs.[10] Die Baukosten sollten aus dem Verkauf von Erbbegräbnissen finanziert werden, die Cremer entlang der Friedhofsmauer einrichten wollte, wie man auf dem Grundriß im oberen Teil des Blattes erkennt (Abb. 26).

## *Der Friedhof in preußischer Zeit (1815–1897)*

### *Die gärtnerische Anlage*

Als das Großherzogtum Berg auf dem Wiener Kongreß 1815 Preußen zugesprochen und die Stadt Düsseldorf Sitz eines Regierungspräsidenten wurde, begann auch für den Golzheimer Friedhof eine neue Epoche. Die schon lange nötige Erweiterung und Verschönerung des Friedhofs wurde nun endlich in Angriff genommen. In diesem Sinne schrieb Kreiskommissar Schramm am 27. Juli 1816 an die preußische Regierung: „Es ist darauf Bedacht genommen, daß diese Stätte ein gefälliges und anziehendes Aussehen erhält – daß sie eine Erbauungsstätte werde, wohin fromme Christen, im Andenken an die Ihrigen, gern wandeln und jede widrige Empfindung, soviel als möglich, entfernt wird."[11]

Dieses Ziel, den nüchternen Feldfriedhof außerhalb der Stadt, den der zeitgenössische Begriff „Gottesacker" treffend beschreibt, durch Bauten, Monumente, vor allem aber durch Grünanlagen, zu einem würdigen, ja sogar weihevollen Ort zu erheben, entsprach ganz den seit dem späten 18. Jahrhundert verbreiteten Vorstellungen über die Friedhofsgestaltung, wie sie z. B. Hirschfeld in seiner „Theorie der Gartenkunst" niedergelegt hatte.[12] Auch der Kölner Theologe, Philosoph und Kunstsammler Ferdinand Franz Wallraf schrieb 1809 zur Planung des Kölner Melaten-Friedhofs, Ziel der Anlage sei es ..." den zum Friedhof pilgernden Christen zu sanften Gefühlen, zum heilsamen Andenken an Verstorbene, zu Betrachtungen über Tod, Vergänglichkeit und Ewigkeit zu stimmen und zu dem Troste der seligen Unsterblichkeit zu ermuntern."[13]

Der Golzheimer Friedhof war schon im ersten Jahrzehnt seines Bestehens zu klein geworden und bedurfte dringend einer Erweiterung. 17 umliegende Äcker wurden 1816 hinzuerworben und die Fläche etwa um das Dreifache vergrößert. Die neuerworbene Friedhofsfläche umfaßte 10 Morgen, 60 Ruten und 14 Fuß. 1921 Reichstaler und 48¾ Silbergroschen mußten an die Eigentümer gezahlt werden.[14]

Gleichzeitig wurde der königliche Gartenbaurat Maximilian Friedrich Weyhe mit der Gestaltung des Friedhofs beauftragt. Weyhe war seit 1803 als Hofgärtner – zunächst noch unter dem Kurfürsten Maximilian Joseph – tätig. Nach der Schleifung der Stadtmauern war er in erster Linie für die Gestaltung der Grünanlagen auf den ehemaligen Festungswerken zuständig. Aber auch alle anderen öffentlichen Gärten, zu denen auch der Friedhof gehörte, bildeten seinen Aufgabenbereich.[15] Weyhe hat um 1820 auch den Derendorfer und Bilker Pfarrfriedhof gärtnerisch gestaltet (vgl. IX. Kap., S. 191 ff) 1826 wurde er mit der Gestaltung des Kölner Melaten-Friedhofs beauftragt.[16]
Auf dem uns schon bekannten Projektplan von 1816 beschäftigt uns nun der untere Teil II (Farbtafel III). Zunächst wurde der Friedhof wegemäßig erschlossen. Das war vor allem wegen der Leichentransporte erforderlich. Wegen der großen Entfernung von der Stadt wurden schon seit 1805 die Särge nicht mehr zum Friedhof getragen – wie es bis dahin üblich war – sondern in einem Leichenwagen bis zum Friedhofseingang gefahren. Eine mit Pappeln bepflanzte Straße wurde von der Kaiserswerther Straße her auf den im Osten gelegenen Haupteingang des Friedhofs zugeführt. Im Norden und Süden gab es zwei kleine Nebeneingänge, zu denen Feldwege führten. Den südlichen Nebeneingang benutzten die Düsseldorfer bei ihren Friedhofsbesuchen, da er der Stadt am nächsten war. Um den Friedhof herum wurde an Stelle einer Mauer eine Weißdornhecke angepflanzt, dahinter eine Reihe von Rotfichten. Im Innern wurde der Begräbnisplatz in acht Felder aufgeteilt. Vier kleinere lagen im Zentrum des Friedhofs, vier größere schlossen sich im Norden und Süden an. Zu den Begräbnisfeldern führten mit Linden bepflanzte Alleen. Diese Feldaufteilung und Wegeführung ist heute noch teilweise erhalten, bzw. erkennbar.
An der Kreuzung des westöstlichen mit dem nordsüdlichen Hauptweg entstand ein mit Bäumen bepflanztes Rondell, in dessen Mitte sich das Friedhofskreuz erhob.
Weyhe hat durch seine Gestaltung die landschaftlich schöne Lage des Friedhofs am Rheinufer besonders hervorgehoben. Das zum Fluß hin abfallende Ufergelände, das nicht zu Begräbnissen genutzt werden konnte, bepflanzte er mit Büschen, durch die sich ein Weg hindurchschlängelt. Diese Anlage im Stil eines englischen Landschaftsgartens bildete zusammen mit dem Fluß einen stimmungsvollen Hintergrund und zugleich einen Kontrast zu dem geometrisch gegliederten Friedhof.
Würdigungen dieser besonders schönen landschaftlichen Lage und gärtnerischen Gestaltung des Friedhofs begegnen wir seit der Biedermeierzeit. Der Dichter Karl Immermann, der seit 1827 als Landgerichtsrat in Düsseldorf tätig war, ging oft auf dem Friedhof spazieren. Seine Eindrücke schildert er in den „Frühlingscapriccios“ von 1833:

Der Friedhof liegt
Ruhig am wallenden Strom;
Die Wolke fliegt
Leise über der Linden Dom.
Die Gräber sind
Für alle Zeiten das feste Haus;
Fluth, Wolken und Wind
Flüstern vergebens: Ihr Todten, heraus![17]

Staatsrat Georg Arnold Jacobi (1768–1845), der zusammen mit Baumeister Huschberger und Hofgärtner Weyhe das Düsseldorfer Verschönerungskomitee bildete, verfaßte 1837 einen kritischen Bericht über den Golzheimer Friedhof für die preußische Regierung, der mit dem Satz beginnt: „Der hiesige Friedhof gehört durch den symbolischen Ausdruck seiner erhabenen Lage im Angesicht des mächtig vorüberziehenden Stromes sowohl als durch die seiner Bestimmung wohl entsprechende Gestaltung der ihn umgebenden und an den Seiten schattend durchziehenden Baumreihen und Buschanlagen ohne Zweifel zu den schönsten Deutschlands."[18]
Wolfgang Müller von Königswinter schildert den Friedhof 1861: „Der Friedhof von Düsseldorf ist aber ein schöner Ort. Nordwärts von der Stadt gelegen, dehnt er sich an dem hohen Ufer hin, das sich über dem Rhein erhebt. Aus seinen Gängen sieht man über eine Wiese hin den breiten majestätischen Fluß seine Wasser dem Ocean entgegenrollen. Weithin darüber hinaus erstreckt sich die niederrheinische Ebene. Ringsum aber erheben sich neben den Lindenalleen Grabmäler, welche von Trauerweiden und Cypressen beschattet werden, und kleine Hügel, die mit Epheu, Immortellen und Rosen bepflanzt sind."[19]
Auch von den Malern der Düsseldorfer Kunstakademie ist die Schönheit des Golzheimer Friedhofs in Bildern festgehalten worden. In der Biedermeierzeit zeigt ihn ein Aquarell des Landschaftsmalers Caspar Scheuren im Licht der untergehenden Sonne. Im Vordergrund sieht man eine Wegekreuzung mit Grabmonumenten aus hellem Sandstein. Im Hintergrund erstreckt sich das lichtblaue Band des Rheines. Scheuren nahm das Blatt in sein Album „Erinnerungen von Düsseldorf und der Umgegend" auf, das er 1842 der Gräfin Juliane Charlotte von der Schulenburg widmete[20] (Farbtafel IV).
Mit der gärtnerischen Gesamtanlage des Friedhofs, die seit 1816 vom Totengräber, der zugleich Friedhofsgärtner war, gepflegt wurde, wetteiferten die Bürger in der individuellen Bepflanzung der Gräber ihrer Angehörigen. Die Romantik des 19. Jahrhunderts hat das Grabmal stets in enger Verbindung mit der Natur gesehen. Für die Bepflanzung des Friedhofs und der Gräber boten sich bestimmte Bäume, Sträucher und Blumen an, in deren Formen, Farben, Duft oder auch Namen man ein Gleichnis zu Tod und Auferstehung sah. So scheint

die Trauerweide mit ihren über das Grab geneigten Zweigen Mitgefühl auszudrücken. Die schlank hochstrebende südländische Zypresse wurde als ein Gleichnis für das Aufstreben zu Gott angesehen. Der Lorbeer gehört seit der Antike zur Helden- und Totenehrung. Vergißmeinnicht und Immortellen (die Unsterblichen) empfahlen sich schon allein durch ihre Namen als Friedhofsblumen.[21]

Die Vielfalt der Pflanzenpracht des Golzheimer Friedhofs beschrieb Adolph Kohut 1877: „Wenn man den großen und geräumigen Gottesacker erblickt, sollte man für den ersten Augenblick glauben, daß man sich in einem der schönsten Gärten befindet, die der Lust und Erholung gewidmet sind. Wohin das Auge sieht, sprießt der reichste Blumenflor, und die schönsten und prachtvollsten Bäume breiten gar mächtig ihre Äste aus. Neben lieblich duftenden Frühlingsblumen gewahrt man die stolze, einsame und schneeeige Kamelie, Epheu und Rosen aller Gattungen sind zu Kränzen gewunden und bescheidene Veilchen ruhen neben Tulpen, in der Nähe des Rittersporns und Eisenhuts leuchtet die Centifolie von bezaubernder Schöne."[22]

Zwar sind heute die Grabhügel verschwunden und mit ihnen die Bepflanzungen mit Epheu und Blumen, doch sieht man hinter manchen Grabmälern noch Büsche und Bäume, die sich in den Jahren so ausgebreitet haben, daß sie im Sommer mit ihrem Laubwerk die Grabmäler völlig verdecken.

Für die private Grabpflege wurde 1848 auf dem Friedhof ein Brunnen gegraben und mit einer Pumpe versehen. Die 7 Fuß hohe Pumpe aus Gußeisen war als korinthische Säule gestaltet, auf deren Kapitell eine Schale stand (Abb. 27). So harmonierte sie stilistisch mit den klassizistischen Grabmälern. Zu dem Entwurf von Stadtbaumeister Eberhard Westhofen gehört ein Kostenanschlag von 240 Reichstalern.[23]

*Die Friedhofsordnung von 1825*

Nach dem napoleonischen Begräbnisdekret aus dem Jahre 1804 mit seinen allgemeinen Bestimmungen wurde 1825 eine „Ordnung für die Beerdigungen in der Stadt Düsseldorf" erlassen, die zu den allgemeinen gesetzlichen Bestimmungen (Teil A) besondere Bestimmungen für den Golzheimer Friedhof beinhaltet (Teil B) und mit festen Tarifen für die Beerdigungskosten schließt.[24] Sie führt uns in das Begräbniswesen des frühen 19. Jahrhunderts ein.

Zu den wichtigsten gesetzlichen Bestimmungen (Teil A) gehörte die Vorschrift, daß keine Beerdigung ohne schriftliche Erlaubnis des Standesbeamten vorgenommen werden durfte. Sie geht auf Art. 77 des während der Franzosenzeit eingeführten Code Civil zurück, das im Rheinland bis ans Ende des 19. Jahrhunderts Gültigkeit behielt. Seit 1806 lösten staatliche Personenstandsregister, in die Geburt, Eheschließung und Tod eingetragen wurden, die bis dahin von den Pfarrern geführten Kirchenbücher ab.

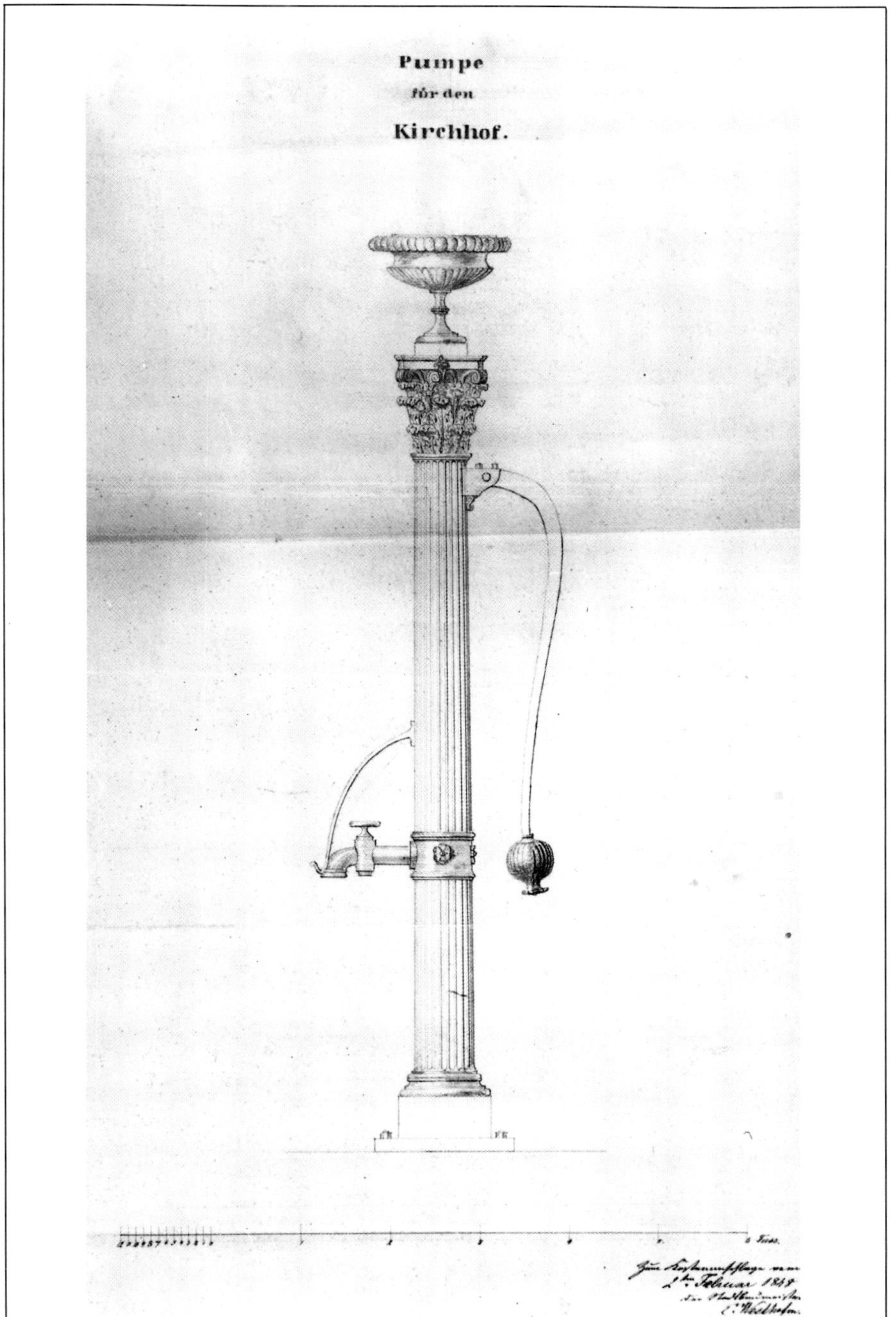


27 Entwurf für eine Friedhofspumpe von Eberhard Westhofen 1848
Stadtarchiv Düsseldorf

Die Beerdigungen durften nicht früher als 72 Stunden nach dem Tode und nicht vor Eintritt der Verwesungserscheinungen erfolgen. Die Särge durften erst unmittelbar vor der Beerdigung geschlossen werden. Diese 1822 von der preußischen Regierung erlassene Verordnung sollte vor dem Scheintod schützen (vgl. den Abschnitt über die Leichenhäuser IV. Kap., S. 79ff). Auch das Ausstellen der Leichen in den Kirchen war seit 1822 verboten.
In Teil B, Kap. I wird zunächst die Aufteilung des Golzheimer Friedhofs in den größeren südlichen Teil für die Katholiken und den kleineren nördlichen für die seit 1825 unierten Evangelischen[25] festgelegt, die schon seit 1805 bestand. Die Größe der Gräber wird mit 7 Fuß Länge, 3½ Fuß Breite und 6 Fuß Tiefe angegeben, was den französischen Richtlinien ungefähr entsprach. Neben den Reihengräbern, die nach einer Frist von 20 Jahren wiederbelegt wurden, konnte man zu einem Preise von 5 Silbergroschen pro Quadratfuß Gräber käuflich erwerben. Einzelgräber in der angegebenen Größe kosteten 4 Taler 2 Sgr. 6 Pf. Familienbegräbnisse von 12 Fuß Länge und 11 Fuß Breite 22 Taler.
Die Kaufgräber wurden außerhalb der acht Begräbnisfelder an der Hecke und im Norden und Süden angelegt. Die Erwerber erhielten vom Oberbürgermeister eine Urkunde, in der zugesichert wurde, daß die Grabstelle nicht zu einem anderen Begräbnis verwendet werden würde.
In den folgenden Kapiteln werden die einzelnen, beim Begräbnis entstehenden Leistungen aufgeführt und die Gebühren festgelegt. Sie umfassen die Dienste des Leichenbitters (Kap. II), den Transport im Leichenwagen (Kap. III), die Arbeit des Totengräbers (Kap. IV), das Ausleihen des Leichentuchs (Kap. V) und den Sarg (Kap. VI).
Die Leichenbitter waren städtische Angestellte. Jede Pfarrgemeinde hatte einen eigenen Leichenbitter. Sie hatten alle organisatorischen Aufgaben zu erfüllen, die heute von den Bestattungsinstituten wahrgenommen werden. Zu ihren Pflichten gehörte die Bestellung des Sarges, das Ausleihen des Leichentuchs von den Kirchen, die Bestellung des Grabes, die Einladungen zum Begräbnis und die Ordnung des Leichenzuges. Der Leichenbitter trug einen schwarzen Anzug, einen Dreispitz und bei „großen Begräbnissen" einen Trauerflor auf dem Hut und weiße Handschuhe. Diese altpreußische Tracht soll von den Leichenbittern, die es in Düsseldorf noch am Anfang unseres Jahrhunderts gab, beibehalten worden sein.[26] Die Gebühren für den Leichenbitter staffelten sich je nach gewünschtem Aufwand und Tageszeit des Begräbnisses. Sie lagen zwischen 10 Silbergroschen und 1 Taler 20 Silbergroschen.
Der Transport des Sarges im Leichenwagen war seit der Eröffnung des Golzheimer Friedhofs wegen der großen Entfernung von der Stadt vorgeschrieben. Bis dahin trugen die Nachbarn des Verstorbenen den Sarg auf der Totenbahre zu Grabe. Schon 1804 schloß die Stadt einen über 12 Jahre laufenden Vertrag mit dem Pferdehalter Schrock, der zwei Pferde und einen

geeigneten Wagen zur Verfügung stellte. Für jeden Leichentransport durfte er 2 Reichstaler und 30 Silbergroschen berechnen.[27] Eine primitive Zeichnung dieses ersten Düsseldorfer Leichenwagens ist im Stadtarchiv erhalten.[28] In Kap. III wird genau beschrieben, welche Kleidung der Kutscher und sein Gehilfe tragen müssen und wie der Leichenwagen zu schmücken ist. Die Kosten für die Benutzung des Leichenwagens staffelten sich von 25 Silbergroschen bis zu 12 Reichstalern bei einem luxuriösen Leichenbegängnis mit vier Pferden, schwarzem Federschmuck und einer mit Silber gestickten schwarzen Sargdecke.

1826 war der alte Leichenwagen reparaturbedürftig, und es mußte ein zweiter Leichenwagen beschafft werden. Oberbürgermeister Klüber machte dafür einen Kostenanschlag über 400 Taler.[29]

Die Benutzung des städtischen Leichenwagens wurde von den Angehörigen des Adels offenbar als unpassend empfunden. In einem Brief, den Friedrich von Uechtritz an seine Eltern in Berlin schrieb, erfahren wir, daß es auch möglich war, einen Privatwagen für den Transport zu benutzen und daß Graf von Spee mittellosen Standesgenossen hierfür seine offene Chaise lieh.[30]

Der Leichenzug nahm im 19. Jahrhundert gewöhnlich am Sterbehaus seinen Ausgang. Die Haustüren der Bürgerhäuser wurden mit schwarzen Schleifen geschmückt. Bei den Angehörigen des Adels wurde ein Totenschild mit Todesdaten und Familienwappen über der Haustür angebracht. Auf dem Aquarell von Caspar Scheuren schmückt ein Totenschild das Haus der Gräfin Trips in der Breite Straße 859 für den am 19. April 1842 verstorbenen Grafen Eduard Ignaz Berghe von Trips (Abb. 28).

Der Totengräber war ebenfalls ein städtischer Angestellter und hatte außer der Vorbereitung des Grabes die Pflicht, das Lagerbuch (Verzeichnis der Gräber) zu führen. Für die Aushebung des Grabes und Versenken des Sarges wurden 9 bis 24 Silbergroschen berechnet, wobei zwischen den kleineren Kindergräbern und Gräber für Eichenholzsärge, die tiefere Schächte erforderten, unterschieden wurde.

Wie für den Leichentransport, so hatte die Stadt auch für die Herstellung der Särge einen Vertrag mit einem Schreiner geschlossen, der sich zur Herstellung von Särgen zu den behördlich genehmigten Tarifen verpflichtete. Es gab 14 verschiedene Ausführungen, vom einfachsten Kindersarg aus Tannenholz zum Preise von 1 Taler bis zum Eichensarg mit 30 verzierten Schrauben und 8 geschliffenen Handgriffen und einer Auskleidung mit Tuch zum Preise von 15 Talern. Das älteste Düsseldofer Bestattungsinstitut, die heute noch bestehende Firma Carl Salm, ist aus einer Sargschreinerei hervorgegangen, deren Angebote in einer Anzeige aus dem Jahre 1845 erhalten sind.[31]

Für die Begleitung der Leiche durch die Nachbarschaft wird ausdrücklich jede Bezahlung verboten (Kap. VII). Dieses Verbot scheint auf Mißbräuche im alten Düsseldorfer Begräbniswesen zurückzugehen, die schon im 17. und 18. Jahr-

28 Totenschild über der Haustür des 1842 verstorbenen Grafen von Trips – Aquarell von Caspar Scheuren aus dem Album „Erinnerungen von Düsseldorf und der Umgegend“
Stadtmuseum Düsseldorf

hundert zum Einschreiten der Regierungen geführt hatten (vgl. VIII. Kap., S. 174). Eine Begleitung durch die Kinder der Armenschule, die mit ihrem Gesang das Begräbnis verschönten, wurde 1825 aus pädagogischen Gründen abgeschafft. Die Schule erhielt bis dahin für den Gesang der Kinder pro Begräbnis 1 Taler.[32]
Sämtliche Gebühren wurden von der Central-Armen-Verwaltung eingezogen, die ihre Vertragspartner und Angestellten bezahlte und aus den Überschüssen auch die Armenbegräbnisse bestritt.
Eines der Ziele der Friedhofsordnung war, die Bürger vor unkalkulierbaren Begräbniskosten zu schützen. So wurde 1838 in einer „Verordnung über die Erwerbung und Einrichtung der Begräbnißplätze und Feststellung einer Begräbniß-Ordnung für jede Gemeinde" formuliert, sie solle „im Allgemeinen eine würdige, der kirchlichen Ansicht entsprechende Bestattung der Leichen fördern, aber auch zugleich vorsehen, daß jeder eine einfache Bestattungsweise wählen kann, und den geringer Bemittelten keine unnötigen Ausgaben veranlaßt werden, auch die Neigung zu allem Prunk überall keinerlei Nahrung in derselben finde."[33]
Die Begräbnisordnung von 1825 blieb bis zur Schließung des Golzheimer Friedhofs in Kraft. Jedoch wurden die Tarife mehrmals erhöht.
1878 wurde das Eigentumsrecht der Erbbegräbnisse auf ein 40jähriges Nutzungsrecht beschränkt. Auch die Kosten für die Erb- und Familienbegräbnisse waren im Laufe des 19. Jhs. gestiegen. 1878 betrug der Preis pro qm 48 M (für Erbbegräbnisse I. Klasse) und 36 M (für Erbbegräbnisse II. Klasse).[34]
Zu den Begräbniskosten, die die Stadt erhob, addierten sich die Gebühren, die die Kirchen für die Totenfeier und Leichenbegleitung verlangten. Aus dem Jahre 1825 liegen die „Gewöhnlichen Beerdigungsgebühren bei der Lambertus Pfarr-Kirche" vor, die am 18. März von Pfarrer Heinzen aufgestellt wurden.[35]
Auch sie staffelten sich nach dem gewünschten Aufwand und der Tageszeit, zu der das Begräbnis stattfand. Für das einfachste Begräbnis mit zwei Kaplänen und der Begleitung der Leiche vom Sterbehause bis zum Ratinger Tor morgens um 8 Uhr wurde 1 Taler und 48 Stüber berechnet, für das aufwendigste Begräbnis mit fünf Geistlichen, das das Singen von Chorälen und den Gebrauch des Kirchensilbers miteinschloß, mußte man 10 Taler bezahlen.

*Die Grabstellen*
Wie der Golzheimer Friedhof 1825 aufgeteilt war, zeigt ein von Joseph Clemens Weyhe, dem Sohn und Nachfolger Maximilian Weyhes, gezeichneter Friedhofsplan (Abb. 29).[36] Auf den acht Begräbnisfeldern, die sein Vater 1816 angelegt hatte, ist jede Grabstelle mit einer Nummer eingetragen. Die belegten Gräber wurden in den Lagerbüchern registriert, durch deren sorgfältige Führung gewährleistet wurde, daß jedes Grab auffindbar war, die Grabfelder

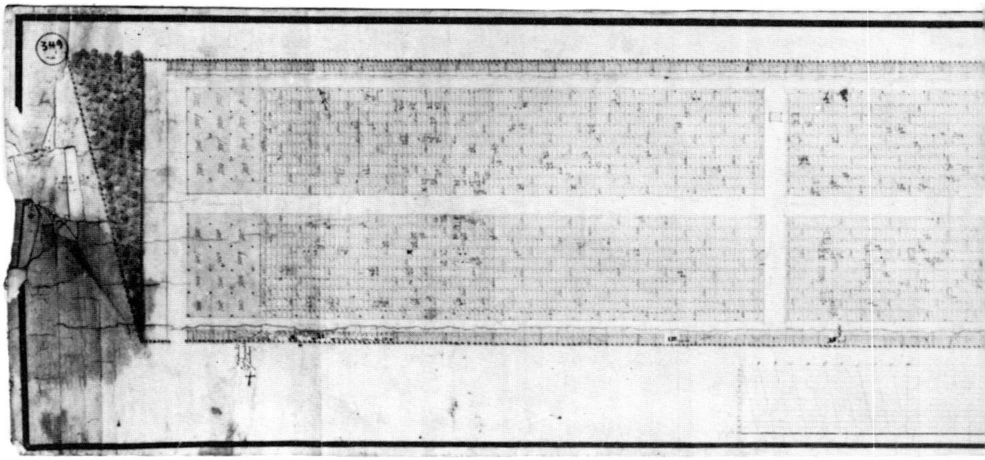

29 Belegungsplan des Golzheimer Friedhofs von J. C. Weyhe 1825
Stadtarchiv Düsseldorf

planmäßig belegt und die Gräber nicht vor Ablauf der gesetzlichen Ruhefrist wiederbelegt wurden. Jedes Begräbnisfeld war in zehn waagerechte Reihen aufgeteilt, auf denen bei den mittleren Feldern je 60, bei den äußeren großen Feldern je 103 Gräber angelegt werden konnten. So ergaben sich etwa 6500 Reihengräber, zu denen 1825 noch rund 700 Kaufgräber entlang der Hecke angelegt wurden und 48 mehrstellige Familienbegräbnisse im Norden und Süden des Begräbnisplatzes.

Die seit 1825 bestehende Möglichkeit, Gräber käuflich zu erwerben und auf ursprünglich unbegrenzte Zeit zu erhalten, brachte zunächst einmal Geld in die Friedhofskasse. Mit diesen Mitteln konnten die gärtnerischen Anlagen gepflegt werden. Vor allem aber wurde das 1829 auf dem Friedhof erbaute Leichenhaus hiervon bezahlt (vgl. IV. Kap., S. 80).

Seit 1826 erwarben viele wohlhabende Familien Erbbegräbnisse (auch ohne den Anlaß eines Todesfalles), ließen sie mit hohen gußeisernen Zäunen eingrenzen, mit Grüften untermauern und steinerne Grabmäler auf ihnen errichten. Ein Entwurf für ein solches Erbbegräbnis, das einer baupolizeilichen Genehmigung bedurfte, wurde 1875 von Akademieprofessor Carl Hübner (1814–1879) eingereicht.[37] Links sieht man die fast quadratische Grabstelle, in die drei Platten eingezeichnet sind, die zur Gruft führen. Im hinteren Teil der Grabstätte wurde auf einem mehrfach gestuften Sockel das Grabmal errichtet. Die anderen Zeichnungen zeigen die Gruft im Grundriß und Querschnitt. Sie war etwa 3 m tief. Die Särge konnten in verschiedenen Ebenen übereinander aufgestellt werden. Auch der Zaun ist eingezeichnet (Abb. 31). Leider ist die Grabstätte der Familie Hübner nicht erhalten.

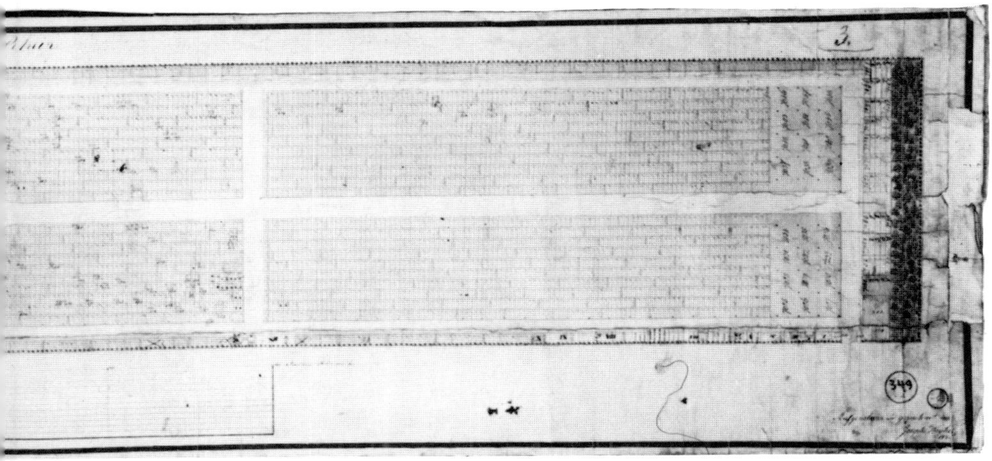

Wir können davon ausgehen, daß die Familienbegräbnisse generell in dieser Weise angelegt waren, auch wenn nicht alle Grüfte besaßen. Die hohen Eisengitter sind nur noch in wenigen Fällen erhalten. Sie wurden während des I. und II. Weltkrieges als Kriegsmaterial abmontiert und eingeschmolzen, so daß heute auf dem Friedhof die Ausmaße der zu den Grabmälern gehörenden Grabstätten nicht mehr erkennbar sind. Die Eingitterung der Grabstätten war nach ästhetischen Gesichtspunkten sicher keine Verschönerung des Begräbnisplatzes. Sie wurden deshalb gegen Ende des Jahrhunderts auf niedrige Einzäunungen reduziert, wie man sie heute noch am Grabe August Webers sehen kann.
Eine noch komplett erhaltene Grabstätte besitzt die Familie Stein auf dem nördlichen Friedhofsteil. Das brusthohe Eisengitter umschließt die annähernd quadratische Grabstelle. Vorn sind die die Gruft verschließenden Steinplatten mit ihren eisernen Heberingen erkennbar. Das Grabmal erhebt sich auf einem dreistufigen Sockel. Es hat die Form einer klassizistischen, von einem flachen Giebel gekrönten Stele. Die Vorderseite des Grabmals mit der marmornen Inschriftplatte ist dem Wege zugekehrt (Abb. 32).[38]
Mit der wachsenden Wohlhabenheit des Düsseldorfer Bürgertums, die mit der günstigen wirtschaftlichen Entwicklung der Stadt in den dreißiger Jahren des 19. Jahrhunderts zusammenhing, nahm die Nachfrage nach den Kaufgräbern und großflächigen Erbbegräbnissen immer mehr zu, so daß der 1825 dafür vorgesehene Platz bald zu klein war. So belegte man schließlich auch die ursprünglich nur für die Reihenbegräbnisse vorgesehenen Felder an den Wegen mit Erbbegräbnissen. Auch das Stein'sche Erbbegräbnis liegt am Hauptweg.

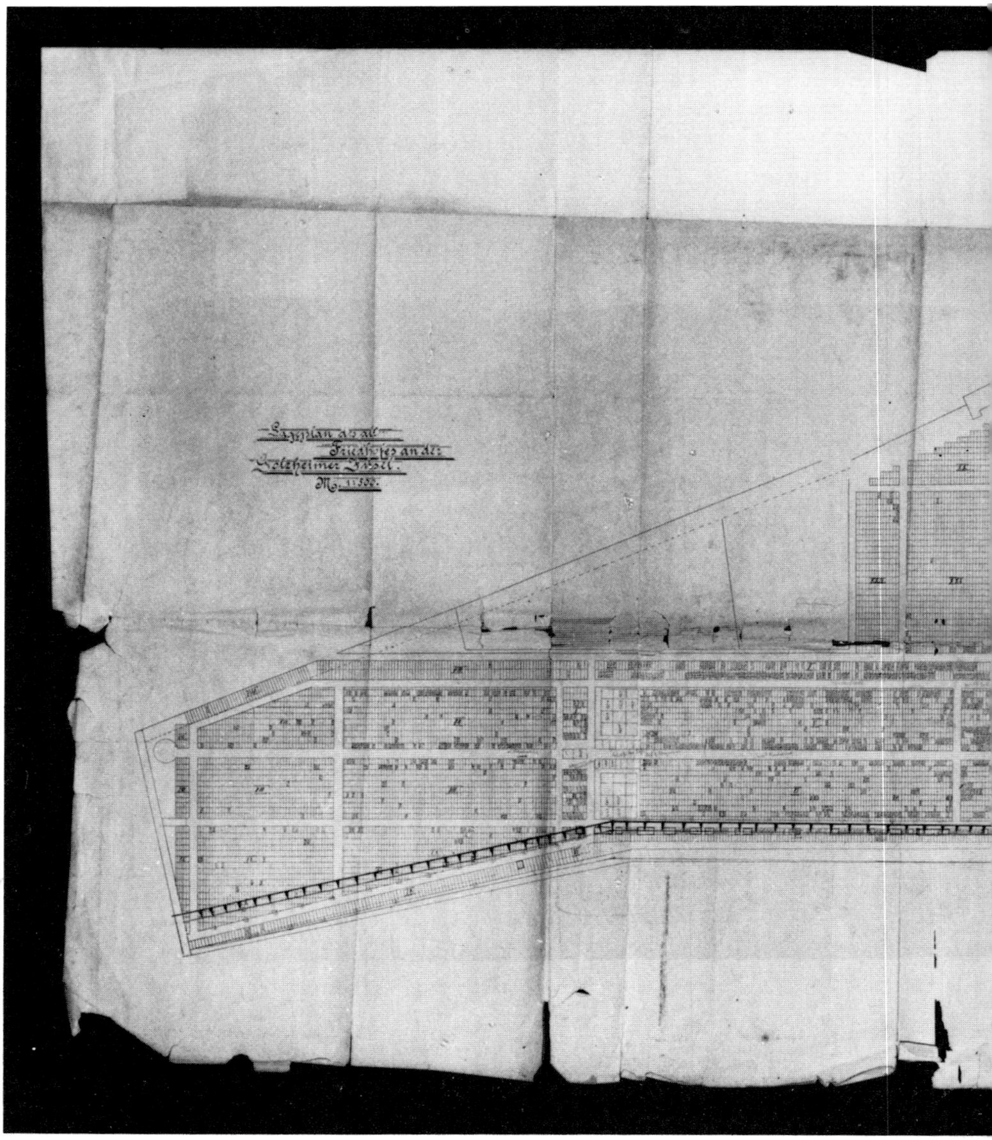

30 Belegungsplan des Golzheimer Friedhofs um 1875
Stadtarchiv Düsseldorf

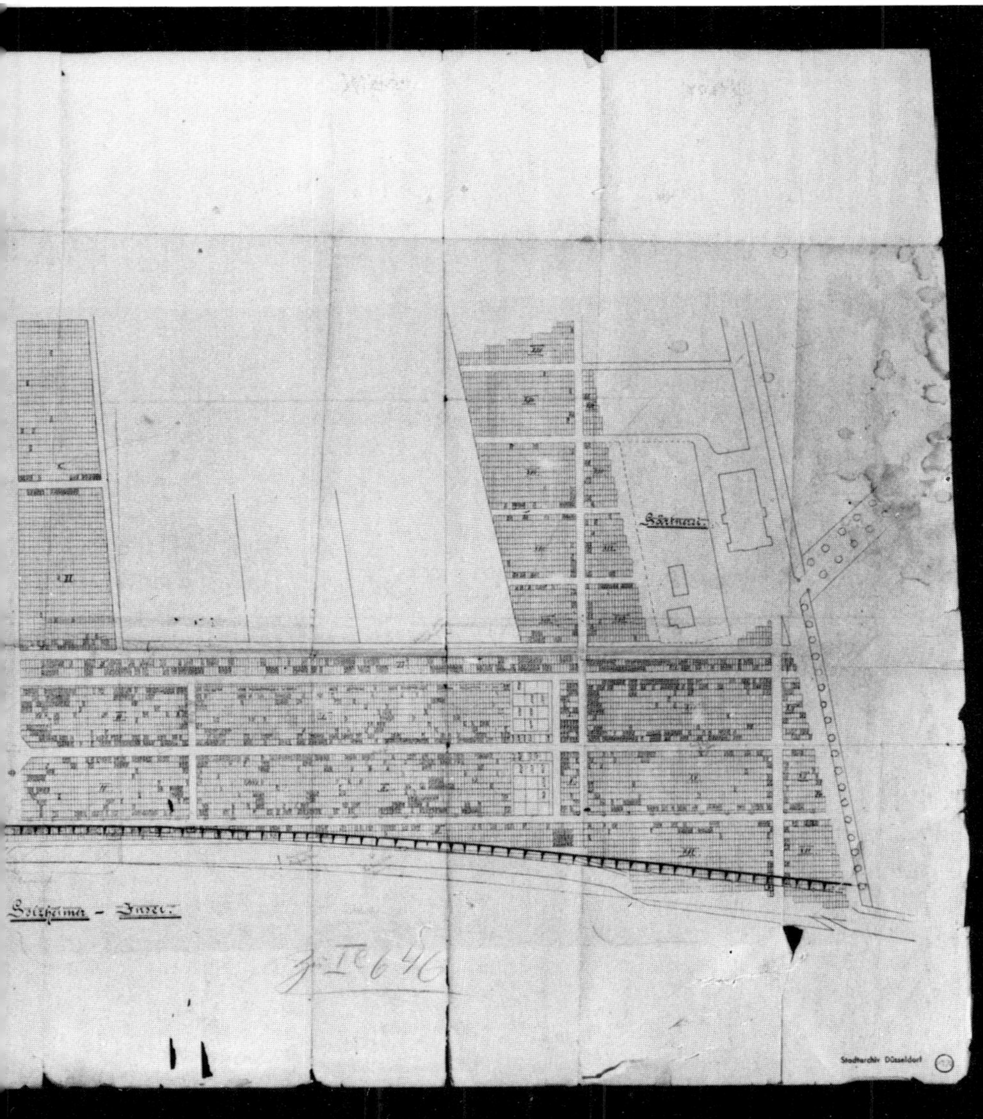
Gärtnerei
Stadtarchiv Düsseldorf

*Friedhofserweiterungen und Schließung*

Das explosionsartige Ansteigen der Einwohnerzahlen im Laufe des 19. Jahrhunderts zwang die Stadt, den Begräbnisplatz mehrmals zu erweitern und führte am Ende des Jahrhunderts zur Erschöpfung seiner Kapazität und Schließung. Dies verdeutlichen die folgenden Zahlen.[39]

Bei der Gründung des Friedhofs 1805 hatte Düsseldorf etwa 16 000 Einwohner. Sie mußten nicht alle auf dem Golzheimer Friedhof begraben werden, denn die Außenbürgerschaften besaßen eigene Begräbnisplätze, was auch für die Soldaten und die jüdische Gemeinde galt. Als 1816 die Einwohnerzahl auf etwa 22 000 angewachsen war, erfolgte die erste Erweiterung des Friedhofs um 10 Morgen. Sie wurde vor allem durch die auf 20 Jahre verlängerte Ruhefrist verursacht, die eine größere Begräbnisfläche voraussetzte. 1838 mußte der Friedhof zum zweiten Mal erweitert werden. Etwa 30 000 Einwohner hatte Düsseldorf in diesem Jahr. Eine dritte Erweiterung war 1869 fällig, als die Stadt etwa 65 000 Einwohner zählte. 1875 waren es 80 000 Einwohner und der Friedhof wurde zum letzten Mal auf eine Fläche von 34½ Morgen erweitert. Der Friedhof hatte damals eine weit größere Ausdehnung als heute. Im Norden und Süden dehnten sich die Grabfelder weit über die heutige Homberger- und Sittarderstraße aus, im Westen erstreckten sich zwei Flügel bis an den Rhein. Der Lageplan zeigt die Größe des Begräbnisplatzes (Abb. 30).[40] Obwohl 1875 noch der Bau eines neuen Leichenhauses fertiggestellt wurde, war man bereits 1884 gezwungen, den Friedhof für Reihenbegräbnisse zu schließen. Düsseldorf hatte zu dieser Zeit die Einwohnerzahl von 100 000 überschritten. 1897 wurde der Friedhof auch für die Erbbegräbnisse geschlossen. Nach der Stadterweiterung von 1854 hatte die Bebauung den Friedhof fast erreicht, so daß auch hygienische Gründe für seine Schließung sprachen.

1879 wurde im Süden Düsseldorfs der Stoffeler Friedhof als Entlastungsfriedhof für die sich dort ansiedelnden Industriearbeiter eröffnet. Als eigentlicher Nachfolgefriedhof wurde in der Golzheimer Heide – hinter dem Tannenwäldchen – 1884 ein großer Begräbnisplatz eröffnet, der später den Namen Nordfriedhof erhielt.

## *Der Golzheimer Friedhof in unserem Jahrhundert*

Die Geschichte des Golzheimer Friedhofs im 20. Jahrhundert ist die einer fortschreitenden Zerstörung. Zwar blieb dem Friedhof nach seiner Schließung am Ende des 19. Jahrhunderts eine Applanierung und Überbauung, wie sie seine Vorgänger erlitten hatten, erspart, doch hat auch er die Beschneidung seines Geländes und Zerstörung seiner Grabmäler erleiden müssen.

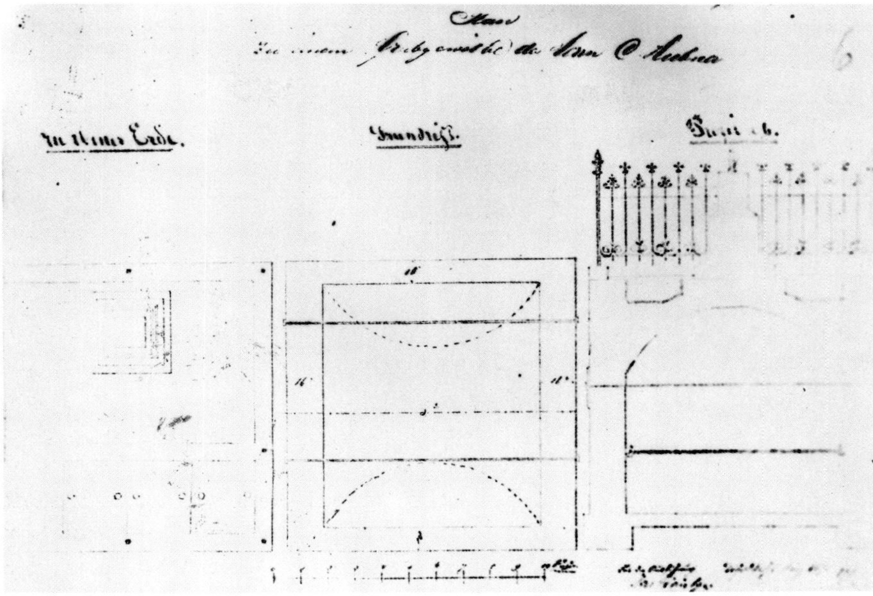

31 Entwurf einer Familiengruft für Professor Carl Hübner 1875
Stadtarchiv Düsseldorf

Ein erster Schritt zur Zerstörung des Friedhofs wurde anläßlich der Industrie- und Gewerbeausstellung, die 1902 auf dem Messegelände am Rheinufer stattfand, gemacht. Die Golzheimer Insel wurde aufgeschüttet, der Rheinpark und die Cecilienallee angelegt. Damit wurde der ursprünglich von Maximilian Weyhe in die Friedhofsanlage einbezogene Landschaftshintergrund verändert. 1905 wurde als Verbindung zwischen der Cecilienallee am Rhein und der Kaiserswerther Straße die Klever Straße angelegt, die den Friedhof brutal in der Mitte zerschnitt und in die heutigen nördlichen und südlichen Teile zerlegte. Der Durchbruch erfolgte im Zentrum des Friedhofs, in dem das Hochkreuz, die Kriegerdenkmäler und einige der ältesten Grabstätten lagen. Das Hochkreuz und die Kriegerdenkmäler übertrug man auf den Nordfriedhof. Auch den Eigentümern von Erb- und Familienbegräbnissen wurde eine Umbettung ihrer Toten auf den Nordfriedhof angeboten. Einige Bürger widersetzten sich dieser Maßnahme, indem sie sich auf das ursprünglich zugesicherte Eigentumsrecht beriefen. Der preußische Staat hat gegen sie langwierige Enteignungsprozesse geführt. Ein noch mehrere Jahre nach der Anlage der Klever Straße in der Straßenmitte stehengebliebenes Grabmal brachte den Bürgerprotest zum Ausdruck.
1907–1911 wurde das Gebäude für den Regierungspräsidenten an der Cecilienallee erbaut, 1911–1914 folgte der Bau des Oberlandesgerichts. Die massigen

Gebäudekomplexe verstellten den Ausblick vom Friedhof auf den Rhein und machten so Weyhes Absicht endgültig zunichte. Anstelle der ehemals den Friedhof umgebenden Felder schnürten ihn nun gepflasterte Straßen und große Gebäude ein. Die Emmericher Straße wurde die Friedhofsgrenze nach Westen; im Norden und Süden wurde der Friedhof durch die Anlagen der Homberger und Sittarder Straße beschnitten. Die den Friedhof im Osten begrenzende Fischerstraße wurde erst nach dem Zweiten Weltkrieg angelegt.
Im Ersten Weltkrieg wurden die meisten der die Familienbegräbnisse umgebenden Eisengitter abgeräumt und zu Kriegsmaterial eingeschmolzen.
Die Bombardierungen im Zweiten Weltkrieg verschonten auch den alten Friedhof nicht. Sie zerstörten das ehemalige Leichenhaus und beschädigten viele Grabmäler.
Im Rahmen der Aufräumungsarbeiten und des Wiederaufbaus der Stadt begann man 1947, auch den Golzheimer Friedhof wiederherzustellen. In dieser Zeit scheint das Bewußtsein für den historischen Wert des Friedhofs wachgeworden zu sein. Grabmäler von historischer Bedeutung wurden wiederhergestellt, ein Verzeichnis der „historischen" Grabstätten aufgestellt. In der Nachkriegszeit entstand auch die Initiative der „Düsseldorfer Jonges", anstelle verlorener Grabmäler einfache Gedenksteine auf die Gräber bedeutender Düsseldorfer Toten zu legen (vgl. VII. Kap., S. 145).
Zu den Schäden, die der Friedhof durch die städtebaulichen Veränderungen und Kriegseinwirkungen erlitten hat, kommt der durch die Verwitterung bedingte Verfall der Grabmäler. Die Grabhügel sind verschwunden, längst auch die einfachen Grabzeichen aus Holz. Die steinernen Grabmäler verteilen sich locker und unregelmäßig über die ehemaligen Begräbnisfelder und geben keinen Eindruck mehr von der dichten Belegung des Friedhofs im 19. Jahrhundert. Wie groß der Verlust an Grabmälern ist, läßt sich durch Zahlen belegen. In dem 1938 von dem Heimatforscher Franz Frechen aufgestellten Verzeichnis der Inschriften auf den Grabmälern des Golzheimer Friedhofs wurden noch 668 Grabmäler aufgeführt.[41] Dieser Bestand hat sich in den letzten rund vierzig Jahren halbiert. Heute sind nur noch etwa 350 Grabmäler erhalten. Ein erheblicher Teil ist jedoch in so schlechtem Erhaltungszustand, daß man die Inschriften nicht mehr entziffern kann.
Die verschiedenen, für die Herstellung von Grabmälern verwendeten Materialien haben dem Verwitterungsprozeß in unterschiedlicher Weise standgehalten. Am größten scheint der Verlust an gußeisernen Grabkreuzen und Grabmalsaufsätzen zu sein, die vom Rost zerfressen wurden und abgebrochen sind. Von vielen dieser um die Mitte des 19. Jahrhunderts beliebten Grabmäler sind die steinernen Sockel übriggeblieben. Man kann noch die Vertiefungen, an denen die Schäfte der Kreuze eingelassen waren, sehen. Auch das Grabmal Karl Immermanns, ein gußeisernes Kreuz im neugotischen Stil, war mehmals

32 Familienbegräbnis Stein
Golzheimer Friedhof

gebrochen und ist dank der historischen Bedeutung der Grabstätte wiederhergestellt worden (Abb. 106).
Von den im 19. Jahrhundert verwendeten Steinsorten haben sich die härteren, wie Muschelkalk und Marmor, verhältnismäßig gut behauptet. Einige während der Franzosenzeit entstandene Grabmäler, die immerhin 170 Jahre alt sind, verdanken ihre Erhaltung dem dauerhaften Werkstoff. Besonders gefährdet sind jedoch die Grabmäler aus dem weichen Ruhrsandstein, der sich mit Moos überzieht und in Schichten abbröckelt. Dieser Abbröckelungsprozeß zerstört die Inschriften, Ornamente, figürlichen Reliefs und Statuetten, mit denen die Grabmäler verziert waren. So sind z. B. die Heiligenstatuetten, die an dem Pfeiler des Jesuitengrabmals aufgestellt waren, verloren. Nur noch die Dübellöcher an den Pfeilerwänden erinnern an den Skulpturenschmuck (Abb. 50).
Ein besonders trauriges Kapitel in der Geschichte des Golzheimer Friedhofs sind die mutwilligen Beschädigungen von Menschenhand. Umgestoßene Grabmäler, mit Kreide beschmierte Monumente, auf Grabplatten abgestellte Mülltüten und leere Bierflaschen sind die „Reliquien“ von Friedhofsbesuchern, die sich den alten Begräbnisplatz zu Trinkgelagen erwählen. Eine Gedankenlosigkeit begehen auch jene tierliebenden Mitbürger, die ihre Hunde auf dem Friedhof frei herumlaufen lassen. Man kann beobachten, daß die Hunde an den Grabsteinen tiefe Löcher ausscharren, die die Fundamente lockern und einen Einsturz herbeiführen können.
Obwohl die Beerdigungen auf dem Golzheimer Friedhof 1897 eingestellt wurden, ist er im eigentlichen Sinne nie geschlossen worden und ein Begräbnisplatz geblieben. Hier liegen nicht nur die Gräber einiger bedeutender Düsseldorfer, zu deren Erhaltung und Pflege sich die Stadt verpflichtet hat, sondern es gibt auch noch einige alte Düsseldorfer Familien, die die Gräber ihrer Vorfahren erhalten.[42]
Die jüngste Entwicklung berechtigt, hoffnungsvoll in die Zukunft des Golzheimer Friedhofs zu blicken. Am 27. September 1982 wurde der gesamte Friedhof unter Denkmalschutz gestellt. Es ist zu erwarten, daß nun auch in stärkerem Umfang Restaurierungen an den beschädigten Grabmälern vorgenommen werden.

*IV. Kapitel*

# Bauten und Denkmäler des Golzheimer Friedhofs

## *Die Leichenhäuser*

Der Wunsch, ein Leichenhaus auf dem Friedhof zu erbauen, war – wie wir aus dem Entwurf von Johann Peter Cremer schließen– schon in der Franzosenzeit vorhanden, ohne daß er damals erfüllt werden konnte. Erst in den zwanziger Jahren des 19. Jahrhunderts stößt man in den Akten wieder auf dieses Projekt. Die Initiative ging nicht von der Stadtverwaltung oder der preußischen Regierung aus, sondern von der Bürgerschaft. 1822 machte der Düsseldorfer Bürger Roffhack sen. eine Eingabe an die Regierung mit der Bitte, ein Leichenhaus auf dem Golzheimer Friedhof errichten zu lassen. Er begründete sie mit der „häufigen Anzeige aus der Nähe und Ferne über das Begraben der Scheintodten, und deren gräßlich fürchterliches Ende in tiefer Erde ..." Gleichzeitig erbot er sich, zu diesem Zweck eine Geldsammlung in den Gemeinden zu organisieren.[1]
Die Angst vor dem Scheintod war am Ende des 18. und Anfang des 19. Jahrhunderts in der Bevölkerung weit verbreitet. 1791 hatte der Berliner Arzt Christoph Wilhelm Hufeland eine Abhandlung mit dem Titel „Über die Ungewißheit des Todes" veröffentlicht, die solche Ängste auslöste, daß sie die Regierungen zu vorbeugenden Maßnahmen zwang. Eine Möglichkeit lag in der sicheren Feststellung des Todes. Einen amtlichen Totenschein forderte erstmals das französische Recht im Art. 77 des Code Civil, das auch die Düsseldorfer Begräbnisordnung von 1825 (Teil A) übernahm (vgl. III. Kap., S. 62) In der preußischen Zeit wurde die Totenschau nicht mehr durch einen Standesbeamten, sondern durch Ärzte vorgenommen. 1822 wurde durch eine Verordnung der preußischen Regierung diese Vorschrift dahingehend verschärft, daß die Beerdigungen erst 72 Stunden nach dem durch den Arzt bescheinigten Tod und Anzeichen der Verwesung vorgenommen werden durften. Weiterhin wurde bestimmt, daß der Tote während der ersten 24 Stunden im Bett liegenbleiben sollte und der Sarg erst unmittelbar vor der Beerdigung geschlossen werden durfte.[2]
Eine zusätzliche Sicherheitsmaßnahme war der Bau von Leichenhäusern auf den Friedhöfen, in denen die Toten bis zum Begräbnis unter Aufsicht eines Wärters aufgebahrt blieben und für den Fall eines Wiedererwachens Rettungseinrichtungen zur Verfügung standen. Das erste deutsche Leichenhaus wurde 1792 in Weimar gebaut. Seine Ausstattung mit Alarmsystemen und medizinischen Einrichtungen wurde für die später erbauten Leichenhäuser, so auch für das Düsseldorfer, zum Vorbild.[3]
Obwohl die Leichenhäuser in erster Linie Zweckbauten waren, verzichtete man nicht auf eine architektonisch anspruchsvolle Gestaltung. In Anlehnung an die zu dieser Zeit verbreiteten antiken Todesvorstellungen ernannte man sie zu „Tempeln des Schlafes", die folgerichtig im Zeitalter des Klassizismus auch wie Tempel gebaut wurden. Man wollte alles vermeiden, was an die „Morgues", die

Leichenschauhäuser, in denen unidentifizierte Tote aufgebahrt wurden, oder an die schaurigen Beinhäuser erinnerte. Auch Cremers Entwurf für das Düsseldorfer Leichenhaus von 1809 läßt diese Absicht deutlich erkennen. Der Innenraum war wie ein Kirchenraum in drei Schiffe gegliedert. In einer Nische sollte ein Altar stehen und die Decke mit einem Gemälde verziert werden (Abb. 26).

Die Düsseldorfer Regierung hat Roffhacks Antrag unter Hinweis auf die gesetzlichen Vorschriften zunächst abgelehnt. Doch wurden die Geldsammlungen in den Gemeinden durchgeführt und 1823 ein Leichenhausfonds gegründet. 1825 schlossen die Sammlungen mit einer Summe von 460 Reichstalern ab.[4] Dieser vielversprechende Anfang bewog die Regierung, die Gelder aus dem Verkauf der Erbbegräbnisse ebenfalls dem Leichenhausfonds zufließen zu lassen.[5]

1825 legte der Düsseldorfer Baumeister Anton Schnitzler[6] einen Entwurf für ein Leichenhaus vor. Die Fassade ist im klassizistischen Stil mit einem dorischen Säulenportikus gestaltet (Abb. 33).[7] Der zentrale Bauteil nimmt die Wohnung des Totengräbers auf, der zugleich die Aufgaben des Leichenwärters übernehmen sollte. Die beiden seitlichen Flügel waren zur Aufbahrung der Leichen bestimmt. Auch dieser Entwurf mit einem Kostenanschlag von 2578 Talern, 11 Silbergroschen und 11 Pfennigen wurde wegen der hohen Kosten in den Akten begraben.

Nun sann man auf eine weniger kostspielige Lösung. Schließlich wurde das „Warthäuschen“, das auf dem im Süden an den Friedhof grenzenden Grundstück stand, eine ehemalige Scheune, zum Leichenhaus umgebaut. Den Umbau führte Kommunalbaukondukteur Gosebruch 1829 durch. Die Kosten betrugen 1093 Taler, 10 Silbergroschen und 10 Pfennige.[8]

Von diesem ältesten Düsseldorfer Leichenhaus ist leider keine Abbildung erhalten. Von seiner Inneneinrichtung kann man sich aus dem Schreiben des Kreisarztes Dr. Ebermaier[9] vom 11. 12. 1829 an Oberbürgermeister Schöller eine Vorstellung machen[10]. Der Arzt, dem als Amtsarzt die Aufsicht über das Leichenhaus oblag, beanstandete verschiedene Mängel des Gebäudes und seiner Einrichtung. Vor allem klagte er über die zu niedrigen Fenster, die den Vorübergehenden Einsicht böten, über das Fehlen einer kleinen Küche für die Zubereitung von Badewasser und über eine mangelnde Belüftung. Für die Einrichtung verlangte er u. a., daß den Toten an Armen und Beinen Glockenzüge befestigt würden, die bei der geringsten Bewegung den Wärter herbeiriefen. Ferner forderte er ein beheizbares Wiederbelebungs- und Arztzimmer sowie einen getrennten Obduktionsraum.[11] Das Wiederbelebungszimmer sollte mit einem Bett und Wolldecken, einer Badewanne und einem Nachtstuhl eingerichtet werden. Ferner sollten Handtücher, Hemden und Medikamente bereitstehen, zu denen auch „zwei Flaschen guter Rheinwein“ gehörten.

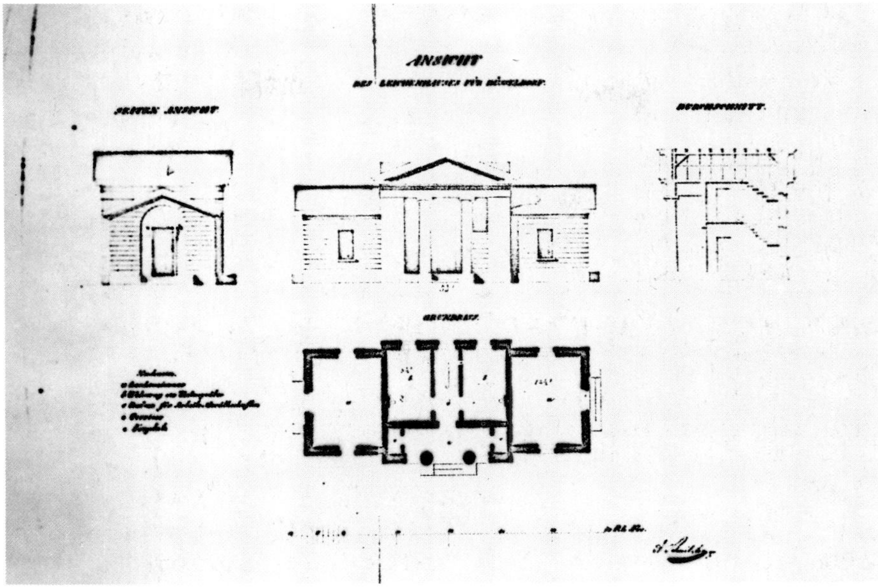

33 Entwurf zu einem Leichenhaus von Anton Schnitzler 1825
Stadtarchiv Düsseldorf

Dr. Ebermaier entwarf 1829 ein „Reglement" für die Benutzung des Leichenhauses. Es beginnt mit dem Satz: „Das Leichenhaus hat den Zweck, sowohl die Möglichkeit des Begrabens eines Scheintoten, dessen Wiedererwachung im Grabe erfolgen könnte, mit Sicherheit zu verhüten, als auch die Leichname, welche nicht bis zum Begräbnis in der Wohnung der überlebenden Familie verbleiben können, auf eine sichere und vorsichtige Weise aufzubewahren." Es folgen genaue Dienstanweisungen für den Leichenwärter, wie die Toten generell und im Fall der geringsten Anzeichen eines Scheintodes behandelt werden sollten.

Ob es in Düsseldorf jemals einen solchen Fall gegeben hat und der Rettungsapparat sich bewährt hat, ließ sich aus den Akten nicht ersehen. Aber auch als sich die Angst der Bevölkerung vor dem Scheintod allmählich legte, was vor allem den verbesserten Untersuchungsmethoden der Ärzte zu verdanken war, behielten die Leichenhäuser ihre Zweckberechtigung.

Neben der Aufbewahrung von Toten, die an ansteckenden Krankheiten gestorben waren, diente das Leichenhaus auch zur Aufbahrung derjenigen, die aus Raummangel nicht in den Wohnungen bleiben konnten. In der zweiten Hälfte des 19. Jahrhunderts nahm durch die Industrialisierung Düsseldorfs und den Zuzug von Industriearbeitern der Wohnungsmangel immer mehr zu. Viele Familien waren so beengt untergebracht, daß die würdevolle und hygienische

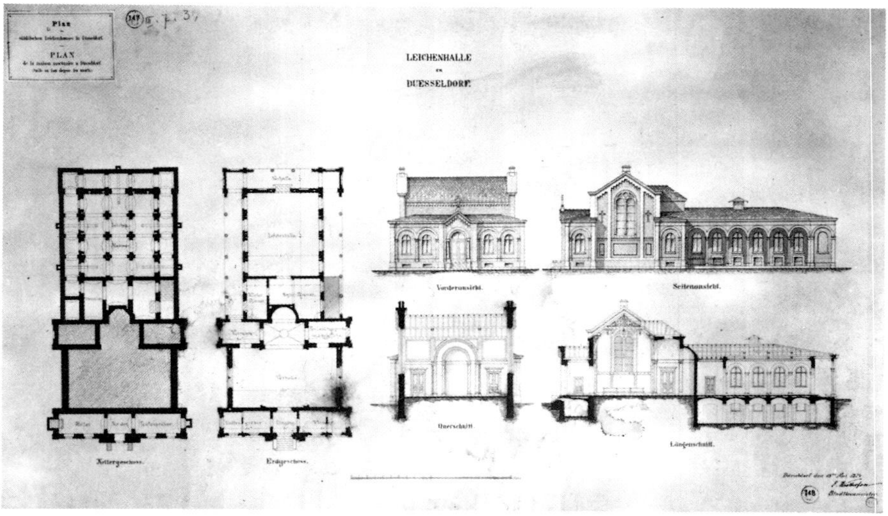


34 Entwurf zu einem Leichenhaus von Eberhard Westhofen 1874
Stadtarchiv Düsseldorf

Aufbahrung eines Toten bis zur Beerdigung nicht möglich war. Die allgemeine Benutzung des Leichenhauses wurde zwar von den Behörden angestrebt, war aber im 19. Jahrhundert nicht vorgeschrieben. Viele Familien bahrten ihre Toten nach alter Tradition zu Hause auf. Aus einem Brief von Friedrich von Uechtritz erfahren wir, daß in Düsseldorf der Brauch herrschte, beim Eintritt des Todes alle Fenster zu schließen und das Haus während der drei Tage bis zur Beerdigung geschlossen und verdunkelt zu lassen.[12]
1875 wurde das alte Leichenhaus durch einen Neubau ersetzt. Dies zeigt, daß man in diesem Jahr die baldige Schließung des Friedhofs noch nicht voraussah. Nach dem Entwurf von Stadtbaumeister Eberhard Westhofen von 1874 wurde ein langgestreckter Backsteinbau errichtet[13] (Abb. 34). Er hatte eine Frontbreite von 16,80 m und eine Seitenlänge von 33,50 m. 60 000 Reichsmark mußten dafür ausgegeben werden. Das neue Leichenhaus verfügte über die fortschrittlichen Einrichtungen einer Gas- und Wasserleitung. Das Erdgeschoß beherbergte die Dienst- und Wohnräume des Totengräbers, eine geräumige Vorhalle, die als Versammlungsraum für die Trauergesellschaften diente und mit einem kapellenartigen Raum für die Trauerfeiern abschloß. Das Leichenhaus diente also gleichzeitig als Friedhofskapelle oder Aussegnungshalle. Der dahinterliegende Gebäudeteil umschloß die eigentliche große Leichenhalle und die Nebenräume für den Wärter. Im Erdgeschoß lagen weitere Leichenkammern.
Die äußere architektonische Gestaltung des Gebäudes hatte nichts mehr mit dem klassizistischen „Tempel des Schlafes“ zu tun, sondern ähnelte mit ihrem

Giebel und Kreuz eher einer Kirche. Der Baustil war historistisch. Stilelemente aus verschiedenen historischen Stilepochen waren miteinander vermischt, wie bei den Kirchenbauten der Gründerjahre.

## *Das Hochkreuz*

Während der Bau eines Leichenhauses auf die Initiative protestantischer Kreise der Düsseldorfer Bürgerschaft zurückging, wünschten sich die Katholiken im Zentrum des Friedhofs ein hohes steinernes Kreuz mit der Darstellung des gekreuzigten Christus. Schon seit den dreißiger Jahren des 19. Jahrhunderts wurde für dieses Projekt in den Kirchen gesammelt.[14] Die Verhandlungen über die künstlerische Gestaltung des Monuments zogen sich über viele Jahre hin. Die Bildhauer Carl Joseph Lode und Johann Jakob Woringen bewarben sich vergebens um den Auftrag.[15] Der Direktor der Kunstakademie, Wilhelm von Schadow, wurde als höchste Kunstautorität Düsseldorfs um Rat gefragt und schlug vor, anstelle einer leicht verwitternden Marmorfigur an einem Hochkreuz eine Halle zu erbauen und in ihr ein kleines Kruzifix aufzustellen.[16] Doch setzte sich der Wunsch der Katholiken nach einem traditionellen Hochkreuz durch.

Am 31. August 1850 wurde von dem Kölner Erzbischof Johannes von Geissel der Grundstein gelegt, am 8. Oktober 1851 war das 12 m hohe Monument aus Oberkirchener Sandstein vollendet und wurde am Allerheiligentag desselben Jahres geweiht.

Über einem dreistufigen Podest erhebt sich ein hoher, vierseitiger Sockel, dessen Seiten mit krabbenbesetzten Spitzbögen und Maßwerk verziert sind. An der Vorderseite steht in einer Nische mit fürbittend erhobenen Händen die Gottesmutter. Der Sockel schließt mit einem Blattfries und von Kreuzblumen bekrönten Dach ab und leitet durch ein polygonales Zwischenstück zum Kreuzesstamm über, der im Gegensatz zum Sockel keine gotischen Stilelemente aufweist. Der Corpus hängt mit überkreuzten Füßen unterhalb des Querbalkens. Den nach rechts gesenkten Kopf krönt eine vergoldete Dornenkrone (Abb. 35).

Das Hochkreuz ist ein Gemeinschaftswerk mehrerer Düsseldorfer Künstler. Den Entwurf zeichnete Johannes Kühlwetter, der Bildhauer Dietrich Meinardus führte die Steinarbeiten aus.[17] Sie kosteten ca. 2000 Taler. Den Corpus schuf Johann Peter Götting für ein Honorar von 350 Talern.[18] Die Gottesmutter wiederum ist ein Werk von Julius Bayerle[19], dessen Honorar von 250 Talern der Kunstverein für die Rheinlande und Westfalen aufbrachte.[20]

In Köln, wo um die Jahrhundertmitte unter dem Eindruck des 1840 wiederaufgenommenen Dombaus die Neugotik als absoluter Stil für christliche Bauten

35 Hochkreuz vom Golzheimer Friedhof, jetzt Nordfriedhof

36 Kriegerdenkmal vom Golzheimer Friedhof, jetzt Nordfriedhof

37 Grabmal für französische Soldaten vom Golzheimer Friedhof, jetzt Nordfriedhof

und Monumente propagiert wurde, stieß das Düsseldorfer Hochkreuz auf Kritik.[21] Man monierte die nicht konsequente Beibehaltung des gotischen Stils und wollte in Kreuz und Corpus spätklassizistische Stilelemente erkennen, die man als „heidnisch“ verwarf.
Das Hochkreuz stand in dem Bereich des Golzheimer Friedhofs, der 1905 bei der Anlage der Klever Straße geräumt werden mußte. Es wurde auf den Nordfriedhof übertragen, wo es auf dem Hügel hinter der Kapelle einen dominierenden Platz erhielt. Während des Zweiten Weltkrieges durch Bomben beschädigt, wurde es 1949 von dem Bildhauer Carl Stump restauriert.

## *Die Kriegerdenkmäler*

Nach dem Deutsch-Französischen Krieg von 1870/71 nahm der Golzheimer Friedhof auch bescheidene Denkmäler für die Kriegsopfer auf. Den 157 gefallenen Düsseldorfer Bürgern setzte die Stadt ein Denkmal aus Udelfanger Sandstein. Über einem vierseitigen Sockel, auf dem die Namen der Gefallenen eingemeißelt sind, erhebt sich ein Obelisk (Abb. 36). Unter dem Eisernen Kreuz steht die Widmung:

38 Denkmal für die im I. Weltkrieg gefallenen Mitarbeiter des Städtischen Gartenamtes Golzheimer Friedhof

39 Gedenkstein für den Maler Karl Schwesig 1982, Golzheimer Friedhof

Den hier ruhenden, im glorreichen Kampf gegen Frankreich 1870 u. 1871 gebliebenen deutschen Kriegern
In dankbarer Anerkennung. Die Stadt Düsseldorf
Das Kriegerdenkmal wurde von Stadtbaumeister Eberhard Westhofen entworfen und von dem Bildhauer Dietrich Meinardus zu einem Honorar von 573 Talern ausgeführt.[22] Die Gestaltung folgte einem traditionellen Schema. Denkmäler dieser Art entstanden in vielen anderen deutschen Städten auf Friedhöfen und Plätzen. Offenbar empfand man in Soldatenkreisen dieses Kriegerdenkmal als zu bescheiden und errichtete 1892 im Hofgarten das pompöse Marmordenkmal im neubarocken Stil.[23]
Ein weiteres Gemeinschaftsgrabmal erinnert an diesen Krieg, auch wenn die auf ihm beklagten Kriegsopfer auf der gegnerischen Seite gekämpft hatten. Ihren als Kriegsgefangene in Düsseldorf verstorbenen Kameraden setzten französische Offiziere ein Grabmal. Die Stele trägt die Inschrift:
„A la mémoire des soldats français morts
prisonniers de guerre à Düsseldorf.
Leurs officiers ont élevé ce monument 1870–1871"
Auf der liegenden Grabplatte sind 83 Namen verzeichnet (Abb. 37). Das Grabmal wurde, ebenfalls von Meinardus, nach einer Zeichnung des französischen Kommandanten Charles Corbin ausgeführt.[24]

Beide Kriegerdenkmäler standen bis 1905 neben dem Hochkreuz auf dem Golzheimer Friedhof und wurden zusammen mit diesem auf den Nordfriedhof umgesetzt.[25]
Nach der Schließung des Golzheimer Friedhofs wurde auf dem südlichen Friedhofsteil den Mitarbeitern des Städtischen Gartenamtes, die im I. Weltkrieg gefallen waren, ein Denkmal gesetzt. Den vierseitigen Pfeiler mit der Inschrift: „Dem Andenken der Mitarbeiter des Städt. Gartenamtes, die im Weltkrieg 1914–1918 ihr Leben für das Vaterland hingaben« zieren ein Stahlhelm und Eichenlaubzweig (Abb. 38).
Mit der Tradition des Golzheimer Friedhofs, auf dem viele Düsseldorfer Künstler des 19. Jahrhunderts begraben wurden, verträgt es sich gut, daß der Düsseldorfer Künstlerverein in diesem Jahr begonnen hat, auf dem südlichen Friedhofsteil – in der Nähe des Atelierhauses – denjenigen Künstlern Gedenksteine zu setzen, die Verfolgte und Opfer des Naziregimes wurden. Im Juni wurde ein Gedenkstein für den Maler Karl Schwesig (1898–1955) errichtet. Die Stele wurde von Josef Müller aus einem der Steine der im Zweiten Weltkrieg zerstörten alten Kunsthalle geschaffen (Abb. 39).

*V. Kapitel*

# Die Gestaltung der Grabmäler des Golzheimer Friedhofs

Die auf dem Golzheimer Friedhof erhaltenen Grabmäler repräsentieren die Düsseldorfer Oberschicht. Der weitaus größere Teil der Bevölkerung, der dem Handwerks- und nach der Mitte des 19. Jahrhunderts – dem Arbeiterstand angehörte, ist nicht durch Grabmäler vertreten. Die unteren Stände belegten die Reihengräber. Ihre Grabzeichen waren in der Regel hölzerne Grabkreuze, die bei der Wiederbelegung der Gräber abgeräumt wurden. Von ihnen ist keine Spur erhalten. Das Aquarell von Caspar Scheuren zeigt den Gegensatz zwischen den monumentalen, steinernen Grabmälern der Reichen und den bescheidenen Grabzeichen der Armen (Farbtafel IV).
Die Errichtung eines Grabmals aus einem dauerhaften Werkstoff, das nicht nur dem Zweck dient, das Grab zu kennzeichnen, sondern den Anspruch eines Denkmals erhebt, setzt voraus, daß die Grabstätte nicht durch die Wiederbelegung verlorengeht, sondern für lange Zeit im Besitz einer Familie bleibt. Dies war 1825 durch die Einrichtung von Erb- und Familienbegräbnissen mit käuflichen Gräbern gegeben. Die Familiengräber mit ausgemauerten Grüften und repräsentativen Grabmälern entstanden nach dieser Zeit (vgl. III. Kap., S. 68). Viele Namen, die man auf den Grabmälern liest, sind noch heute in Düsseldorf wohlbekannt. Neben einigen Adelsfamilien ist vor allem das gehobene Bürgertum vertreten. Hier lassen sich mehrere Gruppen unterscheiden: Einige der schönsten Grabmäler gehörten Familien, die durch Handel, Gewerbe und Industrie zu großem Wohlstand gekommen waren.[1] Eine zweite Gruppe bildeten die hohen Beamten und Militärs, die Düsseldorf als Sitz eines Regierungspräsidenten, Oberlandesgerichts und einer Garnison in seinen Mauern beherbergte. Sie waren Neu-Düsseldorfer, die von der preußischen Regierung in die Stadt versetzt worden waren. Auch die 1819 wiedergegründete Kunstakademie hat viele Fremde in die Stadt gezogen, die in Düsseldorf heimisch wurden. Einige wurden Professoren, andere ließen sich als freischaffende Künstler hier nieder und kamen zu Wohlstand und Ansehen, wie u. a. auch ihre Grabmäler bezeugen. Selbstverständlich besaßen auch die Düsseldorfer Oberbürgermeister, Ärzte, Geistlichen beider Konfessionen und Lehrer Grabmäler auf dem städtischen Friedhof (vgl. VII. Kap.).

## *Spätbarocke Grabmäler*

Einige Grabmäler, die auf dem südlichen, als dem ältesten Friedhofsteil stehen, geben uns eine Vorstellung davon, wie die Düsseldorfer Grabmäler des späten 18. Jahrhunderts, die auf den Friedhöfen vor dem Flingertor oder dem protestantischen Friedhof standen, aussahen. Es sind dünnwandige Stelen mit geschweiften oder polygonalen oberen Abschlüssen und spätbarocken Ornamenten, wie Voluten, Rankenwerk und Zierknäufen. Ihre Inschriften nennen

40 Gruppe von drei Grabmälern der Zeit um 1810 (Vorderseiten)
Golzheimer Friedhof

zwar Todesdaten des frühen 19. Jahrhunderts, doch zeigen einige Spuren einer älteren Verwendung.

Ein Beispiel ist das Grabmal der Maria Anna Barbara Catharina de Lesecque, Witwe des Consularrats Lesecque, die am 22. Juli 1810 starb. Ihr Grabmal hat eine geschweifte Oberkante mit einem Zierknauf, eine für das Jahr 1810 – der Epoche des Klassizismus – altertümliche Form (Abb. 40, linker Grabstein). Ein Blick auf die Rückseite dieses Grabmals zeigt uns nun die ursprüngliche Gestaltung. Man erkennt einen Doppelbogen, über dem in einer Kartusche ein Wappen dargestellt war. Von der ehemaligen Inschrift sind noch einzelne Buchstaben lesbar, jedoch keine Namen oder Jahreszahlen, die eine genauere Datierung erlaubten (Abb. 41). Das Grabmal diente vor seiner Verwendung auf dem Golzheimer Friedhof für ein adliges Ehepaar. Ähnliche Beobachtungen kann man an anderen Grabstelen dieses Typs machen. Sie stammen vermutlich von dem 1804 geschlossenen Friedhof vor dem Flingertor.

An dieser Grabmälergruppe läßt sich auch eine stilistische Entwicklung verfolgen. Das mittlere Grabmal, das für die 1810 und 1816 verstorbenen J. Anton und C. A. B. de Lesecque errichtet wurde, hat einen dreiseitigen Abschluß. Es nähert sich den geradlinigen klassizistischen Formen. Diese traditionellen Stelengrabmäler haben sich offenbar noch mehrere Jahre neben den klassizistischen Grabmalstypen behaupten können.

41 Gruppe von drei Grabmälern der Zeit um 1810 (Rückseiten)
Golzheimer Friedhof

## *Die klassizistischen Grabmäler*

Die Grabmalskunst des 19. Jahrhunderts war historistisch. Sie orientierte sich an der Sepulkralkunst fremder Völker und Kulturepochen. Auf den bürgerlichen Gräbern der Friedhöfe des 19. Jahrhunderts findet man verkleinerte Nachbildungen der Pyramiden der ägyptischen Pharaonen, Obelisken, Sarkophage und Grabaltäre der Römer und Grabstelen der Griechen. 1797 erschien der erste Band des Stichwerkes „Trauer-Monumente für alle Nationen und Religionen“[2], in dem alle diese historischen Grabmalstypen abgebildet waren. Es war ein Vorbildwerk für die historistische Grabmalskunst, das auch den Düsseldorfer Bildhauern nicht unbekannt gewesen sein dürfte. Nach solchen graphischen Vorlagen wurden die Grabmäler bei den Bildhauern in Auftrag gegeben. Es sind meist keine einmaligen künstlerischen Erfindungen, sondern Varianten bestimmter Grabmalstypen, deren Aufbau, Ornamente und Darstellungen ähnlich sind.[3]
Schon das nach 1805 entstandene Grabmal der Gräfin Salm-Reiferscheidt-Bedburg besaß typische klassizistische Formen, Ornamente und Todesallegorien. Es war eine *Stele,* die sich auf rechteckigem Grundriß erhob. Sie bestand aus drei Teilen: dem breiten Sockel, dem sich nach oben verjüngenden Hauptteil mit den Inschriften und allegorischen Reliefs und dem Aufsatz, der als

42 Grabmal Königl. Portepee-Fähnrich C. F. G. v. Garrelts Golzheimer Friedhof

43 Grabmal Marie Louise Caroline Léonie de Soult (Kopie) Golzheimer Friedhof

Dreiecksgiebel mit seitlichen Akroterien gestaltet war (Abb. 25). Nach dem heutigen Erhaltungsstand zu urteilen, war die klassizistische Stele auf dem Golzheimer Friedhof die beliebteste Grabmalsform.

Die *Pfeilerform* ist eine Variante der Stelenform mit ähnlichem Aufbau. Im Unterschied zur Stele ist der Grundriß nicht rechteckig, sondern quadratisch. Ein Grabmal mit quadratischem Grundriß eignete sich gut für die fast quadratischen Familienbegräbnisse und bot auf seinen Seiten für ausführliche Inschriften Platz. Das Grabmal des Königlichen Portepee-Fähnrichs Carl Ferdinand Gerhard von Garrelts (gestorben 1844) vertritt diesen Typus (Abb. 42).

Aus der römischen Kunst leitet sich die *Cippus* genannte Grabmalsform her. Der Cippus besitzt ebenfalls einen quadratischen Grundriß, ist jedoch niedriger und gedrungener als der Grabpfeiler. Zum Cippus gehört ein Aufsatz, meist in Form einer Urne oder Schale. In einer christlichen Umdeutung des römischen Grabmalstypus haben auch gußeiserne Kreuze als Aufsätze der Cippi gedient, die oftmals nicht erhalten sind. Das Grabmal der 1817 verstorbenen Marie Louise Caroline Léonie de Soult ist mit seinem Urnenaufsatz ein Beispiel für diesen Grabmalstyp (Abb. 43).

*Säulenförmige* Grabmonumente erfreuten sich in der ersten Hälfte des 19. Jahrhunderts großer Beliebtheit. Hier lassen sich zwei Typen unterscheiden: Die kompletten Säulen mit Kapitellen und Plinthen, die Urnen oder Schalen als

44 Grabmal Maximilian Friedrich Weyhe (Kopie) Golzheimer Friedhof

45 Grabmal Wilhelmine von Colomb Golzheimer Friedhof

Aufsätze haben. Das Grabmal Maximilian Weyhes von 1847, auf dem ursprünglich eine eiserne Schale stand, ist ein Beispiel für diesen Typus (Abb. 44). Eine ebenso beliebte Variante ist die *Gebrochene Säule,* die als Symbol der gebrochenen Lebenskraft gilt. Das Grabmal der 1822 gestorbenen Wilhelmine von Colomb ist in dieser Form gestaltet (Abb. 45).

Die vierseitigen, schlanken, sich nach oben verjüngenden *Obelisken* stammen aus der ägyptischen Kunst. Sie waren Staatsdenkmäler, die im 19. Jahrhundert auch als Vorbilder für das private Grabmal verwendet wurden. Auch auf dem Golzheimer Friedhof gab es mehrere Grabobelisken. Für das Grabmal des Bildhauers Alexander Meinardus (gestorben 1891) wurde dieser Grabmalstyp gewählt (Abb. 46).

Zu den geläufigen klassizistischen Grabmalstypen gehören ferner Pyramiden, Sarkophage und dreiseitige Pfeiler. Sie sind auf dem Golzheimer Friedhof nur in einzelnen Exemplaren vertreten. Eine kleine *Pyramide,* die sich auf einem ebenfalls dreiseitigen Sockel erhebt, wurde für die 1815 verstorbene Rosa von Parry errichtet (Abb. 47). Ein römischer *Giebelsarkophag* bildet das Grabmal für die 1813 verstorbene A. G. Mayer (Abb. 48). Ein *dreiseitiger,* sich nach oben verjüngender *Pfeiler,* der mit Akroterien verziert ist, kennzeichnet die Grabstätte der Familie Heinrich Kürten und entstand nach 1852 (Abb. 49).

Die Beliebtheit der klassizistischen Grabmalstypen blieb im 19. Jahrhundert

46 Grabmal Alexander Meinardus
Golzheimer Friedhof

47 Grabmal Rosa von Parry
Golzheimer Friedhof

48 Grabmal A. G. Mayer
Golzheimer Friedhof

49 Grabmal Familie Heinrich Kürten Golzheimer Friedhof

50 Grabmal der Jesuitenpatres und Pfarrer der Andreas-Gemeinde Golzheimer Friedhof

nicht unangefochten. Namentlich die katholische Kirche nahm an den Formen und Darstellungen dieser Grabmäler, die sich nicht auf christliche Glaubensinhalte beziehen, Anstoß. Als Wortführer katholischer Kunstpolitik kritisierte August Reichensperger an der klassizistischen Grabmalskunst: „..., daß die Typen der großen Mehrzahl der modernen Grabmäler dem Heidentum entlehnt sind, daß auf dem nach den alten Ritualien der Kirche geweihten Boden zerbrochene Säulen, ausgelöschte Lampen, umgekehrte Fackeln, Sarkophage, Aschenkrüge und Urnen, letztere allenfalls noch mit dem Trauerflore, in Gestalt eines nassen Handtuchs umwunden, sich erheben, statt der Sinnbilder der Erbarmung und der christlichen Liebe."[4] Reichensperger empfahl, bei den einfachen Grabmälern zur traditionellen Kreuzesform zurückzukehren und bei der Gestaltung größerer Grabmonumente eine Orientierung an der gotischen Architektur. Als Vorbild bezeichnete er u. a. das 1342 in Godesberg errichtete Hochkreuz. Von dem Kölner Baumeister Vincenz Statz wurden als Musterbücher „Gothische Entwürfe" herausgegeben, in denen sich auch Grabmalsentwürfe befanden. Sie waren mit Maßangaben versehen und konnten von Steinmetzen und Bildhauern nachgearbeitet werden.[5]

51 Grabmal Familien Wolferts und Müller
Golzheimer Friedhof

52 Grabmal Familien Lupp und Kuhles
Golzheimer Friedhof

## *Die neogotischen Grabmäler*

Etwa um 1840 erscheinen auf dem Golzheimer Friedhof die ersten Grabmäler im Stil der Neugotik. Das Datum hängt mit dem in diesem Jahr wiederaufgenommenen Bau des Kölner Doms zusammen, der 1881 zum Abschluß geführt wurde. Die Anpassung an den gotischen Baustil des 14. Jahrhunderts, die am Dom praktiziert wurde, wirkte sich in der zweiten Hälfte des 19. Jahrhunderts auf viele Kirchenneubauten und auch auf die angewandte christliche Kunst aus. Auf dem Golzheimer Friedhof sind einige schöne neugotische Grabmäler erhalten. Auch hier lassen sich verschiedene Typen unterscheiden.

Die *Fialen* erinnern an das von Reichensperger als Vorbild genannte Hochkreuz in Godesberg. Es sind gotische Kirchtürme en miniature, die alle Zierformen des gotischen Baurepertoires aufweisen.

Das bedeutendste Grabmal dieses Typus ist das 1843 für die Jesuitenpatres errichtete, über 6 m hohe Monument (Abb. 50). Eine Variante des Fialentypus bilden die gotischen *Turmgrabmäler*, die sich über einem sechseckigen Grundriß erheben. Das nach 1851 entstandene Grabmal der Familien Wolferts und Müller ist das schönste Beispiel für diese Form (Abb. 51).

Die Bezeichnung *„Gothische Kapelle“* liest man auf einem Entwurf des Bildhauers Johann Jakob Woringen (vgl. VI. Kap., Abb. 79). Die Zeichnung zeigt ein vierseitiges, geschlossenes Pfeilermonument mit spitzbogigem Abschluß, das von einem Kreuz bekrönt wird. Ein sehr ähnliches Grabmonument wurde für die Familien Lupp und Kuhles ausgeführt (Abb. 52). Eine „gotische Kapelle" ist auch auf dem Aquarell von Caspar Scheuren zu sehen (Farbtafel IV). Eine Variante dieses Grabmaltyps wäre das offene *Tabernakel-Grabmal*, das leider auf dem Golzheimer Friedhof mit keinem Beispiel zu belegen, jedoch auf anderen rheinischen Friedhöfen zu finden ist.

## *Die neuromanischen Grabmäler*

Auch die romanische Baukunst hat Vorbilder für die Grabmalskunst des 19. Jahrhunderts geliefert. Als Alternative zur Neugotik hat sich die Neuromanik erst am Ende des 19. Jahrhunderts voll entwickelt. Mehrere Düsseldorfer Kirchen wurden in diesem Stil erbaut. Auf dem Golzheimer Friedhof gibt es nur wenige Grabmäler mit neuromanischen Stilelementen. Das um 1850 entstandene Grabmal der Familie de Conrads erinnert an einen Burgturm (vgl. VI. Kap., Abb. 82). Auch das Grabmal für den 1873 verstorbenen Johannes Rübsahmen nimmt romanische Ornamentik auf (Abb. 84).

## *Traditionelle Grabmalstypen*

Neben den Grabmalsformen, die an bestimmte Stile gebunden sind und einem modischen Wechsel unterlagen, behaupteten sich auf den Friedhöfen des 19. Jahrhunderts traditionelle Grabmalstypen, die sich jahrhundertelang bewährt hatten.

Eine typische niederrheinische Grabmalsform zeigt das niedrige Kreuz aus Sandstein, das vom alten Bilker Friedhof in das Stadtmuseum gelangte (Abb. 55). Es stammt vermutlich aus dem 18. Jahrhundert. Auf den dörflichen Friedhöfen in der Umgebung Düsseldorfs findet man diesen Grabmalstyp häufig. Die *Grabkreuze* des 19. Jahrhunderts haben jedoch einen anderen Aufbau als ihre barocken Vorgänger. Sie besitzen massige Steinsockel, auf denen sich Kreuze aus Stein oder Gußeisen erheben. Wie beim Grabmal für den Maler J. P. Hasenclever steht die Inschrift meistens auf dem Sockel (Abb. 54). Im 19. Jahrhundert wurden viele Grabkreuze aus Gußeisen hergestellt. Die Technik des Eisengusses wurde am Anfang des 19. Jahrhunderts soweit verbessert, daß man mit ihrer Hilfe auch zartgliedrige, durchbrochene Formen herstellen konnte. Ein schönes gußeisernes Grabkreuz im neugotischen Stil, das sich über einem sechseckigen Pfeiler aus rotem Sandstein erhebt, schmückt das Grabmal der Familie Raths (Abb. 53).

53 Grabmal Familie Raths
Golzheimer Friedhof

54 Grabmal Johann Peter Hasenclever
Golzheimer Friedhof

55 Grabkreuz vom alten Bilker Friedhof
Stadtmuseum Düsseldorf

56 Grabmal Generalmajor Leopold von Arnim
Golzheimer Friedhof

Auch die auf dem Grab liegenden *Grabplatten* gehören zur traditionellen christlichen Grabmalskunst. Sie erinnern an die alte Bestattungsart in den Kirchen. Die Grabplatten auf den Friedhöfen besitzen meist einen Podest oder sarkophagähnlichen Unterbau um zu verhindern, daß sie in den Erdboden einsinken oder vom Gras überwuchert werden. Angehörige des Adels wählten auch auf den städtischen Friedhöfen häufig diese Grabmalsform. Das Grabmal des 1850 verstorbenen Generalmajors Leopold von Arnim ist ein typisches Beispiel für diesen Grabmalstyp (Abb. 56).

## *Grabfiguren und -reliefs*

Von dem Skulpturenschmuck, der an vielen Grabmälern des Golzheimer Friedhofs angebracht war, ist nur wenig erhalten. Die Eisendübel, mit denen diese Applikationen mit dem Grabmal verbunden waren, sind gerostet und gebrochen. Die Reliefs oder Statuetten sind herabgefallen und zerbrochen. Dübellöcher an vielen Grabmälern verraten, daß hier ursprünglich Skulpturen befestigt waren.

Ein Hochrelief aus Marmor schmückt die Vorderseite des Grabmals der Familie Batz. Es entstand zusammen mit der klassizistischen Grabstele aus Muschelkalk nach 1831, dem Todesjahr des Johann C. F. Batz, als Werk des Bildhauers Carl Joseph Lode (vgl. VI. Kap., S. 120). Ein unbekleideter, geflügelter Jüngling kniet neben einer mit einem Leichentuch verhangenen Urne. In der rechten Hand hält er eine Fackel mit erlöschender Flamme. Der Arm stützt das trauernd gesenkte Haupt (Abb. 57).

Auf römischen Grabmälern wurde der griechische Genius des Todes Thanatos in dieser Weise dargestellt. Die gesenkte Fackel, deren Flamme erlischt, ist ein Gleichnis für das erlöschende Leben. Der Todesgenius nähert sich dem Sterbenden und nimmt seine Seele in Empfang, die er ins Jenseits geleitet. Die Gestalt des Thanatos fand in der klassizistischen Grabmalskunst eine begeisterte Aufnahme. Dazu trugen zunächst Dichter und Philosophen bei. Als erster hatte Gotthold Ephraim Lessing in seinem 1769 erschienenen Traktat „Wie die Alten den Tod gebildet" die antike Grabfigur auf den römischen Grabmälern als Thanatos gedeutet und auf die Schönheit der griechischen Todesvorstellungen hingewiesen, die den Tod nicht – wie die christliche Kunst – als schreckenerregenden Knochenmann, sondern als schönen Jüngling darstellte, der die Seele in das Jenseits hinüberträgt.[6] Der Philosoph Johann Gottfried Herder rechtfertigte die heidnische Darstellung an christlichen Grabmälern: „Wenn also irgendwohin, so gehört der Engel des Schlafes mit der gesenkten Fackel vor die Grabmäler der Christen, da der Stifter ihrer Religion es zu einem Hauptzweck seiner Sendung machte, den Tod in einen Schlaf zu verwandeln."[7] Thanatos mit

57 Grabmal Familie Batz (Detail)
Golzheimer Friedhof

▽ 58 Grabmal Familie von Fuchsius (Detail)
Golzheimer Friedhof

59 Grabmal Familien Wolferts und Müller (Detail) Golzheimer Friedhof

60 Grabmal Pfarrer Wilhelm Eduard Neuss Golzheimer Friedhof

Fackel und Urne war auf dem Golzheimer Friedhof noch mehrmals vorhanden. Er erscheint im Relief am Grabmal der Familie Troost (Abb. 76) und an dem auf den Nordfriedhof übertragenen Grabmal der Familie von Franken-Welz, beides Werke von C.J. Lode. An anderen klassizistischen Grabmälern, wo Thanatos in persona nicht auftritt, vertreten ihn seine Attribute, die gesenkte Fackel mit der erlöschenden Flamme, wie am Grabmal der Familie von Fuchsius (Abb. 58) oder Mohnkapseln als Allegorien des Schlafes.

Ein christlicher Grabesengel bekrönt das turmförmige Grabmal, das nach 1851 von Bildhauer Dietrich Meinardus für die Familien Wolferts und Müller geschaffen wurde (vgl. Abb. 51). Die weibliche Figur hat liebliche, nazarenische Gesichtszüge und war vermutlich ursprünglich farbig gefaßt. Die Flügel sind aus Gußeisen. Der linke Arm (mit verlorener Hand) weist gen Himmel. Die rechte Hand hält einen Kranz (Abb. 59).

Ein Kruzifix ist am ebenfalls neugotischen Grabmal des 1868 verstorbenen Pfarrers Wilhelm Eduard Neuss in Sandstein ausgeführt. Die Bildhauersignatur ist an diesem sehr stark verwitterten Grabmal nicht mehr deutlich lesbar (Abb. 60). Vielleicht handelt es sich um ein Werk des Bildhauers Joseph Reiss (vgl. VI. Kap. S. 135). Kruzifixe gehörten zu vielen Grabmälern. Am Grabmal des Malers Ludwig von Milewski sind noch die Dübel erhalten, mit denen der Corpus Christi am Kreuz befestigt war (vgl. VII. Kap., Abb. 108).

Zu den beliebten Grabskulpturen gehören auch Portraits der Verstorbenen. Johann Wolfgang von Goethe, der sich mehrmals über die Grabmalsgestaltung äußerte, empfahl ein Bildnis des Toten an seinem Grabmal anzubringen, wie es die antike römische Kunst vorgebildet hatte. Er ließ seine Romanfigur, den Architekten aus den „Wahlverwandtschaften", sagen: „Doch bleibt immer das schönste Denkmal des Menschen eigenes Bildnis. Dieses gibt mehr als irgend etwas anderes einen Begriff von dem was er war."[8] An klassizistischen Grabmälern sieht man häufig Portraits aus Marmor oder Bronze in Medaillons. Auf dem Golzheimer Friedhof ist nur noch ein spätklassizistisches Beispiel erhalten: das Bildnis des 1891 verstorbenen Bildhauers Alexander Meinardus (Abb. 61). Auch zum Grabmal des Malers August Weber gehörte ein Portraitmedaillon (vgl. VII. Kap., Abb. 103); auf anderen Grabmälern deuten kreisrunde Markierungen auf der Oberfläche des Steins darauf hin, daß hier ursprünglich Medaillons befestigt waren.
Besser als die vollplastischen Grabfiguren und applizierten Reliefs sind die Darstellungen erhalten, die in den Stein des Grabmals gearbeitet wurden. Es sind allegorische Bilder, die sich auf christliche oder antike Todesvorstellungen beziehen.
An die Grabmalsgestaltung des Barock erinnern Totenschädel und Stundengläser. Sie waren die traditionellen „Memento Mori", die die Lebenden in drastischer Weise an den Tod erinnern sollten. Im 19. Jahrhundert wurden sie nur noch selten verwendet. Klassizismus und Romantik gaben den versöhnlichen Todesallegorien der Antike den Vorzug. Am Grabmal Rosa von Parry erscheint noch 1815 ein Totenschädel (Abb. 62). Eine Stundenuhr mit Flügeln findet man am Grabmal der Familie von Fuchsius (Abb. 63). Sie ist ein Attribut des Chronos, des Gottes der Zeit und Vergänglichkeit. Die Flügel sollen das Dahinfliegen der Zeit veranschaulichen.
Zu den klassizistischen Todesallegorien gehören auch Gleichnisse aus der Natur. Das Leben und Sterben des Menschen und seine Hoffnung auf ein Leben nach dem Tode wird z. B. mit der Metamorphose des Schmetterlings verglichen. Auf vielen Grabmälern sieht man daher einen Schmetterling als Gleichnis für die aus dem toten Körper befreite Seele. Den Schmetterling umgibt häufig eine Schlange, die sich in den Schwanz beißt. Sie versinnbildlicht den Kreislauf des Lebens, in dem es nach der antiken Philosophie weder Anfang noch Ende gibt. Diese Darstellung erscheint am Grabmal von Johann Wilhelm Ronstorff, das zum Typus der Gebrochenen Säulen gehört. Der Schmetterling liegt auf der Bruchstelle der Säule, die Schlange windet sich um den Säulenstumpf herum (Abb. 64).
Zwei Hände, die sich in einer Wolke umfassen, erscheinen auf dem Grabmal der Familie Middendorf (Abb. 65). Das Bild bringt die Hoffnung der durch den Tod Getrennten auf ein Wiederfinden im Himmel zum Ausdruck.

61 Grabmal Alexander Meinardus (Detail)
Golzheimer Friedhof

62 Grabmal Rosa von Parry (Detail)
Golzheimer Friedhof

63 Grabmal Familie von Fuchsius (Detail)
Golzheimer Friedhof

64 Grabmal Joh. Wilhelm Ronstorff (Detail)
Golzheimer Friedhof

▽ 65 Grabmal Familie Middendorf (Detail)
Golzheimer Friedhof

Zu den christlichen Grabzeichen zählt vor allem das Kreuz als Sinnbild für den Erlösungstod Christi, das auf zahllosen Grabmälern als Relief oder Aufsatz erscheint. Ein von einem Dreieck umschlossenes Auge, wie am Grabmal Joh. Peter Arnold Edler von Hymmen dargestellt (Abb. 66), ist ein Symbol der göttlichen Trinität. Der Anker ist das Sinnbild der Hoffnung. Er wird am Grabmal der Familie Middendorf zusammen mit der Schlange dargestellt (Abb. 67). Palmenzweige weisen auf die Auferstehung hin. Wie Christus bei seinem Einzug in Jerusalem mit Palmenzweigen begrüßt wurde, so werden auch die Seligen bei ihrer Auferstehung mit Palmenzweigen von Engeln empfangen.
In der standesbewußten Gesellschaft des 19. Jahrhunderts wurden auch Standes- und Berufszeichen an Grabmälern angebracht. Angehörige des Adels zeigen nach alter Tradition ihre Wappen, wie z. B. auf der Grabplatte des Grafen von Stenbock, der als junger Maler an die Düsseldorfer Kunstakademie kam (Abb. 68).
Auf den Grabmälern der Pfarrer wurden die Symbole des Priestertums dargestellt. Auf dem Grabmal des Kaplans Kluth erscheinen im Relief Kelch, Hostie, Bibel und Stola (Abb. 69). Am Grabmal des evangelischen Pfarrers Heinrich Wilhelm Budde sieht man u. a. einen Hirtenstab als Attribut des Pastors (latein.: Hirt) der Gemeinde (Abb. 70).
Die Grabmäler von Offizieren, die zu der in Düsseldorf stationierten Garnison gehörten, werden durch Eichenlaubkränze, gekreuzte Schwerter, Helme und Rüstungen ausgezeichnet. Ein Helm bildet den Aufsatz des Grabpfeilers des Portepee-Fähnrich von Garrelts (Abb. 71).
Auch die Grabmäler von Künstlern wurden gelegentlich mit Berufszeichen geschmückt. Am Grabmal des Landschaftsmalers August Weber sind Pinsel und Palette als Werkzeuge des Künstlers in Medaillons dargestellt (Abb. 72). An dem nicht erhaltenen Grabmal für den Komponisten Norbert Burgmüller vertrat ein Genius mit Leier und Lorbeerkranz die Tonkunst, um die sich der Verstorbene verdient gemacht hatte (Abb. 73).
Dem verdienstvollen Bürger gebührte die „Bürgerkrone", der aus dem antiken Heldenkult übernommene Lorbeerkranz, der zahlreiche Grabmäler ziert.

## *Die Inschriften*

Verglichen mit den Grabmälern unserer Zeit, deren Inschriften sich meist auf den Namen, das Geburts- und Todesdatum beschränken, waren die Inschriften auf den Grabmälern des 19. Jahrhunderts weit ausführlicher. Sie gaben Auskunft über die Person des Verstorbenen, seine gesellschaftliche Position, Stellung in der Familie, Weltanschauung und Verdienste. Die Grabmäler waren steinerne Bücher, in denen die Friedhofsbesucher lesen konnten. Während in

66 Grabmal Johann Peter Arnold Edler von Hymmen (Detail) Golzheimer Friedhof

67 Grabmal Familie Middendorf (Detail) Golzheimer Friedhof

68 Grabmal Graf von Stenbock (Detail)
Golzheimer Friedhof

den vorangegangenen Jahrhunderten für die Inschriften an den Grabmälern vornehmer Katholiken häufig die lateinische Sprache gewählt wurde, setzte sich im 19. Jahrhundert die deutsche Sprache durch. Die Inschriften vieler Grabmäler sind leider so verwittert, daß man sie nicht mehr entziffern kann.[9]
Die Grabinschriften dienten auch der künstlerischen Gestaltung des Grabmals. Sie wurden in den Stein eingemeißelt oder erhaben gearbeitet und durch Farbe oder Vergoldung hervorgehoben. Von diesen Farben sind nur noch Spuren erhalten. Harmonierend mit der Form des Grabmals wurde auch der Schrifttyp gewählt. Auf klassizistischen Grabmälern ist die Inschrift oft in lateinischer Kursivschrift ausgeführt, an neugotischen in gotischer Schrift.
Neben den vollen Namen des Verstorbenen mit allen Vornamen und den genauen Lebensdaten wurden Beruf, Titel und Auszeichnungen genannt. In einer Widmungsinschrift nennen sich oft die Urheber des Grabmals, die Ehefrau, Kinder oder Freunde des Toten. Zu den Inschriften gehört oft ein Grabgedicht oder ein Bibelspruch.

69 Grabmal Kaplan Kluth (Detail)
Golzheimer Friedhof

Als Beispiel sei hier das Grabmal des Baumeisters Anton Schnitzler gewählt, eine klassizistische Stele aus rotem Sandstein, auf deren Vorderseite eine von Palmetten gehaltene Inschrifttafel befestigt ist (Abb. 74). Die Inschrift umfaßt die Angaben zur Person des Verstorbenen:

Dem gottseligen, biedern
kunsterfahrenen Manne
Herrn Anton Schnitzler
geboren zu Glehn 21. Febr. 1756
gestorben zu Düsseldorf 8. Mai 1823

Es folgt die Widmung:

Ein Denkmal der Liebe von Gattin und Kindern

70 Grabmal Pfarrer Budde
Golzheimer Friedhof

71 Grabmal von Garrelts (Detail)
Golzheimer Friedhof

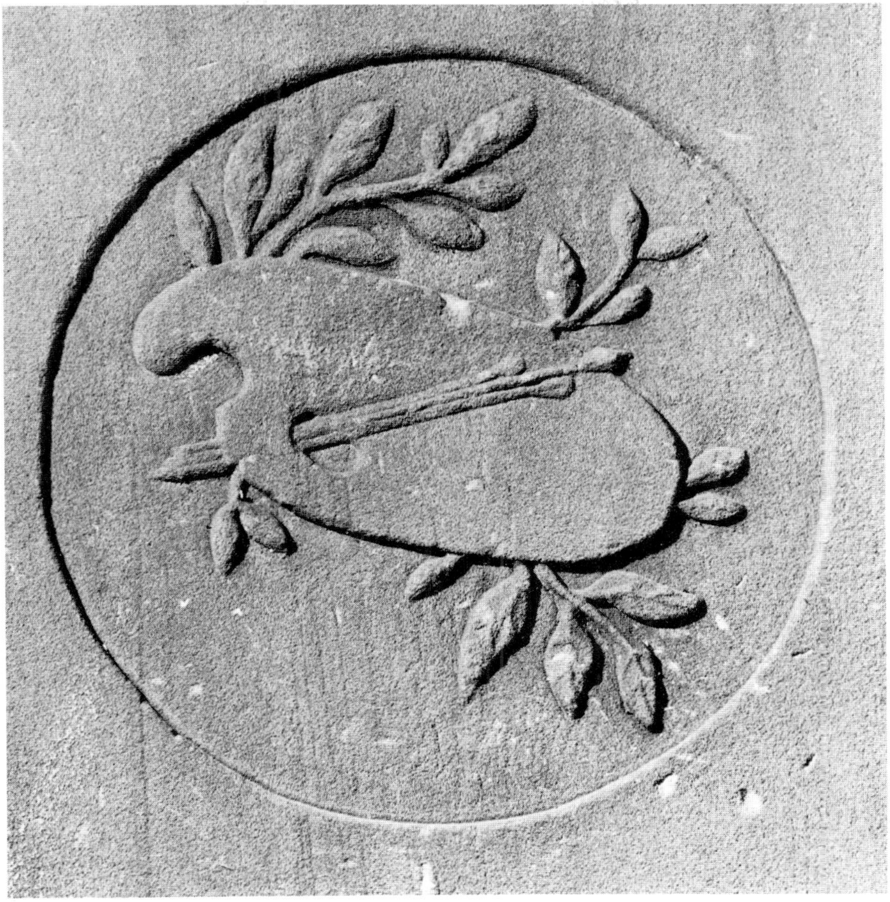

72 Grabmal August Weber (Detail)
Golzheimer Friedhof

Den Schluß bildet das Grabgedicht:

Religion du warst dem Verblichenen
ein Anker im Sturme.
Warst ihm das Senkblei in rauschender Freude,
um Tiefen zu meiden.
Warst ihm Begleiterinn
bis an der Ewigkeit heilige Pforte.

Eine Anspielung auf den Beruf des Verstorbenen findet man auch im Grabgedicht für den 1840 verstorbenen Johann Paul Brewer, der Professor für Mathematik und Naturwissenschaften am Düsseldorfer Gymnasium war:

Die Mühen seines Lebens sind gekrönt.
Sie sind ihm gelöset die Räthsel der Natur.
Sein forschender Geist ruht in Gott,
dem Urborn des Lichtes und der Wahrheit.[10]

Auf die Lage des Grabes am Rhein, der mit dem Strom des Lebens verglichen wird, spielt das schöne klassizistische Grabgedicht für den 1825 verstorbenen evangelischen Pfarrer Carl Engelbert von Oven an, dessen Wortlaut von Liebesleben überliefert wird:

Schau, o Liebende! Dort des Stromes fliehende Wellen!
Also rinnen auch uns wechselnde Tage dahin.
Nur die Geister beharren, und hoch an himmlischen Quellen
Erndtet ein christlicher Geist ruhig des Todes Gewinn.[11]

Ein typisches klassizistisches Grabgedicht von einem Grabmal mit nicht mehr lesbarer Namensinschrift verzichtet auf religiöse Anspielungen und vergleicht das Leben mit den Erscheinungen der Natur:

Dein Daseyn ist nicht geendet,
Es ist vielmehr erhöhet und verherrlicht.
Du hast die Nacht überwunden
Und im reinen Licht ist dir aufgegangen
Die Sonne des ewigen Friedens![12]

Während uns die Dichter dieser Verse unbekannt blieben, wurden auch Zitate aus der klassizistischen Dichtung als Grabsprüche zitiert. Auf dem Grabmal der 1818 verstorbenen Witwe des Pfarrers Overmann stand der Schlußvers aus Klopstocks „Auferstehung“:

Auferstehn, ja auferstehen wirst Du
Mein Leib nach kurzer Ruh!
Unsterbliches Leben
Wird Gott auch mir ja geben![13]

Am Grabmal der Schauspieldirektorin Amalie Auguste Boettner, die 1849 starb, las man den Hilferuf Gretchens aus Goethes „Faust“:

Dein bin ich, Vater! Rette mich!
Ihr Engel! Ihr heiligen Scharen!
Lagert Euch umher, mich zu bewahren![14]

Die literarische Qualität der Grabsprüche läßt in der Biedermeierzeit deutlich nach. Die oft etwas platten oder sentimentalen Grabsprüche wiederholen sich auf mehreren Grabmälern und gehörten offenbar zum Repertoire der Grab-

73 Grabmal Norbert Burgmüller, Tuschzeichnung von Friedrich August Herkendell 1931 Stadtmuseum Düsseldorf

74 Grabmal Anton Schnitzler d. Ä. Golzheimer Friedhof

malsateliers. Sie waren auf einzelne Personengruppen abgestellt. So lautet ein Grabspruch für die 1835 jung verstorbene Luise Friederike Mathis; gewidmet von ihrem Mann:

> Dort wo Liebe und Hoffnung sich verbinden
> Und Gram die Seele räumt,
> Dort werde ich sie wiederfinden
> Mit ihr vereint.

Am Grabmal der im Alter von einem Jahr verstorbenen Maria Wagner stand der Spruch für Kinder:

> Gebrochen liegst du kleine Knospe,
> Vom Sturm dem Mutterzweig entführt.
> Kaum röthete sich sanft dein Blättchen,
> Hat es Verwesung schon berührt.[15]

Nach der Jahrhundertmitte liest man auf den Grabmälern häufiger Bibelzitate, die schon seit dem 16. Jahrhundert zur traditionellen Grabmalsgestaltung der

Protestanten gehören. Martin Luther hatte angeregt, daß die Grabmäler der Christen in ihren Inschriften den Glauben an die Auferstehung zum Ausdruck bringen sollten.[16]

Aber auch an den Grabmälern der Katholiken stehen nun Bibelzitate in deutscher Sprache. Die Auswahl war außerordentlich groß. Bevorzugt wurden Texte aus dem Neuen Testament, in denen die Hoffnung auf die Auferstehung Ausdruck findet. Zu den typischen Bibelzitaten gehören die folgenden:

„Ich weiß, daß mein Erlöser lebt" (Grabmal Familie Stein).

„Selig sind die Todten, die in dem Herren starben" (Grabmal Familie de Conrads).

„Christus ist mein Leben, und Sterben ist mein Gewinn" (Grabmal Alfred Rethel).

„Kommet her zu mir alle, die ihr mühselig und beladen seid, ich will euch erquicken" (Grabmal Graf von Stenbock).

„Sei getreu bis in den Tod, so will ich dir die Krone des Lebens geben" (Grabmal Familien Wolferts und Müller).

„Fürchte dich nicht, denn ich habe dich erlöset. Ich habe dich bei deinem Namen gerufen. Du bist mein" (Grabmal des Edlen von Hymmen).

„Das Mägdlein ist nicht todt, sondern es schläft" (Grabmal der Adelheid von Sulicki, die 1876 im Alter von sechzehn Jahren starb).

„Selig sind die Barmherzigen, denn sie werden Barmherzigkeit erlangen" (Gemeinschaftsgrabmal der Barmherzigen Schwestern vom Heiligen Kreuz).

*VI. Kapitel*

# Die Hersteller der Grabmäler

Die Hersteller von Grabmälern gehörten im 19. Jahrhundert keiner homogenen Berufsgruppe an. Es waren zunächst Steinmetze oder Steinhauer, dann auf die Herstellung von Grabmälern spezialisierte Bildhauer, die handwerklich organisierte Grabmalswerkstätten betrieben, freischaffende Bildhauer, die neben anderen figürlichen Bildwerken auch Grabmäler schufen, und – am Ende des Jahrhunderts – Grabmalsfabriken, in denen Grabmäler maschinell und seriell hergestellt wurden. An der Herstellung von Grabmälern waren außerdem auch Architekten und Maler beteiligt, die Entwürfe lieferten.
Keine der ältesten Grabstelen auf dem Golzheimer Friedhof trägt den Namen ihres Herstellers. Die damaligen Steinmetze verstanden sich nicht als Künstler, die ihre Werke signieren und damit ihren Anspruch auf die Eigenständigkeit der Gestaltung zum Ausdruck bringen, sondern als Handwerker.
Ein Düsseldorfer Künstler, der am Ende des 18. Jahrhunderts Grabmäler von künstlerischem Anspruch entwarf, war *Peter Joseph Krahe* (1758–1840). Er war der Sohn des Galerieinspektors und ersten Direktors der kurfürstlichen Kunstakademie Lambert Krahe (1712–1790). Der in künstlerischem Milieu aufgewachsene junge Krahe unternahm 1778–86 eine Reise nach Rom, wo er antike Grabmäler studierte.[1] Nach Düsseldorf heimgekehrt, entwarf er für seinen 1787 verstorbenen Onkel, den Kellner der Ämter Monheim und Mettmann, Heinrich Binder, und seinen 1790 verstorbenen Vater Grabmäler im klassizistischen Stil, deren Entwurfszeichnungen erhalten sind.[2] Ob sie ausgeführt wurden und auf welchem Friedhof sie standen, ist unbekannt. Sie sind die ältesten Zeugnisse für den Frühklassizismus in der Düsseldorfer Grabmalskunst. Ihr besonderer Wert liegt darin, daß sie nicht aus Stichwerken übernommen wurden, sondern als originale klassizistische Umsetzungen aus „erster Hand“ stammen.
Der Grabmalsentwurf für Lambert Krahe zeigt eine Stele mit halbrundem oberen Abschluß, die sich auf einem dreifach gestuften Sockel erhebt. Im Bogenfeld über der Inschrifttafel schließt ein Medaillon die Reliefbüste Lambert Krahes ein. Der Maler ist in antikischer Auffassung im Profil dargestellt. Das Portrait schmückt ein Lorbeerkranz. Eine Deckelurne bildet den Aufsatz des Grabmals (Abb. 75).
Peter Joseph Krahe verließ 1790 die Stadt, so daß seine vielversprechenden Anfänge in Düsseldorf nicht ausreifen konnten. Während der Franzosenzeit hat er bedeutende Grabdenkmäler für die Generäle Marceau und Hoche im Rheinland geschaffen.[3]
Für Düsseldorf begann 1794 mit der Belagerung durch die französische Revolutionsarmee eine politisch und wirtschaftlich schwierige Zeit. 1795 kapitulierte die Stadt. Während der nun folgenden Besatzungszeit mußten die Bürger hohe Kontributionen aufbringen. Nach dem Frieden von Lunéville 1801, der die Besatzung beendete, folgten wenige ruhige Jahre, in denen Herzog Wilhelm in Bayern als Statthalter für seinen Schwager Kurfürst Maximilian

Joseph von Pfalz-Zweibrücken in Düsseldorf residierte. 1806 zogen wiederum die Franzosen in Düsseldorf ein, diesmal als Herrscher in dem von Napoleon geschaffenen Großherzogtum Berg. Wieder mußte die Bevölkerung hohe Steuern zahlen. Dies waren schlechte Voraussetzungen für die Entwicklung einer bürgerlichen Grabmalskunst, die sich erst besserten, als Düsseldorf 1815 der Preußischen Rheinprovinz einverleibt wurde. In seiner Statistik von 1816 führt Mindel unter den Künstlern und Kunsthandwerkern Düsseldorfs drei Bildhauer auf und einen Steinhauer.[4] Es ist bezeichnend für diese Situation, daß die in der ersten Hälfte des 19. Jahrhunderts signierenden Steinbildhauer, wie Lode, Meinardus, Woringen und Löw, nicht in Düsseldorf geboren wurden und sich erst in der Stadt niederließen, als die wirtschaftlichen Voraussetzungen für anspruchsvollere Grabmalsaufträge gegeben waren, die die ortsansässigen Steinmetze offenbar nicht befriedigten.

Das älteste klassizistische Grabmal, das uns seinen Hersteller durch eine Signatur verrät, ist der auf dem südlichen Friedhofsteil erhaltene Sarkophag aus Ratinger Blaustein, den *Georg Lode* für die 1813 verstorbene A. G. Mayer schuf.[5] Der mächtige, wohlproportionierte Block hat ein flaches Giebeldach, wie ihn römische Sarkophage besitzen. Die Längsseiten sind völlig schmucklos. Auf der östlichen Schmalseite steht die Namensinschrift, auf der westlichen sind im Hochrelief zwei antike Kannen – Lekythoi – dargestellt, die auf den antiken Brauch der Salbung des Leichnams hindeuten. Darunter steht die Signatur „Lode in Ratingen“ (Abb. 48).

Georg Lode stammte aus Ratingen. 1809 schuf er dort das Friedhofskreuz für den ehemaligen katholischen Friedhof vor dem Lintorfer Tor. Ein für den 1827 in Ratingen verstorbenen evangelischen Pfarrer Hengstenberg auf dem evangelischen Friedhofsteil errichtetes Grabmal trägt ebenfalls die Signatur „Lode fecit“. 1820 zog Lode nach Düsseldorf und eröffnete eine Grabmalswerkstatt in der Benrather Straße. Neben seinen in einem strengen Klassizismus ausgeführten Grabmälern auf dem Golzheimer Friedhof, hat er gelegentlich andere Bildhaueraufträge ausgeführt, wie die von ihm signierte Restaurierung der Nepomuktafel am Marktplatz von 1827 bezeugt.[6] Seine am Ende der zwanziger Jahre des 19. Jahrhunderts entstandenen Grabmäler signierte er – zur Unterscheidung von seinem 1798 geborenen Sohn Carl Joseph Lode – „Lode senior“. Vermutlich hat er seine Tätigkeit um 1830 eingestellt und ist vielleicht nach Ratingen zurückgezogen. Sein Tod ist in den Düsseldorfer Einwohnerlisten nicht registriert.

*Carl Joseph Lode* blieb den klassizistischen Grabmalstypen seines Vaters, vor allem der Stele und dem Cippus, treu. Jedoch wird die Ornamentik an seinen Grabmälern reicher. Mit dem Grabmal für die Familie Batz nahm er auch figürliche Reliefs in seine Grabmalsgestaltung auf. Carl Joseph Lode war der beliebteste Düsseldorfer Grabbildhauer der Biedermeierzeit. 1938 stellte Franz

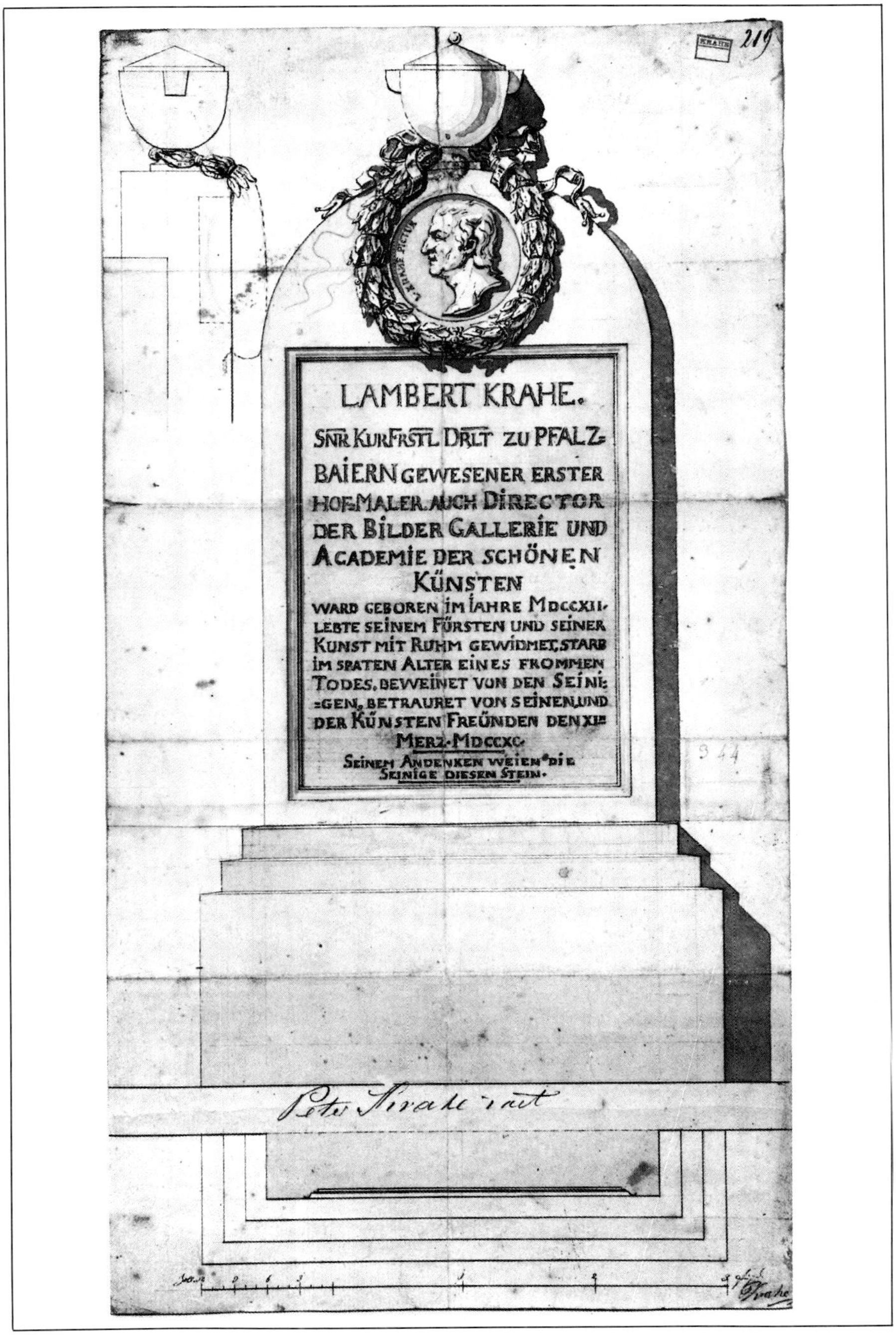


75 Grabmalsentwurf von Johann Peter Krahe für das Grabmal von Lambert Krahe 1790
Städtisches Museum Braunschweig

Frechen noch 19 von ihm signierte Grabmäler auf dem Golzheimer Friedhof fest, doch belieferte Lode auch Kunden in den benachbarten niederrheinischen Städten. In Neuss, Duisburg, Krefeld, Rheydt und Werden findet man seine Signatur.[7] Die offenbar zu klein gewordene Werkstatt verlegte er an den Karlplatz 816. Zu seinen späten Werken gehört das Grabmal für die Familie Troost, das vermutlich nach 1861, dem Tode Heinrich Wilhelm Troosts, entstand. Die klassizistische Stele aus Sandstein zeigt in einer Nische die Darstellung des uns schon vom Grabmal Batz her bekannten Thanatos, der, hier auf den Stufen eines Grabaltars stehend, die Urne umfaßt (Abb. 76). Farbspuren an diesem Grabmal lassen auf eine ehemals farbige Fassung schließen. Auch Carl Joseph Lode scheint nicht in Düsseldorf gestorben zu sein.

Der junge Lode arbeitete mit dem Baumeister *Adolph von Vagedes* (1777–1842) zusammen, nach dessen Entwurf er ein Grabmal des Cippus-Typus von beeindruckender Monumentalität für den 1829 verstorbenen Peter von Loevenich ausführte. Es ist im Krefelder Stadtgarten, dem ehemaligen, 1814 angelegten städtischen Friedhof von Krefeld, erhalten.[8] In den Proportionen und Ornamenten ist es dem ebenfalls von Lode signierten Grabmal des 1854 verstorbenen Düsseldorfer Oberbürgermeisters Joseph von Fuchsius ähnlich (Abb. 77). Es ist anzunehmen, daß während der Tätigkeit des Baumeisters in Düsseldorf auch eine Zusammenarbeit mit der Lode-Werkstatt für Grabmäler des Golzheimer Friedhofs zustande kam. 1820 beschwerte sich v. Vagedes bei der preußischen Regierung in Düsseldorf über Beschädigungen von Grabmälern auf dem Golzheimer Friedhof.[9] Vielleicht hat er hier auch seine eigenen Entwürfe im Blickfeld gehabt. Ein undatierter Entwurf für eine Familiengruft mit klassizistischen Grabmälern ist ein weiteres Beispiel für die Beschäftigung des Architekten mit der Grabmalskunst.[10]

14 signierte Grabmäler wies Frechen dem Grabbildhauer *Johann Jakob Woringen* nach. Er wurde 1800 in Köln geboren, heiratete 1826 eine Düsseldorferin und starb 1854 in Düsseldorf. Die Familie besaß ein Grabmal auf dem Golzheimer Friedhof. Das Atelier lag in der Altestadt 231.[11] Seine Signatur finden wir auf dem Grabmal der Hoteliersfamilie Breidenbach, das nach 1827 (Tod des Johann Wilhelm Breidenbach) auf dem südlichen Friedhofsteil errichtet wurde. Das Grabmal aus Sandstein zeigt eine strenge klassizistische Auffassung. Auf einem hohen Sockel erhebt sich ein von Giebeln und Akroterien bekrönter Aufsatz wie bei einem römischen Grabaltar. Auf Ornamente und allegorische Darstellungen wird ganz verzichtet (Abb. 78). Nach 1840 führte Woringen auch Grabmäler im neugotischen Stil aus. Nach seinem Entwurf einer „Gothischen Kapelle“ orderte der Düsseldorfer Professor, Astronom und Publizist Johann Friedrich Benzenberg ein Grabmonument für seine Familie. Das 1844 vollendete Grabmal ist auf dem nördlichen Friedhofsteil erhalten (Abb. 79).

76 Grabmal Familie Troost
Golzheimer Friedhof

77 Grabmal Familie von Fuchsius
Golzheimer Friedhof

78 Grabmal Familie Breidenbach
Golzheimer Friedhof

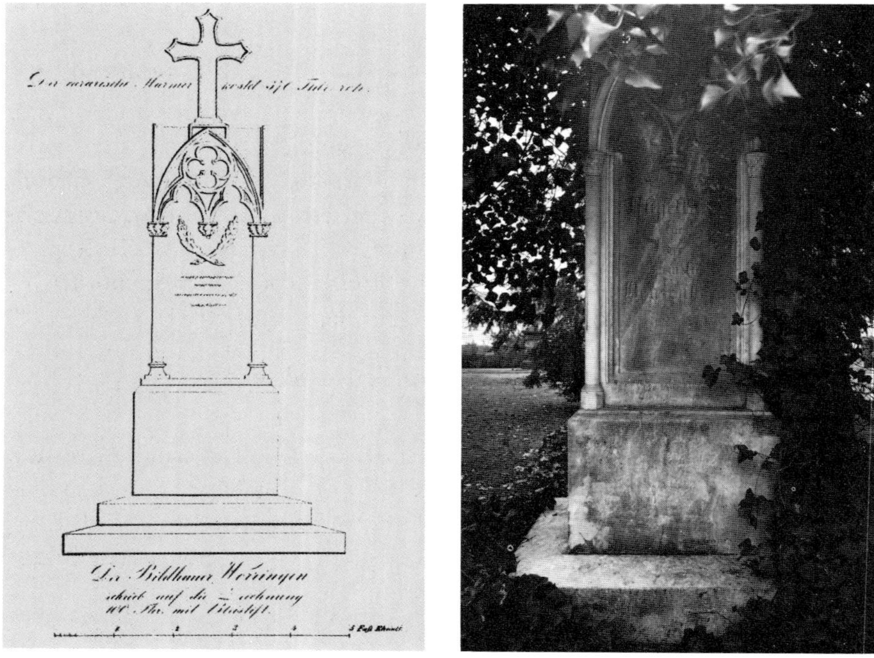

79 Entwurf einer „Gothischen Kapelle“ von J. J. Woringen und Grabmal Familie Benzenberg Golzheimer Friedhof

Über den Auftrag, seine Ausführung und die Honorarfrage entstand zwischen dem Bildhauer und dem Auftraggeber ein Streitfall, der schließlich vor dem Düsseldorfer Landgericht mit einem Vergleich endete. Benzenberg, der auch hierin seinem bekannten Motto: „Alles muß öffentlich sein“ folgte, veröffentlichte die näheren Umstände dieses Streitfalls in einer kleinen Schrift unter dem Titel „Ueber die Grabmonumente auf dem Düsseldorfer Kirchhofe“.[12] Sie gibt uns wertvolle Einblicke in die technischen Fragen der Grabmalsherstellung dieser Zeit. Den Anstoß des Streites gab eine Aufschrift von Woringen auf der Entwurfszeichnung: „100 Taler“. Benzenberg nahm dies als verbindliches Angebot, das Grabmal für das Honorar von 100 Talern auszuführen. Woringen bezog sich jedoch auf ein Grabmal aus Sandstein, während Benzenberg eine Ausführung in carrarischem Marmor wünschte. Dies war in der ersten Hälfte des 19. Jahrhunderts in Düsseldorf absout ungewöhnlich. Marmor wurde höchstens für Inschriftplatten (z. B. am Grabmal der Familie Stein) oder figürliche Reliefs (z. B. am Grabmal der Familie Batz) verwendet. Allein die Beschaffung des Marmorblocks verursachte hohe Kosten. Woringen fuhr nach Amsterdam, um dort in einem Marmorlager einen geeigneten Block auszusuchen, der dann per Schiff nach Düsseldorf transportiert wurde. Material und

Transport kosteten 370 Taler. Der harte Stein ließ sich viel schwerer bearbeiten als der weiche Sandstein, so daß Woringen statt 100 nun 275 Taler forderte. 50 Taler mußte Benzenberg noch zusätzlich für den Transport vom Bildhaueratelier auf den Friedhof bezahlen, zu dem Woringen Transportarbeiter engagieren mußte, die das aus drei Teilen gearbeitete Monument errichteten.
Dies waren für damalige Verhältnisse sehr hohe Summen. Benzenberg führte als Vergleich an, daß Frau von Heister für die von Lode gearbeitete „Gothische Kapelle" aus Sandstein nur 50 Taler Honorar zahlen mußte (vgl. VII. Kap., S. 148). Wir erfahren weiterhin, daß der braune Sandstein aus einem Steinbruch bei Lindlar stammte, daß man aber schon damals dem sog. „Ratinger Marmor", einem bei Ratingen abgebauten Muschelkalk, von dem 1 Kubikfuß 1 Taler kostete, wegen seiner größeren Dauerhaftigkeit und schönen Oberfläche den Vorzug gab.
Johann Jakob Woringen hatte vielleicht einen Sohn, der in seiner Werkstatt ausgebildet wurde. Das Grabmal für den 1849 bei den Revolutionskämpfen gefallenen Maler Milewski trägt die Signatur „Woringen jun." (vgl. VII. Kap., S. 166). Er könnte zu dieser Zeit etwa 20 Jahre alt gewesen sein. Weitere Grabmäler sind jedoch von ihm nicht bekannt.[13]
Zu den Grabbildhauern der ersten Hälfte des 19. Jahrhunderts gehört *Karl Kamberger* (oder Camberger), der 1792 in Düsseldorf geboren wurde. Er restaurierte 1827 das Grabmal Wilhelms des Reichen in der Lambertuskirche[14], 1830 führte er den von Adolph von Vagedes entworfenen Sockel für das Reiterstandbild des Kurfürsten Johann Wilhelm auf dem Marktplatz aus.[15] Im Adreßkalender von 1847 bezeichnete er sich als Bildhauer und Antiquar mit einem Atelier in der Elberfelder Straße 770. Seine Signatur liest man am Grabmal Georg Fütterers (gestorben 1836). Es ist eine schlichte klassizistische Stele, an deren Vorderseite ehemals ein Ornament befestigt war.
*Peter Joseph Leisten* wurde 1813 in Düsseldorf geboren und ist 1859 hier gestorben. Er wurde auf dem Golzheimer Friedhof begraben.[16] Nach Frechen signierte er 12 Grabmäler. P. J. Leisten erhielt auch den Auftrag für das Grabmal des 1846 verstorbenen Maximilian Friedrich Weyhe, für das er 1847 ein Honorar von 95 Talern erhielt (vgl. VII. Kap., S. 148, Abb. 96). Im Adreßkalender von 1847 bezeichnete er sich als Steinhauermeister und warb für eine Niederlage von Monumenten in der Jägerhofstraße 167/77. Zu seinen schönsten Arbeiten gehört das monumentale, säulenförmige Grabmal der Familie Theodor Weerpas auf dem nördlichen Friedhofsteil (Abb. 80).
Sein Sohn *Jakob Leisten* wurde 1845 geboren und zunächst als Steinhauer und Bildhauer ausgebildet. Er arbeitete von 1861–1863 im Atelier des Bildhauers Anton Joseph Reiss. Danach studierte er an der Kunstakademie Malerei.[17] Für den 1862 verstorbenen Direktor der Kunstakademie Wilhelm von Schadow arbeitete er die schlichte Grabplatte (Abb. 97) (vgl. VII. Kap., S. 151).

80 Grabmal Familie Weerpas
Golzheimer Friedhof

81 Grabmal Familie Pahl
Golzheimer Friedhof

*Heinrich Löw,* der 1811 in Erfurt geboren wurde, gehörte zu den Bildhauern, die am Anfang des 19. Jahrhunderts nach Düsseldorf zogen. Frechen verzeichnete seine Signatur auf 6 Grabmälern. Im Adreßkalender von 1847 bezeichnete sich Löw als Steinhauer in der Benrather Straße 845. Er war vielleicht ein Mitarbeiter von C. J. Lode, dessen Atelier ebenfalls in der Benrather Straße lag. Er starb 1850 und wurde auf dem Golzheimer Friedhof begraben.[18] Die Signatur „Löw" steht am Sockel des kleinen Grabmals der Familie Pahl, dessen Aufsatz fehlt. Die Vorderseite ziert ein Relief mit der naiven Darstellung eines betenden Engels und der Fackel des Thanatos (Abb. 81).
Drei Generationen lang war die Familie Meinardus im Düsseldorfer Grabmalsgewerbe tätig. *Dietrich Meinardus* (1804–1871) stammte aus Ovelgönne und gründete 1828 eine Grabmalswerkstatt in der Andreasstraße 15. Er hatte Beziehungen zur Kunstakademie. 1848 führte er nach einem Entwurf des Malers Carl Sohn eine 15 Fuß hohe Statue der Germania für das am 6. August 1848 auf dem Friedrichsplatz gefeierte Einheitsfest aus. Das Bildwerk, das lediglich aus Holz, Stoff und Gips bestand, wurde mit einem Werk Thorvaldsens verglichen und seine Ausführung in Stein erwogen.[19] Meinardus' Mitarbeit an dem Hochkreuz wurde bereits erwähnt (vgl. IV. Kap., S. 83). Neugotische Fialengrabmäler waren eine Spezialität dieses Grabbildhauers. Das größte

Monument dieses Typs, das Jesuiten-Grabmal von 1843 (vgl. VII. Kap., S. 153), entstand nach einem Entwurf des Architekten *Johannes Kühlwetter,*[20] nach dessen Zeichnung Meinardus auch das Hochkreuz arbeitete. In dem nach 1861 ausgeführten Grabmal der Familie de Conrads versuchte Meinardus, turmförmige Grabmäler auch im romanischen Stil zu gestalten. Das Grabmal ähnelt mit seinem Zinnkranz einem Burgturm. Das Bogenfeld mit der Inschrift umrahmen romanische Zierfriese (Abb. 82). Dietrich Meinardus wurde auf dem Golzheimer Friedhof begraben.[21]

Sein Sohn und Nachfolger *Alexander Meinardus* (1843–1891), der auch „D. Meinardus" oder „Meinardus" signierte, führte in den Gründerjahren viele Grabmäler im spätklassizistischen Stil aus, für die nun häufig als Material weißer, italienischer Marmor gewählt wurde. Ein typisches Beispiel ist das Grabmal der Familie Luckemeyer, das nach dem Tod des Kommerzienrats Carl Luckemeyer 1875 entstand (vgl. VII. Kap., Abb. 105). Auf dem sich nach oben verjüngenden Sockel steht eine große, antikisierende Vase, auf der im Relief die drei christlichen Tugenden Glaube, Liebe und Hoffnung als weibliche Figuren zusammen mit dem Todesgenius dargestellt sind. Auf das Portrait des Bildhauers an seinem Grabobelisken, vermutlich ein Werk seines Sohnes Siegfried Meinardus, wurde bereits hingewiesen (vgl. V. Kap., S. 105).

*Siegfried Meinardus* (1874–1933) vertritt die dritte Generation des Düsseldorfer Grabmalsateliers. Er war der Inhaber des „Ateliers für Grabdenkmäler und Figuren D. Meinardus" in der Duisburger Straße 38. Grabmäler dieser großen Firma findet man auf dem Nordfriedhof und vielen Friedhöfen im Rheinland und in Westfalen.[22] Das für die Familie Hermann Tigler nach 1888 ausgeführte Grabmal auf dem Nordfriedhof ist ein typisches Beispiel für die Grabmalskunst dieses Ateliers am Ende des 19. Jahrhunderts. Die liebliche, antikisch gewandete Mädchenfigur, die von ihrem hohen Sockel herab, Blumen auf das Grab streut, entspricht dem Geschmack des gehobenen Bürgertums im Wilhelminischen Zeitalter. Die einfachen Formen der klassizistischen Grabmalstypen werden mit monumentalen Grabfiguren verbunden (Abb. 83).

Auch die Familie Rechmann war zwei Generationen lang im Grabmalsgewerbe tätig. Der in Königswinter geborene *Clemens Rechmann* (1817–1872) führte 1865 zwei Grabmäler aus.[23] Sein Sohn *Karl Diedrich Rechmann* (1856–1909) hat das Atelier weitergeführt. Die Grabplatte für den 1873 verstorbenen Baumeister Anton Schnitzler (vgl. VII. Kap., S. 168) trägt seine Signatur. Nach dem Entwurf des Akademieprofessors Andreas Müller führte er das monumentale Grabmal für den 1873 verstorbenen Landgerichtsrat und Landtagsabgeordneten Johannes Rübsahmen aus. Es wurde im neuromanischen Stil gestaltet und ähnelt in seinem Aufbau dem tabernakelartigen Sockel der 1872/73 auf dem Maxplatz nach dem Entwurf des Speyerer Bildhauers Renn errichteten Mariensäule, deren Steinmetzarbeiten Rechmann ausführte (Abb. 84).[24]

82 Grabmal Familie de Conrads
Golzheimer Friedhof

83 Grabmal Hermann Tigler
Nordfriedhof

84 Grabmal Johannes Rübsahmen
Golzheimer Friedhof

85 Grabmal Theodor Mintrop,
Kupferstich von Xaver
Brendamour
Stadtmuseum Düsseldorf

An den Grabmälern des Golzheimer Friedhofs liest man noch eine Reihe anderer Herstellernamen. Sie sind jedoch jeweils nur mit einem Grabmal vertreten, so daß nicht anzunehmen ist, daß sie größere, über viele Jahre existierende Grabmalswerkstätten besaßen, die sich oft – wie oben ausgeführt – vom Vater auf den Sohn vererbten.

In der zweiten Hälfte des 19. Jahrhunderts arbeiteten in Düsseldorf auch freischaffende Bildhauer, die große öffentliche Aufträge für die Stadt und für die Kirchen ausführten und auch einige Grabmäler schufen. Zu ihnen gehörte *Julius Bayerle* (1826–1873), der seine künstlerische Ausbildung zunächst als Schüler Schadows an der Kunstakademie begonnen hatte. Als Bildhauer wurde er in Köln und Löwen ausgebildet und kehrte 1854 nach Düsseldorf zurück. Er war der erste, der an der Kunstakademie ein Bildhaueratelier erhielt, ohne den Status eines Meisterschülers oder Lehrers zu besitzen.[25] Bayerle soll auf dem Golzheimer Friedhof mehrere Grabmäler gearbeitet haben. Das verlorene Grabmal für den Komponisten Norbert Burgmüller ist in einer Zeichnung, die leider nur eine sehr unbefriedigende Vorstellung von der bildhauerischen Qualität des Werkes gibt, überliefert (vgl. V. Kap., Abb. 73). Dagegen ist das Grabmal für den 1870 verstorbenen Maler Theodor Mintrop auf dem Nordfriedhof erhalten. Die in der Gießerei Gladenbeck in Berlin-Friedrichshagen gegossene Bronze-

86 Grabmal Theodor Mintrop
Nordfriedhof

büste zeigt den jung verstorbenen Maler in heroischer Nacktheit. Die Büste steht auf einem hohen Sockel aus Granit (Abb. 86). Die Grabmalsform wiederholt eine im 19. Jahrhundert beliebte Denkmalsform, wie sie in Düsseldorf in dem 1869 von August Wittig geschaffenen Denkmal für Wilhelm von Schadow, das auf dem Schadowplatz aufgestellt wurde, vorgegeben war.[26] Das Grabmal Mintrops wurde zunächst auf dem Golzheimer Friedhof aufgestellt. Ein Kupferstich von Xaver Brendamour von 1872 zeigt es in seiner ursprünglichen Umgebung (Abb. 85).[27] Erst am Anfang unseres Jahrhunderts wurde es auf den Nordfriedhof übertragen.

*Anton Joseph Reiss* (1835–1900) war ein Schüler Bayerles. Er wurde bereits als Bildhauer des neugotischen Kalvarienberges an der Lambertuskirche erwähnt (II. Kap., S. 40) Reiss hat sich völlig auf die kirchliche Kunst spezialisiert, daneben aber auch einige Grabmäler für Düsseldorfer Bürger ausgeführt.[28] Sie entstanden in den achtziger und neunziger Jahren des 19. Jahrhunderts und sind daher auf dem Nordfriedhof zu finden. Für das Grabmal der Familie Peter Kürten entstand nach 1895 eine Stele aus schwarzem Marmor mit halbrundem Abschluß, auf der ein großes Medaillon aus weißem Marmor appliziert ist. Es umschließt ein Relief mit der Pietà von großer Innigkeit im Ausdruck und Feinheit in der bildhauerischen Ausführung (Abb. 87).

87 Grabmal Familie Peter Kürten
Nordfriedhof

Am Ende des 19. Jahrhunderts erwuchs den aus dem Handwerk hervorgegangenen Grabbildhauern eine Konkurrenz in den an der Kunstakademie ausgebildeten jungen Bildhauern. Die Bildhauerei gehörte zunächst nicht zu den an der 1819 wiedergegründeten Kunstakademie geförderten Disziplinen. Wilhelm von Schadow, obschon Sohn eines berühmten Bildhauers, hatte sich in seinen Lehrplänen ganz auf die Malerei konzentriert. Bis 1864 gab es keine Bildhauerklasse, und Kontakte zu Bildhauern kamen – wie im Fall Dietrich Meinardus oder Bayerles – nur gelegentlich zustande.
1862 wurde *August Wittig* (1826–1893) als Professor für Bildhauerei an die Kunstakademie berufen. Er trat seine Stellung erst 1864 an. Mit den Aufgaben der figürlichen Gestaltung von Grabmälern hatte er sich schon vor seiner Düsseldorfer Zeit auseinandergesetzt.[29] Am Grabmal des 1893 verstorbenen Bildhauers auf dem Nordfriedhof sieht man vor einer Nische eine Pietà. Die Bronzegruppe wurde nach dem 1892 vollendeten Modell Wittigs gegossen (Abb. 88). August Wittig wurde der Ahnherr einer Bildhauergeneration, die bis in die zwanziger Jahre unseres Jahrhunderts anspruchsvolle Grabmäler für den Düsseldorfer „Finanzadel“ der Industriellen und Großkaufleute auf dem Nordfriedhof schuf.
Der an der Kunstakademie bei August Wittig ausgebildete *Karl Janssen* (1855–1927) bildet mit seinem Werk den Höhepunkt der Düsseldorfer Grabmalsskulptur des 19. Jahrhunderts.[30] Zu seinen frühen Werken gehört das Grabmal für den 1880 verstorbenen Gründer der Düsseldorfer Röhrenindustrie Kommerzienrat Albert Poensgen. Es wurde 1883 vollendet und noch auf dem Golzheimer Friedhof errichtet.[31] 1886 wurde es auf den Nordfriedhof übertragen und gehört dort zu den ältesten Grabmälern.[32]
Im Gegensatz zu Reiss und Wittig, die ausschließlich religiöse Darstellungen für ihre Grabmäler gewählt hatten, griff Janssen wieder auf den Klassizismus zurück, der im Spätklassizismus der Gründerjahre erneut wiederbelebt wurde. Das Grabmal steht auf einem von Kandelabern besetzten Podest. An einer klassizistischen Stele mit reich ornamentiertem Volutenaufsatz sitzt sinnend eine junge Frau, die in einen dünnfaltigen Peplos gekleidet ist. Sie hält einen Lorbeerkranz in der linken Hand, den sie am Grabe niederlegen will. Ihre künstlerischen Vorfahren sind nicht die düster verhüllten Klagefiguren an den Grabmälern des späten Mittelalters, sondern die schönen Frauenfiguren der antiken griechischen Grabmäler, die in sanfter Wehmut von ihren Angehörigen Abschied nehmen. Eine runde Grabstätte mit kleinen Inschrifttafeln für die später verstorbenen Familienangehörigen breitet sich vor den Stufen des Grabmals aus, das an den Seiten kulissenartig von Büschen und Bäumen umschlossen wird (Abb. 89).
Karl Janssen, der mit diesem Grabmal viel Anerkennung in Düsseldorf fand und 1895 zum Professor der Bildhauerklasse ernannt wurde, hat in späteren Jahren

88 Grabmal August Wittig
Nordfriedhof

89 Grabmal Familie Albert Poensgen
Nordfriedhof

Johann Rittmeyer, Düsseldorf
Grösste und leistungsfähigste Grabschmuck-Fabrik Westdeutschlands.
Gegründet 1877. Billigste Preise.
Volle Garantie.
Lager: Nordfriedhof Comptoir: Krefelderstrasse 4. Lager: Südfriedhof

Anfertigung und Lieferung sämmtlicher Grabdecorationen wie Grabeinfassungen in allen Granitarten etc. Grabgitter aus Schmiede- und Gusseisen desgleichen Grabsäulen mit Ketten oder verzierten Stangen etc. etc.
Ausmauern von Gruften.
Untermauerung der Randsteine nach Vorschrift der Friedhofsverwaltung unter vollständiger Garantie.
Permanente Ausstellung von ca. 1000 Stück fertige Grabsteine in Marmor, Granit, Syenit, Labrador und Sandstein in allen Grössen u. Preislagen.

Düsseldorf, den 6 April 1906.

Johann Rittmeyer

90 Geschäftsbrief der Firma Johann Rittmeyer Stadtarchiv Düsseldorf

Marmor- u. Granit-Industrie
Dampf-Stein-Sägerei, Schleiferei und Polir-Anstalt
Mettlacher Mosaik- und Wandplatten.
Opderbecke & Neese
Inhaber: Paul Ditz und Walter Luckhaus.
Welt-Ausstellung St. Louis 1904 Silberne Medaille

Düsseldorf, den 9. März 1906

Herrn Bürgermeister Dr. Henninghausen

Gerresheim

Unter höfl. Bezugnahme auf die telephonische Unterredung beehren wir uns Ihnen beikommend

10 Entwürfe sowie ein Musterbuch von Grabdenkmälern

zu überreichen, hoffend, dass sich hierunter einige Vorschläge finden werden, welche Ihren Beifall finden. Auf Wunsch sind wir aber auch gerne bereit an Hand von Angaben weitere Projekte auszuarbeiten und bleiben Ihre geschätzten Nachrichten mit Vergnügen erwartend.

Inzwischen empfehlen wir uns Ihrem geneigten Wohlwollen

Hochachtungsvoll

10 Entwürfe & 1 Musterbuch, welche nach Benutzung zurückerbitten !

91 Geschäftsbrief der Firma Opderbecke & Neese Stadtarchiv Düsseldorf

noch mehrere Grabmäler auf dem Nordfriedhof geschaffen. Zu seinen letzten Werken gehört eine thronende Göttin des Schlafes in dem neoklassizistischen Mausoleum der Industriellenfamilie Henkel.[33]

Am Ende des 19. Jahrhunderts etablierte sich in Düsseldorf – wie auch in anderen Großstädten – eine Grabmalsindustrie, die den Bedarf der breit gewordenen Mittelschicht befriedigte. Sie verfügte über große Steinlager, die mit Schleifereien, Polieranstalten, Bronzegießereien und Metallformereien ausgestattet war. Sie bot fertige Grabmäler in bei den Friedhöfen liegenden Lagern und Geschäften und Lieferungen nach gedrucktem und illustriertem Katalog weit über Düsseldorf hinaus an. Schon auf dem Golzheimer Friedhof findet man einige Grabmäler der Gründerjahre, deren Herstellernamen, z. B. „Woelfel & Co." (am Grabmal Altgelt vgl. VII. Kap., S. 159) oder „Neese & Cie." verraten, daß wir es hier nicht mehr mit den traditionellen Grabmalswerkstätten des früheren 19. Jahrhunderts zu tun haben.

Die älteste dieser Grabmalsfabriken scheint die 1877 gegründete Firma *Johann Rittmeyer* gewesen zu sein, die am Anfang unseres Jhs. am Nord- und dem 1905 eröffneten Südfriedhof Niederlassungen besaß, in denen sie 1000 fertige Grabmäler ausstellte. In einem Angebot von 1906 wirbt sie im Briefkopf mit einem obeliskenförmigen Grabmal, an dessen Sockel ein Putto eine Inschrifttafel und eine große Engelsfigur einen Blumenkranz halten (Abb. 90). Grabmäler mit dem Herstellungszeichen dieser Firma findet man in großer Zahl auf dem

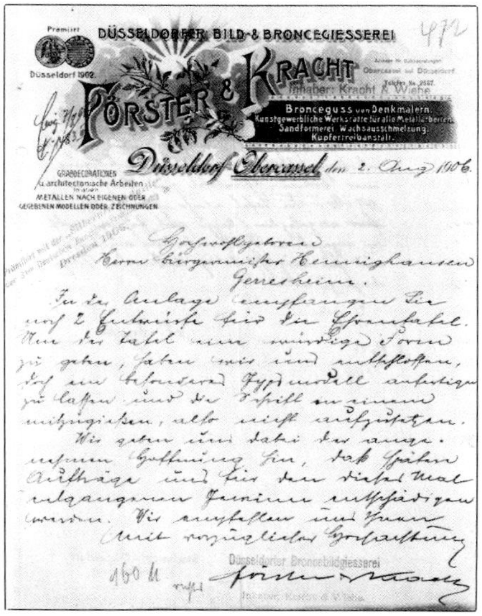

Prämiirt Düsseldorf 1902.

DÜSSELDORFER BILD- & BRONCEGIESSEREI

FÖRSTER & KRACHT

Oberkassel bei Düsseldorf.

Inhaber: Kracht & Wiehe

Bronceguss von Denkmalern. Kunstgewerbliche Werkstätte für alle Metallarbeiten. Sandformerei. Wachsausschmelzung. Kupfertreibanstalt.

GRABDECORATIONEN u. architectonische Arbeiten in allen METALLEN NACH EIGENEN ODER GEGEBENEN MODELLEN ODER ZEICHNUNGEN

Düsseldorf-Oberkassel, den 2. Aug. 1906.

Hochwohlgeboren
Herrn Bürgermeister Henninghausen
Gerresheim.

In der Anlage empfangen Sie noch 2 Entwürfe für die Ehrentafel. Um der Tafel eine würdige Form zu geben, haben wir uns entschlossen, daß ein besonderes Typmodell anfertigen zu lassen und die Schrift in einem mitzugießen, also nicht aufzusetzen.

Wir geben uns dabei der angenehmen Hoffnung hin, daß spätere Aufträge uns für den diesmal entgangenen Gewinn entschädigen werden. Wir empfehlen uns Ihnen

Mit vorzüglicher Hochachtung

Düsseldorfer Broncebildgiesserei
Förster & Kracht

92 Geschäftsbrief der Firma Förster & Kracht Stadtarchiv Düsseldorf

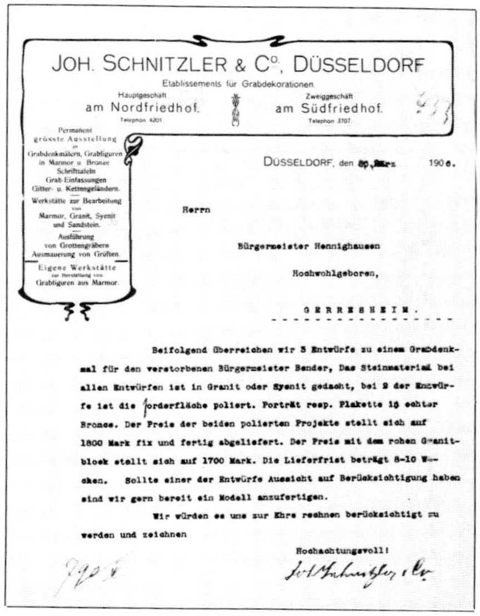

JOH. SCHNITZLER & Co., DÜSSELDORF

Etablissements für Grabdekorationen.

Hauptgeschäft am Nordfriedhof. Telephon 4201.

Zweiggeschäft am Südfriedhof. Telephon 3707.

Permanent grösste Ausstellung in Grabdenkmälern, Grabfiguren in Marmor u. Bronze, Schrifttafeln, Grab-Einfassungen, Gitter- u. Kettengeländern. Werkstätte zur Bearbeitung von Marmor, Granit, Syenit und Sandstein. Ausführung von Grottengräbern, Ausmauerung von Grüften. Eigene Werkstätte zur Herstellung von Grabfiguren aus Marmor.

DÜSSELDORF, den 30. März 1906.

Herrn

Bürgermeister Henninghausen

Hochwohlgeboren,

GERRESHEIM.

Beifolgend überreichen wir 3 Entwürfe zu einem Grabdenkmal für den verstorbenen Bürgermeister Bender, Das Steinmaterial bei allen Entwürfen ist in Granit oder Syenit gedacht, bei 2 der Entwürfe ist die Vorderfläche poliert. Porträt resp. Plakette in echter Bronce. Der Preis der beiden polierten Projekte stellt sich auf 1800 Mark fix und fertig abgeliefert. Der Preis mit dem rohen Granitblock stellt sich auf 1700 Mark. Die Lieferfrist beträgt 8-10 Wochen. Sollte einer der Entwürfe Aussicht auf Berücksichtigung haben sind wir gern bereit ein Modell anzufertigen.

Wir würden es uns zur Ehre rechnen berücksichtigt zu werden und zeichnen

Hochachtungsvoll!

Joh. Schnitzler & Co.

93 Geschäftsbrief der Firma Johannes Schnitzler & Co. Stadtarchiv Düsseldorf

Nordfriedhof. Sie besteht noch heute und betreibt eine Grabmalswerkstatt am Nordfriedhof. Die Firma *Opderbecke & Neese* (vermutlich eine Nachfolgerin von „Neese & Cie.") mit einem Fabrikgelände in der Düsselthahlerstraße in Derendorf lieferte Marmor- und Granitplatten ebenso wie fertige Grabmäler nach Musterbüchern. In ihrem Firmenbogen von 1906 wirbt sie mit Auszeichnungen auf den Industrieausstellungen in Düsseldorf 1902 und in St. Louis 1904 (Abb. 91). Das Firmenzeichen erscheint zum Beispiel am Grabmal der Familien Rudolph und Gustav Poensgen auf dem Nordfriedhof, das um 1898 nach dem Entwurf des Architekten Wilhelm Schleicher ausgeführt wurde.[35]

Die Broncegießerei *Förster & Kracht* in Oberkassel stellte ebenfalls Grabmäler aus Metall nach eigenen und fremden Modellen her. Auch sie erhielt auf der Düsseldorfer Industrieausstellung 1902 eine Medaille (Abb. 92). Sie führte u. a. den Bronzeguß für das Grabmal der Familien Pfeiffer und Schiess nach dem Modell des Bildhauers Friedrich Coubillier aus (Abb. 135).[36]

Als „Etablissement für Grabdekorationen" empfiehlt sich die Firma *Joh. Schnitzler & Co,* die neben Grabmälern und Grabfiguren die Ausführung der gesamten Grabanlage mit Ausmauerung von Grüften, Anlagen von Grotten, Einfassungen mit Gittern oder Ketten übernimmt. Ihre Geschäfte lagen am Nord- und Südfriedhof (Abb. 93). Das Grabmal für den 1910 verstorbenen Maler Andreas Achenbach, ein Marmorengel mit einem Kreuz, wurde von der Firma Schnitzler ausgeführt (Abb. 94).

94 Grabmal Andreas Achenbach
Nordfriedhof

*VII. Kapitel*

# Die „historischen Grabstätten“ auf dem Golzheimer Friedhof

Daß der Golzheimer Friedhof noch heute existiert und nicht, wie so viele andere alte Friedhöfe applaniert und überbaut wurde, verdankt er vor allem der Tatsache, daß hier viele Persönlichkeiten begraben wurden, an denen die Stadtgeschichte ein besonderes Interesse hat. Es waren Menschen, die durch hervorragende Leistungen auf verschiedenen Gebieten Düsseldorfs Bedeutung im 19. Jahrhundert mitbegründet haben. Ihre Gräber wurden mit kleinen Schildern als „historische Gräber" gekennzeichnet und ihre Lage in Friedhofspläne eingezeichnet, die an den Eingängen zum nördlichen und südlichen Friedhofsteil aufgestellt sind. 41 Gräber wurden in dieser Weise ausgezeichnet, doch ließe sich diese Liste noch um viele Namen erweitern. So vermißt man z. B. Hinweise auf das Grab des Medizinalrats Dr. Carl Ebermaier (1802–1870), dessen Grabmal auf dem südlichen Friedhofsteil erhalten ist, oder auf die Gemeinschaftsgrabstätte der Karmelitessen, Cellitinnen und Barmherzigen Schwestern vom Heiligen Kreuz, ebenfalls auf dem südlichen Friedhofsteil, auf der nach 1839 von J. J. Woringen ein schlichtes klassizistisches Denkmal aus Sandstein errichtet wurde. Wie wenige selbst von den Grabmälern dieses verhältnismäßig kleinen Personenkreises die Jahre überdauert haben, zeigt ein Vergleich mit der Aufzählung bemerkenswerter Grabstätten des Golzheimer Friedhofs, die Adolph Kohut 1877 und Paul Kauhausen 1931 in ihren Beschreibungen des Golzheimer Friedhofs gaben.[1] Nach den Schäden, die die Bombardierungen des Zweiten Weltkriegs auf dem Friedhof hinterlassen hatten, sind in der Nachkriegszeit einige Grabmäler, die zu diesem Kreis gehören, durch Kopien ersetzt worden, die nur teilweise beschädigten wurden restauriert. Auf Grabstätten, deren Grabmäler gänzlich verloren waren, wurden neue Grabplatten gelegt, die zu einem großen Teil vom Heimatverein „Düsseldorfer Jonges" gestiftet wurden.[2]
Wir folgen dem auf den Friedhofsplänen vorgeschlagenen Rundgang, beginnend mit dem südlichen Friedhofsteil.

## *Die „historischen Gräber" des südlichen Friedhofsteils*

*Magnus Pontus Heinrich Graf von Stenbock*
geboren 1805 in Reval, gestorben 1836 in Düsseldorf
Graf Stenbock kam als junger Maler an die Düsseldorfer Kunstakademie und spezialisierte sich auf die Genremalerei.[3]
Die Grabplatte aus Sandstein ist mit dem Kreuz und dem Familienwappen verziert. Unter der Namensinschrift steht der Text aus dem Matthäus-Evangelium: „Kommet her zu mir alle, die ihr mühselig und beladen seid, ich will euch erquicken."

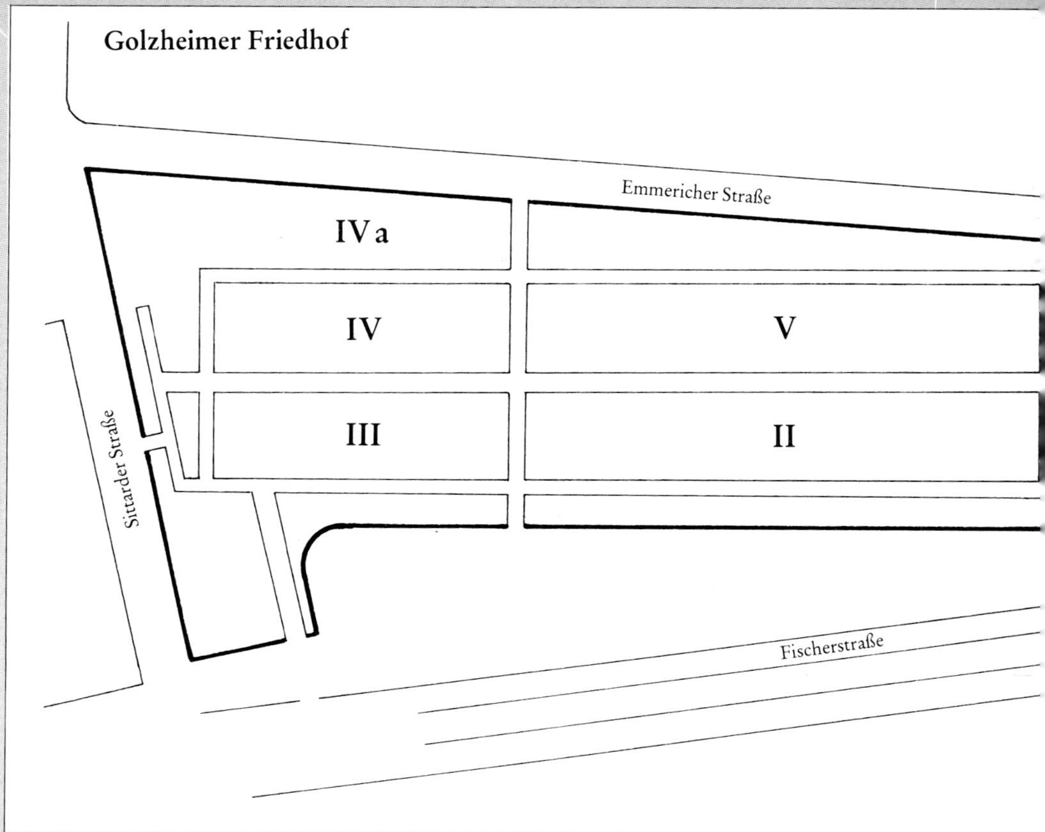


**Südlicher Friedhofsteil**

**Feld I**
Dr. Carl Ebermaier S. 80, 145
A. G. Mayer S. 95, 120, Abb. 48
David Bornemann S. 154
Alfred Rethel S. 116, 154, Abb. 101

**Feld I a**
Magnus Pontus Heinrich Graf von Stenbock S. 108, 145, Abb. 68
Georg Fütterer S. 127

**Feld II**
Portepee-Fähnrich von Garrelts S. 94, 108, Abb. 42, 71
Familie Breidenbach S. 122, Abb. 78
Kaplan Kluth S. 108, Abb. 69
Wilhelm und Charlotte von Schadow-Godenhaus S. 151, Abb. 97
Maximilian Friedrich Weyhe S. 95, 148, Abb. 44, 96
Familie von Heister (Franz von Heister) S. 148, Abb. 95
Familie von Fuchsius (Joseph von Fuchsius) S. 148, Abb. 58, 63, 77, 117
Familie Troost S. 104, 122, Abb. 76
Rosa von Parry S. 152, Abb. 47, 62
Marie Louise Caroline Léonie de Soult S. 94, 152, Abb. 43, 98
Gemeinschaftsgrabmal der Jesuitenpatres und Pfarrer der St.-Andreas-Gemeinde S. 98, 153, Abb. 50, 99, 100
Gemeinschaftsgrabmal der Carmelitessen, Cellitinnen und Schwestern vom Heiligen Kreuz S. 116, 145
Umbettungsstein für die Gebeine der Toten aus der Kreuzherrenkirche S. 31, 32, Abb. 15
Dr. Heinrich von Kerris S. 152

**Feld III**
Gedenkstein für Karl Schwesig S. 87, Abb. 39
Denkmal für die im I. Weltkrieg gefallenen Mitarbeiter des Städtischen Gartenamtes S. 87, Abb. 38

**Feld IV**
August Weber S. 69, 105, 108, 158, Abb. 72, 102, 103
Johannes Rübsahmen S. 99, 130, Abb.

**Feld IV a**
Dr. Richard Hasenclever S. 157

**Feld V**
Pfarrer Johann Wilhelm Heinzen S. 157
Professor Christian Köhler S. 157
Familie de Conrads S. 99, 116, 130, Abb. 82
Familie de Lesecque S. 92, Abb. 40, 41
Pfarrer Moritz Hardung von Hardenberg S. 180
Friedrich August Burgmüller S. 157, Abb. 73
Familie Raths S. 99, Abb. 53

**Feld VI**
Pfarrer Friedrich Gerst S. 156
Familie Farina (Julius Caesar Farina) S. 1
Dr. Theodor Josef Lacomblet S. 156

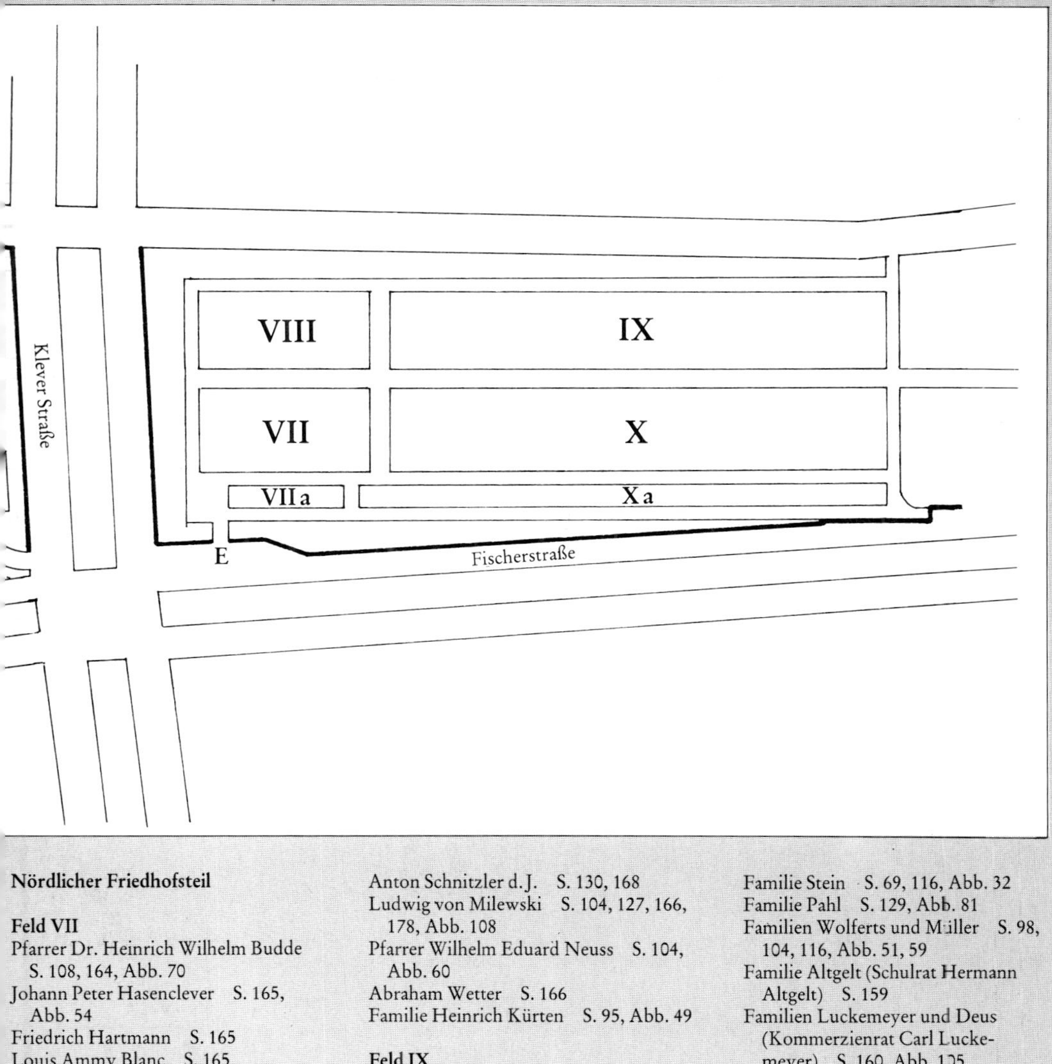


**Nördlicher Friedhofsteil**

**Feld VII**
Pfarrer Dr. Heinrich Wilhelm Budde S. 108, 164, Abb. 70
Johann Peter Hasenclever S. 165, Abb. 54
Friedrich Hartmann S. 165
Louis Ammy Blanc S. 165
Generalmajor Leopold von Arnim S. 102, Abb. 56
Johann Peter Arnold, Edler von Hymmen S. 108, Abb. 66
Heinrich von Sybel S. 165, Abb. 107
Wilhelmine Luise Freifrau von Colomb S. 161, Abb. 45
Karl Immermann S. 161, Abb. 106
Vincent Stoltenberg-Lerche S. 161

**Feld VII a**
Friedrich Erk S. 158

**Feld VIII**
Anton Schnitzler d. Ä. S. 80, 111, Abb. 74
Anton Schnitzler d. J. S. 130, 168
Ludwig von Milewski S. 104, 127, 166, 178, Abb. 108
Pfarrer Wilhelm Eduard Neuss S. 104, Abb. 60
Abraham Wetter S. 166
Familie Heinrich Kürten S. 95, Abb. 49

**Feld IX**
Otto Rethel S. 168
Familie Theodor Weerpas S. 127, Abb. 80
Familien Lupp und Kuhles S. 99, Abb. 52

**Feld X**
Familie Benzenberg (Dr. Johann Friedrich Benzenberg) S. 122, 126, Abb. 79
Alexander Meinardus S. 95, 105, 130, 161, 166, Abb. 61
Dietrich Meinardus S. 104, 120, 129, 130, 137, 154, 166
Familie Batz S. 102, 120, 122, Abb. 57
Familie Stein S. 69, 116, Abb. 32
Familie Pahl S. 129, Abb. 81
Familien Wolferts und Müller S. 98, 104, 116, Abb. 51, 59
Familie Altgelt (Schulrat Hermann Altgelt) S. 159
Familien Luckemeyer und Deus (Kommerzienrat Carl Luckemeyer) S. 160, Abb. 105
Familie Heunert (Friedrich Heunert) S. 161
Anna Maria Schadow S. 160

**Feld X a**
Johann Wilhelm Ronstorff S. 105, Abb. 64
Elisabeth Grube S. 159
Karl Guntrum S. 158, Abb. 104
Familie Middendorf S. 105, 108, Abb. 65, 67

*Joseph von Fuchsius*
geboren 1792, gestorben 1854 in Düsseldorf
Joseph von Fuchsius war von 1833 bis 1848 Oberbürgermeister der Stadt Düsseldorf.[4]
Das von Carl Joseph Lode signierte Familiengrabmal wurde wegen seiner bemerkenswerten künstlerischen Gestaltung bereits mehrfach erwähnt (vgl. V. Kap., S. 104f und VI. Kap., S. 122) (Abb. 77). In der Totenzettelsammlung des Stadtarchivs ist der für die Totenmesse gedruckte Totenzettel erhalten (vgl. VIII. Kap., S. 186).

*Franz von Heister*
geboren 1752, gestorben 1833 in Düsseldorf
Franz von Heister war Hofrat und Generalempfänger im Großherzogtum Berg. Von 1819 bis 1822 war er Stadtrat.[5]
Das Familiengrabmal aus Sandstein wurde als „gotische Kapelle" von Carl Joseph Lode gearbeitet. Auf der Rückseite steht die Widmung: „Dem besten Gatten, dem theuersten Vater zum liebevollen Andenken" (Abb. 95).

*Maximilian Friedrich Weyhe*
geboren 1774 in Poppelsdorf, gestorben 1846 in Düsseldorf
Weyhe wurde unter der Regierung des Kurfürsten Maximilian Joseph als Hofgärtner nach Düsseldorf berufen. Sein Hauptwerk war die Anlage des Hofgartens und die Umwandlung der nach 1802 geschleiften Festung in öffentliche Gartenanlagen. 1833 wurde er Königlich Preußischer Gartendirektor.[6]
Nach einem Votum des Stadtrates erhielt Weyhe ein Ehrengrab auf dem Friedhof. 200 Taler stellte die Bürgerschaft zur Erbauung der Gruft und Errichtung eines Grabmals zur Verfügung. Für das Säulenmonument aus Ratinger Blaustein mit einem gußeisernen Schalenaufsatz wurde der Bildhauer Peter Joseph Leisten zu einem Honorar von 95 Talern verpflichtet[7] (Abb. 96).
Das im Zweiten Weltkrieg zerstörte Grabmal wurde 1948 durch eine Kopie ersetzt, wobei auf den Schalenaufsatz verzichtet wurde. Die Inschrift auf dem Säulenschaft lautet:

> Dem Andenken
> eines edlen Mitbürgers
> des Herrn Maximilian Friedrich Weyhe
> geb. zu Poppelsdorf d. 15. Februar 1775
> gest. als königl. Gartendirector zu Düsseldorf
> d. 25. October 1846
> die dankbaren Mitbürger

95 Grabmal Familie von Heister
Golzheimer Friedhof

96 Grabmal Maximilian Friedrich Weyhe (Original)

97 Grabmal Wilhelm und Charlotte von Schadow-Godenhaus
Golzheimer Friedhof

Die Grabstelle umgrenzt ein gußeisernes Gitter. Dem in Düsseldorf außerordentlich beliebten Künstler wurde 1850 im Hofgarten ein Denkmal gesetzt, das ihn in ganzer Figur bei der Entwurfsarbeit zeigt.[8]

*Wilhelm von Schadow*

geboren 1789 in Berlin, gestorben 1862 in Düsseldorf

Friedrich Wilhelm Schadow war der Sohn des Berliner Bildhauers Johann Gottfried Schadow. Mit seiner Berufung zum Direktor der Düsseldorfer Kunstakademie im Jahre 1826 begann der Aufstieg dieses Instituts, dem Düsseldorf seinen Ruf als internationale Kunststadt verdankt. Für seine Verdienste wurde Schadow 1845 von Friedrich Wilhelm IV. geadelt und erhielt den Namenszusatz Godenhaus. 1862 starb er nach langer Krankheit. Die Studenten der Kunstakademie sollen noch viele Jahre nach seinem Tod an seinem Todestag zum Friedhof gegangen und sein Grab mit Blumen geschmückt haben.[9]

Schadows Grab bedeckt eine von Jakob Leisten signierte Grabplatte, die nur mit einem schlichten Kreuz verziert ist. Auf die Darstellung des Wappens wurde verzichtet (Abb. 97). In der Grabstätte wurde 1882 seine Ehefrau Charlotte von Schadow-Godenhaus beigesetzt. Zwei Töchter des Ehepaares ruhen an anderen Stellen des Golzheimer Friedhofs.

*Heinrich von Kerris*
geboren 1769, gestorben 1838 in Düsseldorf
Dr. Heinrich von Kerris war Geschichtsforscher und Staatsarchivar.
Sein Grab bedeckt eine neue Grabplatte. Das ursprüngliche Grabmal war 1938 noch erhalten.[10]

*Rosa von Parry*
gestorben 1815 in Düsseldorf
Die aus Flintshire in England stammende Frau war die Gattin des Freiherrn von Grainger.
Ihr Grabmal gehört zu den ältesten und künstlerisch bemerkenswerten des Friedhofs. Es erhebt sich in Form einer Pyramide auf einem dreiseitigen Sockel. Die Vorderseite ist mit einem Totenschädel verziert (vgl. V. Kap., S. 105, Abb. 62). Die Grabinschriften sind in deutscher und englischer Sprache auf den drei Seiten der Pyramide eingemeißelt (Abb. 47).[11]

*Umsetzungsstein für die in der Kreuzherrenkirche bestatteten Toten*
Der 1819 gesetzte Gedenkstein wurde bereits im I. Kap., S. 31f behandelt (Abb. 15). Er wurde 1905 bei der Anlage der Klever Straße an seine heutige Stelle auf dem südlichen Friedhofsteil versetzt.

*Marie Louise Caroline Léonie de Soult*
geboren am 27. 1., gestorben am 25. 9. 1817
Tochter des französischen Marschalls Nicolas Jean de Dieu Soult
Mit der Geschichte dieses Grabmals verbindet sich das Schicksal einer Familie, die zeitweise in Düsseldorf lebte. Der napoleonische Marschall Soult, nach dem Tilsiter Frieden zum Herzog von Dalmatien ernannt, hatte während der Besetzung des Rheinlandes die Tochter eines Solinger Kaufmanns, Louise Johanna Berg, kennengelernt und 1796 geheiratet. Nach dem Sturz Napoleons wurde der Herzog mit seiner Familie von den Bourbonen aus Frankreich verbannt und flüchtete zu seinen Schwiegereltern ins Bergische Land. 1816 übersiedelte die Familie nach Düsseldorf, um dem Sohn Hektor Napoleon den Besuch des Gymnasiums zu ermöglichen. Hier wurde das Töchterchen geboren, das nach 8 Monaten starb.
Das klassizistische Grabmal ist im Stil eines römischen Grabaltars gestaltet, auf dem eine mit einem Tuch bedeckte Urne steht. Auf der Vorderseite des Cippus ist das dalmatinische Wappen unter der französischen Inschrift angebracht. Die Seiten zeigen Todesallegorien: Links: die gesenkte Fackel, rechts: den Schmetterling (vgl. V. Kap., S. 102ff) (Abb. 98).
Die Grabstätte, die ursprünglich im Bereich der Klever Straße lag, wurde 1826 von der später wieder in Paris lebenden Familie erworben. Das Grabmal wurde

98 Grabmal Marie Louise Caroline Léonie de Soult (Original)

1909 auf den Nordfriedhof übertragen, 1949 jedoch wieder auf den Golzheimer Friedhof zurückgebracht. Das vermutlich auch durch diese Transporte stark beschädigte und verwitterte Sandsteinmonument wurde von dem Düsseldorfer Steinbildhauer Josef Müller durch eine Kopie ersetzt (Abb. 43).[12]

*Grabmal der Jesuitenpatres und Pfarrer der Andreas-Gemeinde*

Das Grabmal wurde 1843 für die vier letzten, in Düsseldorf wirkenden Geistlichen des Jesuitenordens errichtet. Der Orden war schon 1772 unter Kurfürst Carl Theodor aufgelöst worden. Die Tätigkeit als Lehrer am Gymnasium und Seelsorger ermöglichten es den vier Jesuitenpatres Michael Dienhardt (1745–1834), Heinrich Wüsten (1766–1835), Philipp Schulten (1766–1840) und Michael Granderath (1769–1842), in der Stadt fortzuwirken. Als 1842 Pater Granderath starb, beschloß die Männer- und Junggesellensodalität der St.-Andreas-Pfarrgemeinde, ihm und seinen Vorgängern ein Grabmal zu setzen. Die Mittel hierzu wurden durch eine Kunstausstellung in der Kunstakademie zusammengetragen, an der sich viele Düsseldorfer Maler beteiligten.

Das über 6 m hohe Fialen-Grabmal ist das höchste Monument des Friedhofs und sieht wie ein verkleinerter gotischer Kirchturm aus. Aus einem vierseitigen, mit Wimpergen übergiebelten Pfeiler wächst ein achtseitiges schlankes Türmchen empor, das wiederum eine mit Krabben besetzte Spitze bekrönt. Rund um

den Pfeiler standen auf Konsolen Heiligenstatuetten, deren Umrisse und Verdübelungen man noch erkennt (Abb. 50). Am Sockel signierten für die Herstellung des Grabmals der Architekt Johannes Kühlwetter als Entwerfer und Meinardus als ausführender Bildhauer. Auf einem Gemälde von Heinrich Hermanns im Stadtmuseum Düsseldorf (Inv. Nr. B 1282) ist die ursprüngliche Anlage mit der Umfassung der Grabstätte zu erkennen (Abb. 99).
Auf der Vorderseite des Sockels steht die lateinische Inschrift:

DEFUNCTIS
QUATUOR CARIS
LUX ALMA QUIESQUE (Abb. 100)

(Den vier lieben Verstorbenen Licht, Segen und Ruhe). Sie enthält ein Chronogramm, das – wenn man die mit den römischen Zahlen gleichen Buchstaben zusammenrechnet – die Jahreszahl 1843 als Datum der Errichtung des Grabmals ergibt.
In der zweiten Hälfte des 19. Jahrhunderts wurden hier auch die Pfarrer der Andreas-Gemeinde bestattet.[13]
Die Begräbnisse der vier letzten Jesuiten, die bei der katholischen Bevölkerung Düsseldorfs hohes Ansehen genossen, wurden mit großem Aufwand begangen (vgl. VIII. Kap., S. 175 f).

*Alfred Rethel*
geboren 1816 in Diepenbend bei Aachen, gestorben 1859 in Düsseldorf
Rethel zählt zu den bedeutendsten Malern der Düsseldorfer Malerschule. Er kam 1829 an die Kunstakademie, wo er sich zum Historienmaler ausbildete. Sein berühmtestes Werk sind die Karlsfresken im Kaisersaal des Aachener Rathauses.[14]
Die gewölbte Grabplatte aus Muschelkalk ist ein Ersatz für das zerstörte Grabmal. Unter der Namensinschrift stehen die Worte des Apostel Paulus: „Christus ist mein Leben und Sterben ist mein Gewinn.“ (Abb. 101).
Neben dem Grab des Malers liegt das seiner Mutter, der 1857 verstorbenen Johanna Rethel.

*David Bornemann*
geboren 1791, gestorben 1859 in Düsseldorf
Bornemann war der Gründer des Christlichen Vereins Junger Männer e.V. in Düsseldorf.[15]
Das kreuzförmige Grabmal mit gotisierenden Ornamenten trägt in einem Medaillon die Inschrift: „Hier ruht in Frieden der verehrte Gründer des Christlichen Vereins Junger Männer e.V. Düsseldorf, Hebr. 13,7,8.“

99 Jesuiten-Grabmal,
Gemälde von Heinrich Hermanns
Stadtmuseum Düsseldorf

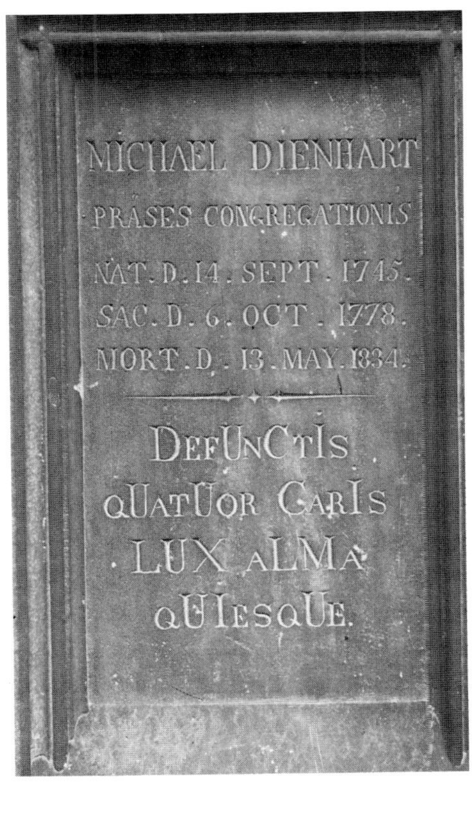


100 Inschrift vom Jesuiten-Grabmal
Golzheimer Friedhof

101 Grabmal Alfred Rethel
Golzheimer Friedhof

*Dr. Theodor Josef Lacomblet*
geboren 1789, gestorben 1866 in Düsseldorf
Lacomblet war Archivrat und Forscher der bergischen Geschichte. Er ist der Autor der „Urkunden für die Geschichte des Niederrheins", die er 1840–1858 veröffentlichte.
Das ursprüngliche Grabmal war ein Werk des Bildhauers Julius Bayerle. In einem Medaillon war Christus am Ölberg dargestellt. Die heutige Grabplatte aus Sandstein wurde 1848 von den „Düsseldorfer Jonges" gestiftet.[16]

*Julius Caesar Farina*
geboren 1750, gestorben 1829 in Düsseldorf
Farina war von 1815 bis 1819 Stadtrat.[17]
Der massige Cippus aus Ratinger Blaustein, zu dem vermutlich ehemals ein Aufsatz gehörte, trägt nur die Inschrift: „Ruhestätte der Familie von Carl Maria Farina", ohne die hier bestatteten Familienangehörigen zu nennen. Die Familie Farina, die eine Parfümfabrik betrieb, gehört zu den ältesten Unternehmern Düsseldorfs.

*Friedrich Gerst*
geboren 1805, gestorben 1867 in Düsseldorf
Pastor Gerst war der katholische Gefängnispfarrer und bei den Düsseldorfern wegen seines rheinischen Humors besonders beliebt. „Pastor Jääsch oder Speezbowe-Pastor" hieß er im Volksmund.[18]

Die Grabplatte aus Sandstein mit eingraviertem Altar, Kelch und Hostie im Strahlenkranz wurde 1932 von den „Düsseldorfer Jonges" anstelle des verlorenen Grabmals gestiftet.

*Friedrich August Burgmüller*
geboren 1760, gestorben 1824 in Düsseldorf
Friedrich August Burgmüller war städtischer Musikdirektor, Komponist, Begründer der Niederrheinischen Musikfeste. Er war der Vater des Komponisten Norbert Burgmüller, der ebenfalls auf dem Golzheimer Friedhof bestattet war.[19]
Eine 1949 von den „Düsseldorfer Jonges" gestiftete Grabplatte bedeckt das Grab.

*Christian Köhler*
geboren 1809 in Werpen (Altmark), gestorben 1861 in Montpellier
Köhler gehörte zu den Künstlern der Düsseldorfer Malerschule. Er war Meisterschüler von Schadow und wurde 1855 Professor der Antikenklasse. Das Kunstmuseum besitzt drei seiner Gemälde.[20]
Sein Grab kennzeichnet eine schmucklose Grabplatte aus Granit unter einem neugotischen Grabmal mit stark verwitterter Inschrift.

*Johann Wilhelm Heinzen*
geboren 1768 in Mondorf an der Sieg, gestorben 1840 in Düsseldorf
Landdechant des Dekanats Düsseldorf, Ehrendomherr und Pfarrer an St. Lambertus.
Pfarrer Heinzen wurde 1821 von Wittlaer nach Düsseldorf an die Lambertus-Pfarre berufen. Er übte auch das Amt eines Schulpflegers der Landgemeinden des Düsseldorfer Regierungsbezirks aus.[21]
Sein Grabmal besteht aus einem gußeisernen Kreuz mit gotisierender Ornamentik. Der Steinsockel trägt die Widmungsinschrift:

> „Dem würdigen Pfarrer
> der Jugend treuem Pfleger
> von seinen Verehrern."

*Dr. Richard Hasenclever*
geboren 1812 in Ehringhausen, gestorben 1876 in Düsseldorf
Dr. Hasenclever war Sanitätsrat und Abgeordneter der katholischen Fraktion (der späteren Zentrumspartei) im preußischen Abgeordnetenhaus und im Reichstag.[22]
Von dem Grabmal ist nur noch der Sandsteinsockel mit der Namensinschrift und dem Evangeliumstext: „Was suchet ihr den Lebendigen bei den Toten"

erhalten. Eine vor dem Grabmal ihres Mannes liegende Grabplatte aus schwarzem Marmor erinnert an Sophie Hasenclever (1823–1892), eine Tochter Schadows, die sich als Dichterin und Übersetzerin betätigte.[23]

*August Weber*

geboren 1817 in Frankfurt, gestorben 1873 in Düsseldorf

August Weber kam 1838 als Schüler von Johann Wilhelm Schirmer an die Kunstakademie und ließ sich später als Landschaftsmaler in Düsseldorf nieder.[24]

Das Grabmal aus rotem Sandstein wurde dem Maler von seinen Freunden und Kollegen gesetzt, wie es die Widmung:

> „August Weber
> Landschaftsmaler
> gewidmet von seinen
> Freunden und Genossen"

ausdrückt. Die Inschrift steht auf der Vorderseite eines Obelisken, der sich über einem Cippus erhebt. Ein Portrait des Malers war in ein heute leeres Medaillon eingefügt. Auf den Sockelseiten sind Paletten mit Pinseln als Werkzeuge des Malers dargestellt. Der Grabmalsentwurf stammt von dem Architekten Johannes Knobel, dessen Signatur man am Sockel liest (Abb. 102). Die Entwurfszeichnung zu dem Grabmal wurde zur baupolizeilichen Genehmigung eingereicht und ist in den Friedhofsakten erhalten. Als Bauherr zeichnete Emil Hünten (1827–1902), der wie Weber Landschafts- und Schlachtenmaler war[25] (Abb. 103).

## Die „historischen Gräber" des nördlichen Friedhofsteils

*Friedrich Erk*

geboren 1809 in Wetzlar, gestorben 1878 in Düsseldorf

Friedrich Erk war Lehrer am Düsseldorfer Realgymnasium. Er veröffentlichte zusammen mit seinem Bruder Ludwig Erk mehrere Liederbücher.[26]

Das klassizistische Grabmal aus Sandstein ist schlecht erhalten. Die Inschrift am Sockel zitiert Psalm 118,14: „Der Herr ist meine Macht und mein Psalm und ist mein Heil!"

*Karl Guntrum*

geboren 1803, gestorben 1891 in Düsseldorf

Karl Guntrum war Weinhändler. Außerdem betätigte er sich als Geschichtsforscher und Sammler. Die Sammlung Guntrum umfaßt wertvolle römische und germanische Funde aus der Düsseldorfer Umgebung.[27]

102 Grabmal August Weber Golzheimer Friedhof

103 Entwurf zum Grabmal August Weber Stadtarchiv Düsseldorf

Das ursprüngliche Grabmal ist verloren. Die schmucklose Grabplatte aus rotem Sandstein wurde 1951 von den „Düsseldorfer Jonges“ auf das Grab gelegt (Abb. 104).

*Elisabeth Grube*
geboren 1803, gestorben 1871 in Düsseldorf
Das bekannteste Werk der Düsseldorfer Dichterin ist das Drama „Jacobe von Baden“, das 1862 in Düsseldorf mit großem Erfolg uraufgeführt wurde.[28]
Das ursprüngliche Grabmal mit der Inschrift: „Glaube, Liebe, Hoffnung – aber die Liebe ist die größte unter ihnen“ ist verloren. Die heutige Grabplatte wurde 1950 von den „Düsseldorfer Jonges“ gestiftet.

*Hermann Altgelt*
geboren 1795, gestorben 1871 in Düsseldorf
Geheiner Regierungs- und Schulrat, Gründer der Luisenschule als höhere evangelische Mädchenschule 1837.[29]
Das Familiengrabmal aus schwarzem Marmor wurde von der Firma C. Woelfel

104 Grabmal Karl Guntrum
Golzheimer Friedhof

& Co. hergestellt. Auf der runden Fläche über den Inschriften war vermutlich früher ein Medaillon oder ein Lorbeerkranz befestigt. Die Inschriften schließen mit dem Bibelzitat aus der Offenbarung Joh. XIV,13: „Selig sind die Todten, die in dem Herren starben von nun an. Ja der Geist spricht, daß sie ruhen von ihrer Arbeit, denn ihre Werke folgen ihnen nach."

*Anna Maria Schadow*
geboren am 10. 3., gestorben am 27. 7. 1828 in Düsseldorf
Tochter des Ehepaares Wilhelm und Charlotte Schadow
Das Kindergrab liegt auf dem evangelischen Friedhofsteil, da die aus Berlin stammende Familie vor der Konvertion Wilhelm Schadows evangelisch war. Das niedrige Grabmal aus Schiefer hat einen halbrunden oberen Abschluß. Es trägt die Inschrift: „Ihrer ist das Himmelreich" (vgl. Grabstätte des Ehepaares Wilhelm und Charlotte von Schadow-Godenhaus auf dem südlichen Friedhofsteil.)

*Carl Luckemeyer*
geboren 1801 in Elberfeld, gestorben 1875 in Düsseldorf
Luckemeyer war Direktor der 1836 gegründeten Dampfschiffahrtsgesellschaft für den Nieder- und Mittelrhein. Von 1838 bis 1849 war er Beigeordneter und wurde von der preußischen Regierung mit dem Kommerzienratstitel und dem Roten Adlerorden ausgezeichnet.[30]

V Johann Arthur Severin Nikutowski, Leichenzug
Gemälde von 1879. Stadtmuseum Düsseldorf

VI Andreas Achenbach, Totenmesse in St. Lambertus
Gemälde von 1885. Kunstmuseum Düsseldorf

Das von Alexander Meinardus geschaffene Marmorgrabmal für die Familien Luckemeyer und Deus wurde bereits im VI. Kap., S. 130 behandelt (Abb. 105).

*Friedrich Heunert*
geboren 1806 in Soest, gestorben 1876 in Düsseldorf
Heunert studierte an der Kunstakademie bei Professor Schirmer Landschaftsmalerei. Später wurde er der Zeichenlehrer der Gemahlin des Prinzen Friedrich von Preußen.[31]
Der Name und die Lebensdaten des Malers stehen auf einer kleinen Marmortafel, die an dem Eisengitter des Familienbegräbnisses befestigt ist.

*Wilhelmine Luise Freifrau von Colomb*
geboren 1784, gestorben 1822 in Düsseldorf
Wilhelmine von Colomb war die Ehefrau des berühmten Generals der Freiheitskriege Friedrich von Colomb (1775–1854), der seit 1820 Befehlshaber des 8. Husarenregiments in Düsseldorf war. Sie soll sich auch als Dichterin betätigt haben.[32]
Das Grabmal gehört zu den Säulenmonumenten. Über der Inschrift sind auf dem gebrochenen Säulenschaft die Wappen der Familien Stosch und Colomb dargestellt (Abb. 45).

*Karl Immermann*
geboren 1796 in Magdeburg, gestorben 1840 in Düsseldorf
Der Dichter Karl Immermann war 1827 von Magdeburg als Landgerichtsrat an das Düsseldorfer Landgericht versetzt worden. Von seinen Dramen wurde „Andreas Hofer“ in Düsseldorf uraufgeführt. Seine für die Stadt bedeutendste Leistung war die Gründung der Musterbühne 1832, für die er Regie und Dramaturgie übernahm.[33] Immermanns Begräbnis am 28. August 1840 schildert Wolfgang Müller von Königswinter ausführlich (vgl. VIII. Kap., S. 177).
Die Grabstätte Immermanns umgibt noch immer das ursprüngliche, gußeiserne Gitter aus einander überschneidenden Spitzbögen. Als Grabmal dient ein schlichtes, gußeisernes Kreuz mit gotisierendem Maßwerk an den Kreuzesenden. Name und Lebensdaten sind in gotischer Schrift mitgegossen. Das Grabkreuz war schon mehrmals durch Rost gebrochen. Es ist inzwischen restauriert worden (Abb. 106).
Immermanns Bedeutung für das Düsseldorfer Theater ist im 19. Jahrhundert kaum anerkannt worden, so daß auch seine Grabstätte viele Jahre hindurch unbeachtet und ungepflegt blieb.

*Vincent Stoltenberg-Lerche*
geboren 1837 in Tönsberg/Norwegen, gestorben 1892 in Düsseldorf
Stoltenberg-Lerche gehörte zu den Malern aus den skandinavischen Ländern,

105 Grabmal Familien Luckemeyer und Deus
Golzheimer Friedhof

106 Grabmal Karl Immermann
Golzheimer Friedhof

107 Grabmal Familie von Sybel
Golzheimer Friedhof

für die die Düsseldorfer Kunstakademie eine große Anziehungskraft besaß. Er bildete sich zum Genre- und Interieurmaler aus.[34]
Das Grabmal aus Muschelkalk gehört dem Cippus-Typus an. Über der Inschrift ist ein Wappenschild mit einer Taube, die einen Ölzweig im Schnabel hält, dargestellt.

*Dr. Heinrich Wilhelm Budde*
geboren 1786 in Unna, gestorben 1860 in Düsseldorf
Budde war 44 Jahre lang Pastor der evangelischen Gemeinde Düsseldorfs. Er war Professor am Düsseldorfer Gymnasium und Konsistorialrat der evangelischen Kirche.[35]
Das Familiengrabmal, eine klassizistische Stele mit Dreiecksgiebel und Akroterien, trägt eine Widmungsinschrift der Kinder des Verstorbenen und das Bibelzitat: „Sei getreu bis in den Tod, so will ich dir die Krone des Lebens geben" (Apok. 2,10). Von den allegorischen Darstellungen im Giebel ist der Hirtenstab ein besonderer Hinweis auf das Pastorenamt (Abb. 70).

*Heinrich Ferdinand Philipp von Sybel*
geboren 1782 in Soest, gestorben 1870 in Bonn
Von Sybel wirkte als preußischer Regierungsjustitiar am Landgericht. Von 1835 bis 1838 war er Stadtrat und einer der ersten Mitglieder der Finanzkommission des Gemeinderates. Er war der Vater des Historikers Heinrich von Sybel, der 1817 in Düsseldorf geboren wurde[36].
Am stelenförmigen Grabmal war vermutlich über der Inschrift ein Bildnismedaillon befestigt, worauf zwei Dübellöcher hinweisen (Abb. 107).

*Johann Peter Hasenclever*
geboren 1810 in Remscheid, gestorben 1853 in Düsseldorf
Hasenclever gilt als der bedeutendste Genremaler der Düsseldorfer Malerschule. Er besuchte die Kunstakademie seit 1827, seine Bildthemen wurden jedoch von Schadow abgelehnt. Seit 1842 war er in Düsseldorf ansässig. Das Kunstmuseum besitzt eines seiner berühmtesten Gemälde „Arbeiter vor dem Magistrat", dem die Forderung der Arbeitslosen an den Düsseldorfer Magistrat am 9. Oktober 1848 als Ereignis zugrundeliegt.[37]
Das von seiner Frau gewidmete Grabmal besteht aus einem hohen Sockel aus Ratinger Blaustein, auf dem die Inschriftplatte befestigt ist. Ein Marmorkreuz mit zierlichen Blütenornamenten bildet den Aufsatz. Das Grabmal trägt die Signatur des Bildhauers Meinardus (Abb. 54).

*Louis Ammy Blanc*
geboren 1810 in Berlin, gestorben 1885 in Düsseldorf
Blanc gehört ebenfalls zu den Künstlern der Düsseldorfer Malerschule. Er kam 1833 als Schüler von Julius Hübner nach Düsseldorf. Eines seiner bekanntesten Werke ist die „Kirchgängerin" (Niedersächsische Landesgalerie Hannover), ein Portrait der Düsseldorferin Gertrud Küntzel, geborene Breidenbach, vor dem Kölner Dom.[38] Die Dargestellte stammt aus der Düsseldorfer Hoteliersfamilie Breidenbach. Sie wurde in der Familiengrabstätte auf dem südlichen Friedhofsteil begraben.
Die einfache Grabplatte ist ein Ersatz für das verlorene Grabmal.

*Friedrich Hartmann*
geboren 1805, gestorben 1849 in Düsseldorf
Der Spediteur Friedrich Hartmann gehörte zu den Opfern der Düsseldorfer Bürgeraufstände vom Mai 1849.[39]
Über seinem Grab wurde eine klassizistische Grabstele aus Ratinger Blaustein errichtet.

*Dietrich Meinardus*
geboren 1804 in Ovelgönne, gestorben 1871 in Düsseldorf
über den Steinbildhauer wurde bereits im VI. Kap., S. 129 gesprochen. Sein Grab bedeckt eine Grabplatte aus Marmor, die versteckt hinter dem Grabmal für Alexander Meinardus liegt.

*Dr. Johann Friedrich Benzenberg*
geboren 1777 in Schöller bei Wuppertal, gestorben 1846 in Düsseldorf
Benzenberg war eine vielseitige Persönlichkeit. Er promovierte 1800 über ein Thema der Astronomie und wurde 1805 Professor am Düsseldorfer Lyzeum. Er beschäftigte sich mit vielen Problemen des Staatswesens, über die er, seinem Wahlspruch: „Alles muß öffentlich sein" folgend, Abhandlungen schrieb. Düsseldorf verdankt ihm die Stiftung der Bilker Sternwarte, die sich zu einem bedeutenden wissenschaftlichen Institut entwickelte.[40]
Über das von ihm nach dem Tode seiner Mutter 1841 dem Bildhauer Johann Jakob Woringen in Auftrag gegebene Grabmal wurde bereits im VI. Kap., S. 126 berichtet. Das gut erhaltene Grabmal trägt nur die Inschrift „Ruhestätte der Familie Benzenberg" (Abb. 79).

*Abraham Wetter*
geboren 1802, gestorben 1869 in Düsseldorf
Wetter vermachte der Stadt eine Stiftung zur Unterstützung armer Düsseldorfer Künstler.
Das Grabmal hat die Form eines Grabkissens. Es besteht aus einer kleinen Marmorplatte.

*Ludwig von Milewski*
geboren 1825 in Kalisch in Polen, gestorben 1849 in Düsseldorf
Milewski kam als Student an die Düsseldorfer Kunstakademie. Er wurde einer der Anführer der Bürgeraufstände, an denen viele Düsseldorfer Künstler Anteil nahmen. Er fiel in der Nacht vom 9. zum 10. Mai 1849 auf den Barrikaden unter den Schüssen des preußischen Militärs. In den revolutionären Kreisen wurde er als Freiheitsheld verehrt (vgl. VIII. Kap., S. 178).
Das Grab lag ursprünglich auf dem nördlichsten Friedhofsteil, in der Nähe des Gebäudes des Gartenamtes. Bei der Versetzung an die heutige Stelle fand man noch die Sarggriffe und den Totenschmuck. Sie wurden dem Stadtmuseum überwiesen. Auf dem Sockel des Grabmals steht eine polnische Inschrift. Das Kreuz mit dem Kruzifix (von dem nur noch die Dübel zeugen) ist ein Werk des Bildhauers Woringen (Abb. 108).[41]

108 Grabmal Ludwig von Milewski
Golzheimer Friedhof

*Anton Schnitzler d. J.*
geboren 1796, gestorben 1873 in Düsseldorf
Anton Schnitzler entstammte einer Düsseldorfer Baumeisterfamilie. Auch sein Vater, dessen Grabmal wegen der bemerkenswerten Inschrift bereits erwähnt wurde (vgl. V. Kap., S. 111ff), übte diesen Beruf aus. Schnitzler hat viele Bürgerhäuser im spätklassizistischen Stil in Düsseldorf erbaut. Er war außerdem Mitglied des Gemeinderates und gehörte dem Vorstand der Lambertus-Pfarre an. Sein Totenzettel ist im Stadtarchiv erhalten.[42]
Die auf einem dreistufigen Podest ruhende Grabplatte wurde von dem Bildhauer Rechmann signiert.

*Otto Rethel*
geboren 1822, gestorben 1892 in Düsseldorf
Otto Rethel war ein Bruder Alfred Rethels. Er gehörte ebenfalls der Düsseldorfer Malerschule an.
Ein Grabkissen aus Granit trägt die Namen Otto Rethels und seiner Frau.

*VIII. Kapitel*

# Das Begräbnis

Begräbnisse bedeutender Persönlichkeiten gehören zu den nichtalltäglichen Ereignissen, die die Aufmerksamkeit und Teilnahme vieler Menschen auf sich ziehen. Auch in Düsseldorf gab es berühmte Begräbnisse, die in historischen Darstellungen und Berichten, Gemälden und Graphiken überliefert sind.
Ein historisches Ereignis war das Begräbnis Herzog Wilhelms des Reichen, der am 10. März 1592 in der Lambertuskirche beigesetzt wurde. Der Landschreiber Dietrich Graminäus, der 1585 die Hochzeit des Erbprinzen Johann Wilhelm I. mit der Landgräfin Jacobe von Baden schilderte, berichtete auch über dieses Ereignis im „Spiegel der Vergenglichkeit", den ein Titelblatt und neun Kupferstiche illustrieren. Um 8 Uhr morgens wurde unter dem Geläute aller Glocken der Leichenzug geordnet. Er führte vom Schloß durch die Krämerstraße, Altestadt, Ratinger Straße, Neubrückstraße und Mühlenstraße zur Stiftskirche. Voran gingen 20 Männer in schwarzen Reuekleidern. Sie trugen Wachslichter, an denen das herzögliche Wappen angebracht war. Ihnen folgten die Schüler des Düsseldorfer Gymnasiums mit ihren Lehrern, die Kreuzbrüder und Stiftskanoniker mit Prior und Dechanten. Dann kamen acht Trompeter in langen schwarzen Mänteln und fünf mit schwarzen Decken verhüllte Pferde mit Wappen. Ihnen folgten Wappen- und Bannerträger. Ferner wurden der mit drei schwarzen Federn geschmückte Schlachthelm des Herzogs, das in einen Trauerflor gehüllte Schlachtschwert vorgetragen und die drei Leibpferde des Herzogs vorgeführt. Es folgten drei Hofmeister mit schwarzen Stäben, sechs Hellabardierer mit gesenkten Hellebarden, die beiden Hofprediger Winand Thomasius und Johannes Lewenheuer, die Äbte von Altenberg und Werden. Der Sarg wurde von 24 Adligen getragen und war mit einer 20 Ellen langen Samtdecke mit goldenem Kreuz bedeckt. Die „achte Figur" im Bericht des Graminäus zeigt diesen Hauptteil des langen Leichenzuges (Abb. 109). Dem Sarge folgten als Hauptleidtragender der Sohn Herzog Johann Wilhelm in schwarzer Trauerkogel mit Schleppe, ihm zur Seite die Grafen Johann und Werner zu Salm-Reifferscheidt. Den Schluß bildeten die Gesandten, Räte und Amtmänner, Hauptleute, Schultheiße, Vögte, Rentmeister, Bürgermeister, Hofbediente und Leibdiener. Die Bürgerkompagnien bildeten einen Spalier in den Straßen, die der Leichenzug passierte.[1]
Auch über das Begräbnis Herzog Johann Wilhelms I. am 30. Oktober 1628 liegt ein reich illustrierter Bericht von Adolph vom Kamp aus dem Jahre 1629 vor[2]. 43 Kupferstiche zeigen den Leichenzug vom Schloß zur Lambertuskirche (ähnlich dem Leichenzug Wilhelms des Reichen), die Aufbahrung des Sarges in der Kirche und die Totenmesse.
Herzog Johann Wilhelm I., der am 25. März 1609 gestorben war, blieb bis zum 31. Oktober 1628 unbestattet. Die einbalsamierte Leiche wurde während dieser fast zwanzig Jahre in einem Bleisarg in der Schloßkapelle aufbewahrt. Ursache für diese ungewöhnlich lange Zeit vom Tode bis zur Bestattung war die

politische Situation in Düsseldorf am Anfang des 17. Jahrhunderts. Nach dem Tode des kinderlosen Herzogs brach ein Erbfolgestreit aus, der 1614 im Vertrag von Xanten zu einer Teilung des Herrschaftsgebiets unter die beiden Fürstenhäuser Pfalz-Neuburg und Brandenburg, die auf die Erbfolge Anspruch erhoben, führte. Brandenburg erhielt die nördlichen Gebiete Kleve, Mark und Ravensberg, Pfalz-Neuburg die südlichen Jülich, Berg und Ravenstein mit der Hauptstadt Düsseldorf. 1614 zog Herzog Wolfgang Wilhelm als Herrscher in Düsseldorf ein.[3] Da mit dem Vertrag zu Xanten der Erbfolgestreit noch nicht endgültig gelöst war, bildete das Begräbnis des letzten Fürsten aus der Familie Kleve ein Politikum, das sein Nachfolger möglichst lange hinauszögerte. Als 1628 die erste Gemahlin Wolfgang Wilhelms starb, mußte man wohl auch die Beisetzung der älteren Leiche vornehmen.
Der Kupferstich (S. 43) zeigt das Innere der Stiftskirche mit dem Castrum Doloris, unter dem der Sarg stand. An den Ecken des Trauergerüsts standen Totengerippe mit Sensen. Auch die Leuchter zu seiten des Sarges waren mit Totenschädeln verziert. Am Sarge waren die Standarten des Herzogs aufgestellt, und auf dem mit einer schwarzen Samtdecke verhüllten Sarg lag sein „Hütlein". Der ganze Kirchenraum war mit schwarzen Tüchern und Totenschildern verkleidet, die Altäre, Gemälde und Bildwerke verhängt. Um den Teilnehmern an der Totenmesse Platz zu bieten, wurde eine Empore im nördlichen Seitenschiff eingebaut. Am folgenden Tag, dem 31. Oktober 1628, wurde die Leiche in die Fürstengruft abgesenkt (Abb. 110).
Auch über das Begräbnis des am 8. Juni 1716 verstorbenen Kurfürsten Johann Wilhelm II. sind wir durch einen zeitgenössischen Bericht von Johann Wilhelm Künig unterrichtet.[4] Die Begräbniszeremonien verliefen ähnlich wie bei seinen Vorgängern. Am Tag nach dem Tode wurde die Leiche eröffnet, die Eingeweide entnommen und in die Jesuitenkirche gebracht. Die Einbalsamierung fand am darauffolgenden Tag statt. Nach einer dreitägigen Aufbahrung im Rittersaal des Schlosses wurde die Leiche in die Schloßkapelle gebracht, und von dort aus am 3. August 1716 um 9 Uhr abends in einem von Fackelträgern begleiteten Leichenzug zur Andreaskirche geleitet. Dort wurde der Sarg von Jesuiten mit brennenden Kerzen und vorgetragenem Kreuz empfangen und nach der kirchlichen Einsegnung im Mausoleum beigesetzt.[5]
Wie aufwendig im 17. Jahrhundert die Begräbniszeremonien auch des niederen Adels begangen wurden, beschreibt H. Ferber in seinem Bericht „Der Tod und das Begräbniss von Wilhelm von Scheidt, genannt Weschpenning 1611"[6]. Der fürstliche Rat, Amtmann zu Solingen und Burg, starb am 4. November 1611 in Burg an der Wupper. Nach der Einbalsamierung am Tage darauf, an der 16 Personen teilnahmen, wurde die Leiche sechs Tage lang im Hause aufgebahrt und von Verwandten, Nachbarn und Freunden bewacht. Danach wurde der Leichnam in die Kirche gebracht und erst einen Monat später nach Düsseldorf

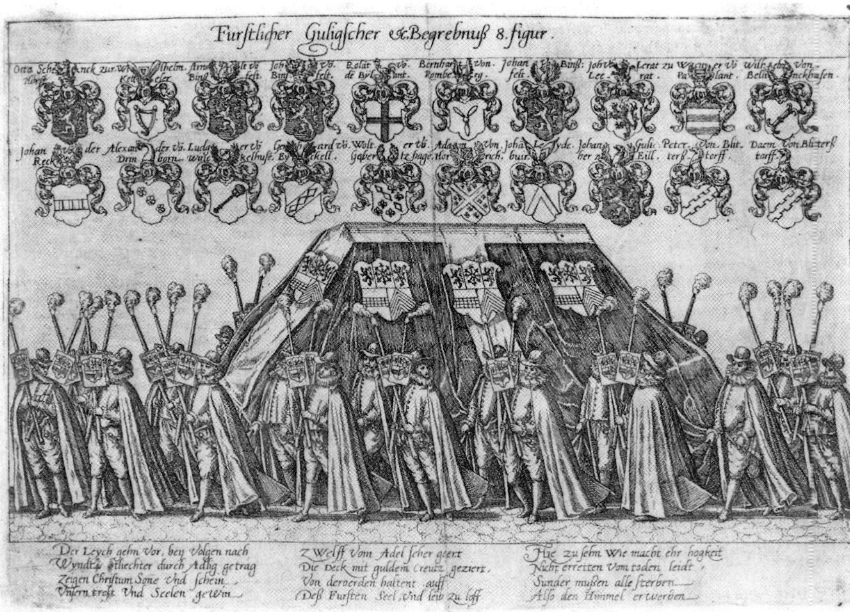


109 Leichenzug beim Begräbnis Herzog Wilhelms des Reichen 1592. Kupferstich aus D. Graminäus „Spiegel der Vergenglichkeit“
Stadtarchiv Düsseldorf

110 Totenmesse für Herzog Johann Wilhelm I. in der Stiftskirche 1628
Kupferstich aus A. vom Kamp „Beschreibung der Begräbnus weilandt des Durchleuchtigen Hochgebornen Fürsten des Herren Johan Wilhelm Hertzogen von Gulich Cleve und Berg... 1629
Stadtmuseum Düsseldorf

überführt, wo die Beerdigung Mitte Januar 1612 stattfand. Die Teilnehmer der Leichenwachen wurden mit Speisen, Wein und Bier reich bewirtet. Da es aufgrund des ausgiebigen Alkoholgenusses bei solchen Gelegenheiten oft zu unwürdigem Verhalten kam, schritten die Regierungen gegen diese Gebräuche ein.[7]

Die fürstlichen Begräbnisse mit ihrem düsteren Pomp, den langen Leichenzügen, der Trauerkleidung und den Trauerdekorationen gaben die Vorbilder auch für die bürgerlichen Leichenbegängnisse ab. Besondere Aufgaben hatten hierbei die Düsseldorfer Nachbarschaften. Sie hielten die Leichenwache im Sterbehaus und trugen den Toten auf der Totenbahre zur Kirche und zum Grabe. Für diese Dienste wurden sie von den Angehörigen mit Speise und Trank bewirtet. Je länger die Leiche im Sterbehaus aufgebahrt wurde, desto teurer wurde die Bewirtung der Nachbarn.

So ergab es sich, daß arme Leute ihre Toten schnell unter die Erde brachten, während die Wohlhabenden eine möglichst lange Aufbahrung für schicklich hielten.

Gegen den Aufwand, den die Bürger beim Begräbnis betrieben, versuchten die Regierungen mit Gesetzen und Verordnungen vorzugehen. Eine städtische Verordnung von 1642 betraf das Totengeläut der Stiftskirche, für das die Stadt Gebühren erhob, die sich nach dem Stande des Toten und der Dauer des Geläuts richteten. Bei adligen Räten, Gelehrten, Sekretären und anderen vornehmen Bedienten der Fürsten, ferner bei Bürgermeistern, Schöffen und Ratsangehörigen durfte die Glocke zwischen 7 und 8 Uhr morgens dreimal geläutet werden. Dies kostete einen Reichstaler. Für gemeine Bürger- und Handwerksleute hingegen war das Geläut nur während einer halben Stunde erlaubt und kostete einen halben Taler. Für Auswärtige und Soldaten, als Angehörige der niedrigsten Stände, durfte nur während einer viertel Stunde zum Preise von einem viertel Taler geläutet werden.[8]

Anstoß nahmen die Regierungen aber vor allem an den „schwelgerischen Leichenwachen". 1742 wurden sie zum ersten Mal verboten und den Übertretern Strafen angedroht.[9] Die Wirkung war offenbar gering, denn die Verbote wurden unter Androhung immer strengerer Strafen mehrmals wiederholt. Sie steigerten sich schließlich zu einer Strafe von 25 Reichstalern für jeden Teilnehmer eines solchen Gelages unter der Regierung des Kurfürsten Maximilian Joseph.[10] Völlig unterdrücken ließ sich der Brauch nicht und hat in den Leichenschmäusen nach der Beerdigung, besonders auf dem Lande, fortgelebt.[11]

Die Bemühungen der Regierungen, den Aufwand bei den bürgerlichen Begräbnissen einzuschränken, waren dadurch gerechtfertigt, daß sich viele Familien durch die unkontrollierbaren Ausgaben beim Begräbnis ruinierten. Es ist kennzeichnend für die fürsorgliche Regierung des Kurfürsten Carl Theodors, daß nun der Versuch unternommen wurde, für die Dienstleistungen – auch die der Kirchen – feste Tarife einzuführen. So erließ Graf von Goltstein 1774 eine Verordnung für Düsseldorf, die die Bewirtung der Leichenträger verbot und ihnen 30 bis 60 Stüber als Lohn zuwies.[12] Zu einer umfassenden Regelung der Begräbniskosten kam es erst 1825 in der Düsseldorfer Begräbnisordnung mit ihrem gestaffelten Gebührentarif, die gleichzeitig alle Zahlungen an die Nachbarn verbot (vgl. III. Kap., S. 62ff).

Seit dem späten 18. Jahrhundert fanden die bürgerlichen Beerdigungen am frühen Morgen statt, im Sommer von 6 bis 8 Uhr, im Winter von 7 bis 9 Uhr. Diese Verordnung war ebenfalls während der Regierungszeit des Kurfürsten Carl Theodors erlassen worden. Sie schränkte – wie in vielen anderen Bereichen des religiösen Lebens – die Rechte der Kirche ein.[13] Vermutlich sollte damit aber auch erreicht werden, daß der Ablauf des Arbeitstages durch Begräbnisse, an denen die Bürger damals in weit zahlreicherer Menge teilnahmen, als dies heute üblich ist, nicht gestört würde. Im 19. Jahrhundert wurde diese Vorschrift gelockert. Nach der Begräbnisordnung von 1825 konnten Begräbnisse auch außerhalb dieser Zeit stattfinden, jedoch mußten in diesem Fall höhere Gebühren für den Leichenbitter und den Leichenwagen gezahlt werden (vgl. III. Kap., S. 65).

Strenger blieben die Vorschriften der Begräbniszeiten für die in Düsseldorf ansässigen Juden. Sie durften nach einer Verfügung des Oberbürgermeisters Schramm vom 20. August 1818 nur morgens und abends, und zwar im Sommer vor 8 und nach 19 Uhr und im Winter vor 9 und nach 15 Uhr stattfinden, um „jeden Unfug und sonstige Excesse, die bei Gelegenheit derselben nicht selten statt gehabt ...“ zu unterbinden.[14]

Auch über viele bürgerliche Begräbnisse des 19. Jahrhunderts sind wir durch zeitgenössische Berichte und bildliche Darstellungen gut unterrichtet. Obwohl sich der Ablauf des Begräbnisses bei den Katholiken und Protestanten in einigen Punkten voneinander unterscheidet – hier seien nur die Totenmesse der Katholiken und die Grabpredigt der Protestanten genannt – war der Verlauf doch recht ähnlich, wie man den Beschreibungen der Begräbnisse des Jesuitenpaters Michael Dienhardt und des evangelischen Pastors Karl Roffhack entnehmen kann.

Pater Dienhardt starb am 13. Mai 1834 im Alter von 90 Jahren. Er war der älteste der vier Jesuiten, die nach dem Verbot des Jesuitenordens in Düsseldorf als Seelsorger fortwirkten. Über sein Begräbnis am 16. Mai 1834 berichtete Kaplan Bayerle und zitierte ein 18strophiges Gedicht eines unbekannten Gelegenheitsdichters, der das Ereignis und die Trauer der Gemeinde beschrieb.[15] Solche Gelegenheitsgedichte waren im 19. Jahrhundert sehr beliebt und wurden zu allen bürgerlichen Festen, Kindtaufen, Hochzeiten, Jubiläen und auch zu Begräbnissen verfaßt.

Das Trauergedicht beginnt mit dem Vers:

Horch, wie dort die Glocken tönen!
Wäre das der Freude Klang?
Wäre das des Herzens Sehnen?
Hallt es nicht wie Grabgesang?
Ruhig, ernst und stillergeben
Sah ich alles Volk umher
Sich im Festgewand erheben,
Freudenlos und klagenleer.

In den folgenden 17 Versen wird der Leichenzug geschildert, der von der Andreaskirche zum Golzheimer Friedhof führte. Er wurde von weißgekleideten Schulkindern angeführt, die Palmenzweige trugen. Ihnen folgten Jungfrauen und Frauen. Zwei Mädchen mit aufgelöstem Haar trugen Kränze. Dann kam der Leichenwagen mit dem durch ein Seidentuch verhüllten Sarg. Ihm folgten die drei Jesuitenpatres und schließlich die Gemeinde. Auch die drei anderen Jesuitenpatres wurden in ähnlicher Weise zu Grabe getragen. Sie starben in der Zeit des Kirchenstreites, der über die Frage der Mischehen zwischen der preußischen Regierung und der katholischen Kirche entbrannt war, und 1838 mit der Verhaftung des Kölner Erzbischofs ihren Höhepunkt erreichte. Mit dem Regierungsantritt Friedrich Wilhelms IV. 1840 war die Krise überwunden und ein langgehegter Wunsch der Katholiken, die Errichtung einer dritten Pfarre in der Innenstadt mit der Umwandlung der ehemaligen Jesuitenkirche in die Pfarrkirche St. Andreas, ging nun in Erfüllung. Die aufsehenerrregenden Begräbnisse der vier letzten Jesuiten erklärten sich nicht nur aus der Beliebtheit dieser Geistlichen, sondern waren auch Demonstrationen für die katholische Kirche und ihre Stellung im preußischen Staate.
Über den Verlauf des Begräbnisses des Pfarrers Karl Roffhack am 1. Oktober 1877 unterrichtet uns ein gedrucktes Programm des Presbyteriums.[16] Der Sarg war in der Neanderkirche aufgebahrt, die mit Trauerdekorationen geschmückt war. Solange die Leiche über der Erde stand, ertönte mittags von 12 bis 1 Uhr das Trauergeläut. Der Trauerzug ordnete sich am Begräbnistag nachmittags um 3 Uhr vor der Neanderkirche. Pfarrer Blech hielt das Sarggebet. Dem Sarge voran gingen die Zöglinge des Waisenhauses, gefolgt von der Schuljugend. Danach kam die Trauermusik. Der Sarg wurde von den Küstern geführt und von den Diakonen begleitet, die ihn auch zur Gruft trugen. Dem Sarge folgten die jungen Mädchen, die in diesem Jahr von dem Verstorbenen konfirmiert worden waren. Dann kamen die Vertreter der Kreissynode, die Pfarrer der Gemeinde und die übrige Geistlichkeit. Ihnen folgten die Mitglieder der leidtragenden Familie und Vertreter der städtischen Behörden. Die Gemeinde bildete auch hier den Abschluß. Am offenen Grabe hielt Konsistorialrat Natorp

VII Alfred Böhm, Allerseelen auf einem rheinischen Friedhof
Gemälde von 1873. Kunstmuseum Düsseldorf

VIII Eduard von Gebhardt, Christi Himmelfahrt
Fresko von 1910–1912 in der Kapelle des Nordfriedhofs

nach evangelischem Brauch die Grabpredigt und die Gemeinde sang das Lied „Mein Leben ist ein Pilgrimstand ...".

Bei beiden Begräbnissen spielten Kinder eine große Rolle. Dies erklärt sich daraus, daß die Geistlichen als Religionslehrer wirkten und die Kinder von ihrem Tod unmittelbar betroffen waren. Es paßte aber auch zur Sentimentalität des 19. Jahrhunderts, die Unschuld der Kinder dem düsteren Tode entgegenzusetzen. Die weißen Kleider der Mädchen bildeten auch äußerlich einen Kontrast zu der schwarzen Trauerkleidung. Dem Gemeindegesang, als wichtigem Element des evangelischen Gottesdienstes, kam auch beim Begräbnis große Bedeutung zu.

Über das Begräbnis Karl Immermanns am 28. August 1840 berichtet Wolfgang Müller von Königswinter[17]: „Am 28. August, dem Geburtstage Goethes, sammelte sich am nördlichen Ende der Allee, wo die Ratingerstraße in diese einmündet, ein zahlreiches Trauergeleite, denn in dem vorletzten Hause derselben, linker Hand vom Thore her, das ihm von der Familie von Sybel zur Benutzung übergeben worden war, wohnte Immermann in jenen Tagen, um von hier aus nach Köln überzusiedeln. Obgleich nur wenige Einladungen ergangen waren, so fand sich doch die ganze Künstlerschaft ein, die den Dichter vorzugsweise zu ihrer Gilde zählte. Auch die Beamten kamen heran. Außerdem waren alle gebildeten Leute von Düsseldorf bemüht, dem Verstorbenen die letzte Ehre zu erweisen. Da Frau Immermann noch auf dem Wochenzimmer lag und die Trauerkunde gar nicht erhalten hatte, so ging alles in der lautlosesten Stille zu. Als der Leichenwagen den Sarg aufgenommen hatte, setzte sich der zahllose Zug, dem eine Menge Kutschen folgten, in Bewegung. Es ging hinaus in den Hofgarten. Dort erklangen die mächtigen Töne des Beethoven'schen Trauermarsches, von einem Musikcorps auf Hörnern geblasen, in die Alleen und Büsche, zwischen denen der Dichter so oft hingegangen war, das Haupt voll heißer Gedanken und das Herz voll heißer Gefühle. ... Auf dem Kirchhofe, der sich auf dem hohen Ufer längs dem Rhein hinzieht, wurde der Sarg vom Wagen enthoben. Freundliche Frauenhände hatten ihn mit üppigen Blumengewinden umkränzt. Zu Häupten des Todten lag der verdiente Lorbeerkranz. Dann ließ die Künstlerliedertafel ernste, erhabene Gesänge von italienischen und deutschen Meistern erklingen. Der Geistliche hielt eine Abschiedsrede. Und nun fielen die Schollen dumpf auf das letzte Bretterhaus, das eine Hülle beherbergte, in der einst ein schönes, volles, edles Leben gepocht hatte."

Zum Grabe Immermanns auf dem Golzheimer Friedhof dichtete Ferdinand Freiligrath:[18]

Such ihn nicht auf in einer Fürstengruft,
Er hat ein Grab in frischer Rheinesluft;
Das Land der Berge sendet Waldeshauch

Dem jungen Gras, dem jungen Rosenstrauch,
Dies es umwehn; frei netzt es Tau und Wolke –
Bei Fürsten nicht, er ruht bei seinem Volke.

Ein Begräbnis, das in aller Eile am Abend des 12. Mai 1849 auf dem Golzheimer Friedhof stattfand, beschloß die Düsseldorfer Bürgerrevolution von 1848/49. In der Nacht vom 9. zum 10. Mai 1849 starben auf den Barrikaden in der Altstadt 13 Bürger, die gegen das Militär gekämpft hatten. Die blutige Auseinandersetzung war das Ende der seit dem 3. März 1848 in Düsseldorf andauernden Bewegung für die demokratischen Rechte des Bürgertums. Der am 10. Mai 1849 über Düsseldorf verhängte Belagerungszustand verbot jede Versammlung der Bürger.[19] Hinter dieser eiligen Bestattung der Todesopfer, stand vermutlich die Befürchtung der Regierung, daß es bei dem Begräbnis nochmals zu großen Demonstrationen kommen könne. Ein politisches Ereignis, wie es das Begräbnis der Opfer der Berliner März-Revolution des Vorjahres war, das Adolph Menzel in seinem berühmten Gemälde „Aufbahrung der Märzgefallenen" (Kunsthalle Hamburg) dokumentiert hatte, wollte man sich nicht wiederholen lassen.
Unter den Gefallenen befand sich der polnische Maler Ludwig von Milewski, der an der Kunstakademie studierte. Wie viele seiner Künstlerfreunde hatte er an der Bewegung aktiv teilgenommen. Im Bericht des Regierungsrats von Mirbach an den Regierungspräsidenten über die revolutionären Ereignisse wurde Milewski als ein der Regierung seit langem bekannter Aufwiegler bezeichnet.[20] Daß die Bewegung trotz der Niederschlagung durch das Militär, der Flucht ihrer Anführer, dem Belagerungszustand und der gerichtlichen Verfolgung der Teilnehmer noch nicht völlig zerschlagen war, beweist eine Farblithographie des Düsseldorfer Malers Wilhelm Kersten, die den mit einem Lorbeerkranz geschmückten Toten im Sarg darstellt. Das darunterstehende Gedicht feiert ihn als Freiheitshelden und fordert – im Sinne eines politischen Flugblattes – zu neuen Kämpfen gegen die Unterdrücker auf (Abb. 111).[21]

## *Begräbnisse auf Bildern der Düsseldorfer Malerschule*

Dem ausgeprägten Interesse der Düsseldorfer Maler für das Genre- und Ereignisbild verdanken wir einige Gemälde aus der zweiten Hälfte des 19. Jahrhunderts, die uns Eindrücke von Begräbnissen und dem mit ihnen verbundenen Brauchtum vermitteln.[22] Die Beschäftigung mit den Themen Tod und Begräbnis begann schon 1830 mit Carl Friedrich Lessings „Klosterhof im Schnee", auf dem ein Trauerzug von Mönchen zu einer Kapelle zieht, in der ein toter Bruder aufgebahrt liegt.[23] Der Schnee wird hier zu einer Allegorie für den

111 Ludwig von Milewski im Sarge 1849. Farblithographie von Wilhelm Kersten
Stadtmuseum Düsseldorf

Tod: das Absterben der Natur im Winter mit dem Sterben der Menschen gleichgesetzt, so wie es schon Caspar David Friedrich am Anfang des Jahrhunderts interpretiert hatte. Die Düsseldorfer Genremaler beschäftigten sich vor allem mit dem ländlichen Brauchtum. Als Beispiele seien Ludwig Knaus' „Leichenbegängnis in der Schwalm"[24] und sein „Leichenzug im Walde"[25], Benjamin Vautiers „Leichenschmaus"[26], Christian Ludwig Bokelmanns „Nordfriesisches Begräbnis"[27] und Hans Fredrik Gudes „Leichenfahrt auf dem Sognefjord"[28] genannt.

J. A. S. Nikutowskis „Leichenzug" gehört zu den Ereignisbildern dieses Themenkreises.[29] Der Zug bewegt sich an einem Wintertag unter Schneefall auf einer Vorstadtstraße zum Golzheimer Friedhof hin. Hinter dem Leichenwagen gehen Herren mit schwarzen Überziehern und Zylinderhüten, die sich mit Regenschirmen gegen den Schnee schützen. Im Vordergrund links schauen

112 Heinrich Hermanns, Leichenzug am Ratinger Tor. Gemälde um 1910
Stadtmuseum Düsseldorf

Leute am Gartenzaun, auf dem die Jahreszahl 1879 steht, dem Zug zu. Die Straße hat noch einen ländlichen Charakter. Einige spätklassizistische Bürgerhäuser, von denen eines noch im Bau ist, säumen die rechte Straßenseite. Vielleicht ist hier die Kaiserstraße dargestellt, die mit einer östlichen Biegung in die Nordstraße mündet (Farbtafel V). Das Begräbnis ist vermutlich das des Akademieprofessors Karl Wilhelm Hübner, der am 5. Dezember 1879 starb und am 8. Dezember, nachmittags um 14.30 Uhr, bestattet wurde.[30]
Auch das Gemälde von Heinrich Hermanns „Am Ratinger Tor" stellt einen Leichenzug dar,[31] läßt sich aber mit keinem bestimmten Begräbnis in Verbindung bringen. Der aus der Altstadt kommende Leichenzug passiert gerade das Ratinger Tor. Vor dem Leichenwagen gehen Männer mit Trauergebinden. Im Hintergrund sieht man einen Diakon im weißen Chorhemd. Das impressionistische, um 1910 entstandene Gemälde verbindet, wie Nikutowskis Leichenzug, das traurige Ereignis des Begräbnisses mit der winterlichen Stadtszenerie (Abb. 112).
Eine „Totenmesse in St. Lambertus" malte Andreas Achenbach 1885. Auch diesem Bild liegt ein bestimmtes Ereignis zugrunde. Am 27. März 1885 starb Pfarrer Moritz Hardung von Hardenberg. Achenbach nahm als ein Freund des Pfarrers an der Totenmesse teil. Man sieht den mit schwarzen Tüchern verhängten Chorraum der Lambertuskirche, in dem Geistliche und Fahnenträ-

ger versammelt sind. Vier Ministranten knien vor den Altarstufen. Ein evangelischer Pfarrer im schwarzen Talar ist im Hintergrund zu erkennen[32] (Farbtafel VI). Achenbach arbeitete mit dem Gegensatz von Hell und Dunkel. Der düstere, nur von Kerzen erhellte Altarraum im Kontrast zum lichterfüllten Chorumgang soll auch im übertragenen Sinne den Gegensatz zwischen dem Dunkel des Todes und dem Licht des Ewigen Lebens veranschaulichen. Das Grabmal des Geistlichen ist auf dem südlichen Teil des Golzheimer Friedhofs erhalten.

Das Begräbnis von Andreas Achenbach, der im hohen Alter von 92 Jahren im April 1910 starb, ist Gegenstand zweier Gemälde von C. Hoppe-Camphausen. Achenbach genoß außerordentliches Ansehen in Düsseldorf. Seine gesellschaftliche Stellung kann mit Recht als die eines „Malerfürsten" bezeichnet werden. Sein Begräbnis wurde mit fast barockem Pomp begangen. Er erhielt ein Ehrengrab auf dem Nordfriedhof. „Die Aufbahrung Andreas Achenbachs" zeigt den in einen schwarzen Anzug gekleideten und mit Orden geschmückten Toten im Sarge. Kandelaber mit brennenden Kerzen sind zu seinen Seiten aufgestellt; ein großer, mit einer Schleife geschmückter Trauerkranz ist an den Sarg gelehnt. Schemenhaft gemalte Menschen nehmen von dem Verstorbenen Abschied[33] (Abb. 113). Ort der Aufbahrung ist vermutlich die Halle des Malkastengebäudes, von dem der Begräbniszug seinen Ausgang nahm. Achenbach war einer der Gründer des Künstlervereins und sein Ehrenmitglied. Das Gebäude war mit einem üppigen Trauerschmuck dekoriert, das ebenfalls von Hoppe-Camphausen in seinem Gemälde „Der Malkasten im Trauerschmuck für Andreas Achenbach" im Bilde festgehalten wurde.[34] Die Fassade war mit langen schwarzen Floren und violetten Girlanden drapiert, die von der Mitte des Giebels herabhingen und an den Seiten hochgerafft waren. Auf dem Gesims standen vier große Räucherschalen. Der Eingang war mit schwarzen Vorhängen verhüllt. Auf der Treppe standen Kandelaber. Die Rückenfigur einer Dame in schwarzer Trauerkleidung zieht den Bildbetrachter in das Trauergeschehen mit ein (Abb. 114).

In seinem Gemälde „Allerseelen auf einem rheinischen Friedhof" schilderte Alfred Böhm 1873 den katholischen Totenkult am Allerseelenfest.[35] Nach altem Volksglauben kehren in der Nacht zum 2. November die Seelen der Verstorbenen aus dem Fegefeuer auf die Erde zurück. Die Hinterbliebenen gedenken ihrer mit Blumen, Lichtern und Gebeten. Auch wenn das Genrebild Böhms sich nicht mit dem Golzheimer Friedhof oder einem anderen Düsseldorfer Begräbnisplatz verbinden läßt, ist anzunehmen, daß der Maler seine Eindrücke in Düsseldorf empfangen hat. Auf einem Gräberfeld in der Nähe des Friedhofseingangs sieht man im trüben Licht des Herbsttages dunkel gekleidete Menschen vor den Gräbern knien. Die Totenleuchten werfen ein flackerndes Licht auf ihre blassen, andächtigen Gesichter. Die Grabkränze, die man an den hölzernen

113 Curt Hoppe-Camphausen, Aufbahrung von Andreas Achenbach. Gemälde 1910
Stadtmuseum Düsseldorf

114 Curt Hoppe-Camphausen, Der Malkasten im Trauerschmuck für Andreas Achenbach. Gemälde 1910
Stadtmuseum Düsseldorf

Grabkreuzen aufhing, liegen noch am Boden. Links verkauft ein Mädchen einem Herrn einen Totenkranz (Farbtafel VII). Hans Müller-Schlösser berichtet, daß die Düsseldorfer ihre Kränze selbst banden. Das Tannengrün schnitten sie im Bilker Busch und schmückten den Kranz mit Teufelskirschen oder Rosen aus Seidenpapier.[36]

Auch die Protestanten, die seit 1814 am Totensonntag ihrer Toten gedenken, schmücken die Gräber vor dem Einbruch des Winters mit Kränzen.

## *Totenzettel und Todesanzeigen*

Von den Druckerzeugnissen, die in Düsseldorf bei Begräbnissen verbreitet wurden, ist im Stadtarchiv die etwa 20000 Exemplare umfassende Sammlung von Totenzetteln und Todesanzeigen erhalten. Die Totenzettel wurden bei den Totenmessen in den Kirchen verteilt. Sie sind ein ausschließlich katholischer Brauch. Eines der ältesten Exemplare der Sammlung ist der Totenzettel des Kurfürstlichen Geheimen Rats und Bürgermeisters Johann Wilhelm Arnold Sommers, der am 27. Mai 1746 in Düsseldorf im Alter von 58 Jahren an der Wassersucht starb. Sein Totenzettel ist in einer deutschen und einer lateinischen Version erhalten. Das querformatige, große Blatt ist mit einem langen Text bedruckt, der mit einer Anrufung von Jesus, Maria, Franziskus und Antonius beginnt. Zwei Memento-Mori-Bilder, Totenschädel mit gekreuzten Beinknochen, rahmen den Titel (Abb. 115). Nach der genauen Anzeige des Todes und der Todesumstände folgen der großgedruckte Name und die Titel des Toten. Danach kommt eine ausführliche Würdigung seines Charakters und Lebenswandels. Der Text schließt mit der Bitte an die Ratinger Franziskanermönche, deren Orden er angehörte, für das Seelenheil des Verstorbenen zu beten, der womöglich „wegen kleiner, hier nicht genug abgebüßter Fehler an dem Ort der Reinigung aufbehalten werde." Er endet mit der traditionellen Formel: Requiescat in Pace (Er ruhe in Frieden).

Der Totenzettel für den hochedelgeborenen Herrn Johann Christian Frohn, der am 22. Oktober 1801, mittags um 12 Uhr, an den Folgen einer Brustkrankheit starb, ist ein graphisch besonders reizvolles Exemplar. Im Kopf ist in der Mitte der auf einem Podest stehende Sarg dargestellt. Er steht auf einer Totenbahre, deren Griffe man unter der Sargdecke sieht, die ihre mit Quasten verzierten Fransen bis über die erste Stufe des Podestes ausbreitet. Zwölf Kerzen stehen zu seiten des Sarges, eine dreizehnte und ein Kreuz an seinem Kopfende. Der Sarg wird rechts und links von Todesallegorien gerahmt. Ein Sensenmann zeigt auf eine Inschrifttafel, die an einen Obelisken gelehnt ist. Eine Deckelurne umziehen Rauchschwaden (Abb. 116).

JESUS, MARIA, FRANCISCUS, ANTONIUS.

Mors rapit hinc omnes nullo discrimine doctos
Atque rudes, plebem, conspicuosque viros.

Der Todt verschonet keinem Stand der Welt
Der Gelehrte und der Tumme fällt.

Als dieses wahr, ein solches hat uns mit grossem Leyd bewiesen Seiner hinterlassener Ehe-Liebsten, und Kinderen in der Haupt-Stadt Düsseldorff 1746. den 27. Maji Morgens frühe zwischen 4. und 5. Uhren, zuvorn aber mit allen Heiligen nothwendigen Sacramenten der Christ-Catholischer Kirchen versehen, gantz lebhafft vor Augen gestellet Weyland

Der Hoch-Edel-Gebohrner Herr,

Hr. JOAN. WILHELMUS ARNOLDUS SOMMERS,

Ihro Churfürstlichen Durchlaucht zu Pfaltz [illegible] Geheimer Rath, auch Bürgermeister, [illegible]

Dieser, dieser, als Er aus [illegible] Ecclipsi Seiner auf einmahl sehr [illegible] Wasser-Sucht vermercket, daß Seine letzte Sonn [illegible] bis in das 58. Jahr beschienen, zum Niedergang sich neigen, und der [illegible] tödtlichen Schatten nacheilen wollte, redete er Seine Seel [illegible] Dispone Domui tuæ, quia morieris tu, & non vives. Isaiæ 30. [illegible] wendete sich zu Seinem barmhertzigsten GOtt, mit welchem Er sonsten durch Sein gantzes Leben vereiniget war, wohl bey sich erwegend [illegible] Wörter des Heiligen Hyeronimi Lib. 1. Non quæruntur in Christianis initia, & finis. Die von Jugend auf Ihm anklebende Andacht, GOttes-Forcht, die brennende Liebe in dem GOttes-Dienst, dieses alles giebt an Tag, daß der HErr mit Ihm ware, daß Er ein glückseeliger Mann. Gen. 39. Sein Ambt betreffend, ware Er in Administrirung der unpartheyischen ja Stock-blinden Justitz zugethan, nach der Gerechtigkeit im Gesätz unsträflich. Philip. 3. Die Vätterliche Sorg und kluge Weißheit, womit Er dem gantzen gemeinen Weesen vorgestanden, [illegible] Gutthaten (so Er den Armen, absonderlich denen Geistlichen Mendicanten, bewiesen) zeugen, [illegible] von Ihm kan gesagt werden: Fecit quod rectum erat in conspectu Domini. 3. Reg. 22. Cap. Er thate was dem HErrn gefiele. Wird also ohne Zweifel die Seel des Hoch-Edel-Gebohrnen Herrn anjetzo von der Sonnen der Gerechtigkeit auf ewig bestrahlet seyn, und seiner Göttlichen Anschauung geniessen. Sollte [illegible] die Liebe Seel von wegen kleinen hier nicht genug abgebüsseten Fehleren an dem Orth der Reinigung aufbehalten werden: Als bitten [illegible] arme Fratres Minores Conventuales Ratingenses, deren Heil. Orden einverleibet gewesen, Sie wollen der Seel des verstorbenen Herrn [illegible] ihrem Heiligen Meß-Opffer und Gebett eingedenck seyn, den Eurigen, so wir ersuchet werden, ein gleiches zu thuen, bereitwilligste.

Requiescat in Pace.

115 Totenzettel für Johann Wilhelm Arnold Sommers
Stadtarchiv Düsseldorf

Jesus, Maria, Joseph.

Im Jahre nach der gnadenreichen Geburt unsers Erlösers und Seligmachers Jesu Christi Eintausend Achthundert Ein, den 22ten October Mittags Klock 12 Uhr starb an den Folgen einer Brustkrankheit, und in gröster Gedult überstandenen vier monatlichen Bettlägrigkeit, mit den H. H. Sacramenten der Sterbenden öfters versehen, im 67ten Jahr seines Alters

Der Hochedelgeborne Herr

JOHAN CHRISTIAN FROHN

Sr. Churfürstl. Durchl. zu Pfalz Bayern Gülich- und Bergischer Hofkammerrath.

Dessen liebe Seele dem H. Meßopfer einer Hochwürdigen Priesterschaft und andächtigem Gebete aller übrigen Christglaubigen, besonders denen Mitgliedern der Bruderschaft vom guten Todt, bestens empfohlen wird, damit sie desto ehender ruhe im Ewigen Frieden.

Düsseldorf, gedruckt bei J. G. Bögeman.

116 Totenzettel für Johann Christian Frohn
Stadtarchiv Düsseldorf

Im weiteren Verlauf des 19. Jahrhunderts wurden die Totenzettel kleiner und bescheidener in der graphischen Gestaltung. Der Totenzettel für den 1854 verstorbenen Oberbürgermeister Joseph von Fuchsius ist ein typisches Beispiel mit seinem sehr ausführlichen Text und der zurückhaltenden graphischen Gestaltung, die sich auf einen Zierrahmen beschränkt (Abb. 117). Von vielen Düsseldorfer Bürgern, von denen auf dem Golzheimer Friedhof Grabmäler erhalten sind, zeugen auch Totenzettel, die in ihrer Ausführlichkeit und Genauigkeit eine wichtige Quelle für die Stadtgeschichte darstellen.
Die Sammlung des Stadtarchivs umfaßt auch Todesanzeigen, die bereits im 19. Jahrhundert mit der Post verschickt wurden. Davor gehörte es zu den Aufgaben der Leichenbitter, Tod und Zeitpunkt des Begräbnisses bekanntzumachen, was er vermutlich noch am Anfang des 19. Jahrhunderts in mündlicher Form tat. Im 19. Jahrhundert wurden Todesanzeigen auch in den Zeitungen bekanntgegeben. Auch sie unterscheiden sich von den heute üblichen Anzeigen durch Ausführlichkeit und detaillierte, anschauliche Beschreibungen der Umstände des Todes, die eine große Anteilnahme der Öffentlichkeit voraussetzen. Am 7. Januar 1806 gab Frau Henriette Carstanjen den Tod ihres Mannes in der ersten Ausgabe der Bergischen Wöchentlichen Nachrichten in folgendem Wortlaut bekannt:[37]

„Mit wehmütigem Herzen mache ich meinen schätzbaren Verwandten und Freunden den tödtlichen Hintritt meines geliebten, ewig unvergeßlichen Mannes, Wilh. Abr. Carstanjen von Düsseldorf, bekannt. Heute ward er mir durch ein heftiges Nervenfieber, am 10. Tage der Krankheit, nach einer nur siebenmonathlichen, ach nur zu glücklichen Ehe! entrissen. – Wir wollten auf Weihnachten unsere theure Eltern auf Harkortten besuchen, die eintretende Krankheit ließ ihn aber nur bis Elberfeld kommen, und hier unterlag er ihr heute, obgleich alle nur mögliche Pflege von unserem verehrten Oheim und Tante, van der Beeck ihm ward. Unvergeßlich wird der verewigte eheliche Freund mir seyn! Nur Ergebung in die Hand des Herrn kann seinen Verlust mich tragen lassen, und wer den Seeligen kannte, wird seinem Andenken mit mir eine Thräne weihn. Elberfeld, den 2. Jänner 1806

Henriette Carstanjen geb. Harkordt
von Düsseldorf

Viele Begräbnisbräuche des 19. Jahrhunderts werden heute nicht mehr geübt. Verschwunden sind die pittoreske Figur des Leichenbitters und der von Pferden gezogene Leichenwagen, hinter dem sich der Leichenzug langsam und feierlich durch die Straßen der Stadt bewegte. Verschwunden sind auch die Trauerdekorationen in Häusern und Kirchen. Die meisten Menschen sterben heute in Krankenhäusern, wenige in ihren Wohnungen. Die Benutzung der Leichenhäu-

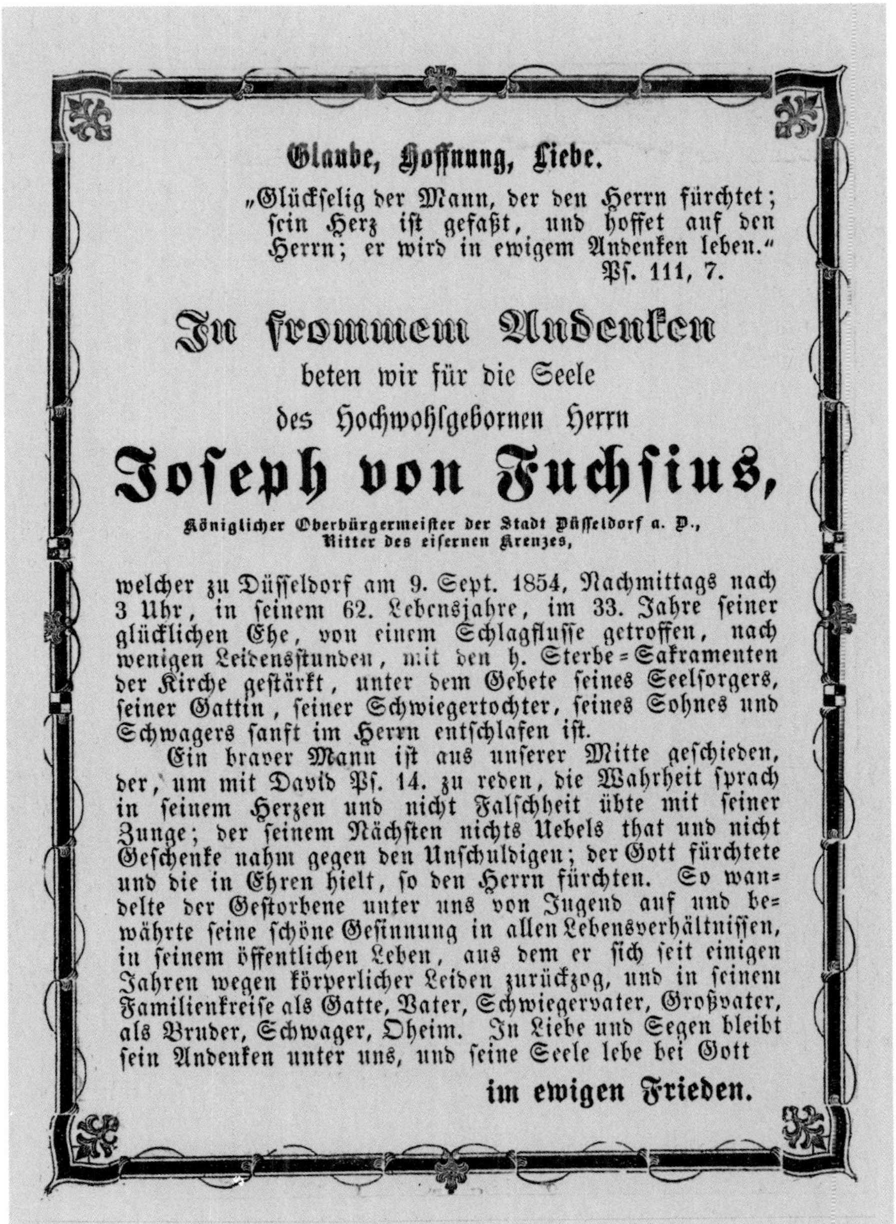
**Glaube, Hoffnung, Liebe.**

„Glückselig der Mann, der den Herrn fürchtet; sein Herz ist gefaßt, und hoffet auf den Herrn; er wird in ewigem Andenken leben."
Ps. 111, 7.

# In frommem Andenken

beten wir für die Seele

des Hochwohlgebornen Herrn

## Joseph von Fuchsius,

Königlicher Oberbürgermeister der Stadt Düsseldorf a. D.,
Ritter des eisernen Kreuzes,

welcher zu Düsseldorf am 9. Sept. 1854, Nachmittags nach 3 Uhr, in seinem 62. Lebensjahre, im 33. Jahre seiner glücklichen Ehe, von einem Schlagflusse getroffen, nach wenigen Leidensstunden, mit den h. Sterbe=Sakramenten der Kirche gestärkt, unter dem Gebete seines Seelsorgers, seiner Gattin, seiner Schwiegertochter, seines Sohnes und Schwagers sanft im Herrn entschlafen ist.

Ein braver Mann ist aus unserer Mitte geschieden, der, um mit David Ps. 14. zu reden, die Wahrheit sprach in seinem Herzen und nicht Falschheit übte mit seiner Zunge; der seinem Nächsten nichts Uebels that und nicht Geschenke nahm gegen den Unschuldigen; der Gott fürchtete und die in Ehren hielt, so den Herrn fürchten. So wandelte der Gestorbene unter uns von Jugend auf und bewährte seine schöne Gesinnung in allen Lebensverhältnissen, in seinem öffentlichen Leben, aus dem er sich seit einigen Jahren wegen körperlicher Leiden zurückzog, und in seinem Familienkreise als Gatte, Vater, Schwiegervater, Großvater, als Bruder, Schwager, Oheim. In Liebe und Segen bleibt sein Andenken unter uns, und seine Seele lebe bei Gott

**im ewigen Frieden.**

117 Totenzettel für Joseph von Fuchsius
Stadtarchiv Düsseldorf

ser auf den Friedhöfen ist zur Regel geworden. Die kirchlichen Aussegnungsfeiern finden nicht mehr in den Pfarrkirchen, sondern in den Friedhofskapellen statt. Die Großstadt mit ihrem Verkehr bleibt vom Begräbnis unberührt. In der anonymer gewordenen Massengesellschaft sind auch das Interesse und die Anteilnahme der Mitbürger an Begräbnissen geringer geworden. Heute werden Begräbnisse in den Todesanzeigen häufig mit dem Zusatz „in aller Stille" oder „im engsten Familienkreise" angekündigt. Dies wäre nicht nach dem Geschmack der Bürger des 19. Jahrhunderts gewesen, die dem Tod, als letztem Ereignis des menschlichen Lebens, im Begräbnis einen gesellschaftlichen Rahmen gaben.

*IX. Kapitel*

# Die konfessionellen Friedhöfe Düsseldorfs im 19. Jahrhundert

Der Golzheimer Friedhof war bis 1884 zwar Düsseldorfs Hauptfriedhof, doch gab es während des 19. Jahrhunderts mehrere kleinere Friedhöfe. Die vier Außenbürgerschaften, die seit dem späten Mittelalter zu Düsseldorf gehörten, besaßen ursprünglich bei ihren Kirchen gelegene Kirchhöfe. Auch für diese dörflichen Begräbnisplätze galt die Verordnung der Landesregierung von 1803 über ihre Verlegung außerhalb der Siedlungen. In den ersten Jahren des 19. Jahrhunderts wurden daher neue Friedhöfe angelegt, die erst am Anfang unseres Jahrhunderts aufgegeben wurden. Da von den Einwohnern der Großbürgermeisterei Düsseldorf im 19. Jahrhundert etwa ein Drittel außerhalb der Innenstadt lebte, stellten die Friedhöfe der Außenbürgerschaften eine erhebliche Entlastung des Golzheimer Friedhofs dar. Sie gehörten anfangs den katholischen Pfarrgemeinden, doch war in preußischer Zeit für ihren Unterhalt und Erweiterungen die Stadt Düsseldorf zuständig. Verwaltungsakten sind im Stadtarchiv erhalten.[1] Am Ende des 19. Jahrhunderts erwies sich die Unterhaltung mehrerer kleiner Friedhöfe mit Kapellen und Leichenhäusern als unökonomisch. Aus diesem Grunde wurden die vier Friedhöfe in Bilk, Hamm, Volmerswerth und Derendorf 1904 geschlossen. Den Derendorfern wurde der 1884 eröffnete Nordfriedhof zur Benutzung angewiesen, der 1904 angelegte Südfriedhof nahm die Bilker, Hammer und Volmerswerther Toten auf.
Einen eigenen Begräbnisplatz besaß auch die jüdische Gemeinde, die aus religiösen Gründen den städtischen Friedhof nicht benutzen wollte. Ferner gehörte zur Rettungsanstalt Düsselthal ein kleiner Begräbnisplatz.

## *Der Bilker Friedhof*

Die Außenbürgerschaft Bilk war die älteste Siedlung in der Umgebung Düsseldorf. Sie wurde 1384 der Stadt einverleibt.[2] Bei der im 11. Jahrhundert erbauten Kirche Alt-St. Martin lag der älteste Kirchhof der Pfarrgemeinde. Von diesem Friedhof kam das Grabmal der Familie Ingenhoffen ins Stadtmuseum. Wilhelm Ingenhoffen starb 1687, seine Ehefrau Gertrud 1689. Eine ihrer drei Töchter wurde ebenfalls unter dem Grabmal bestattet. Auf der rechteckigen Tafel aus Schiefer ist oben das von Ranken umschlossene Familienwappen dargestellt. Die Inschriften stehen unter einer Doppelarkade, links die des Mannes, rechts die der Frau (Abb. 118).
1805 wurde der Friedhof an der Volmerswerther Straße 88–140 (Ecke Sternwartstraße) angelegt. Er war der größte unter den Friedhöfen der Außenbürgerschaften und umschloß nach mehreren Erweiterungen am Anfang unseres Jahrhunderts 27148 qm.[3] An der Friedhofsgestaltung war Maximilian Friedrich Weyhe als Königlicher Garteninspektor beteiligt.[4] Heute ist das ehemalige Friedhofsgelände eine Parkanlage. Das ehemalige Leichenhaus, ein kleiner

Ziegelbau, dient als Geräteschuppen für das Gartenamt. Nach dem Bericht von Paul Kauhausen gab es 1931 noch viele Grabmäler auf dem geschlossenen Friedhof.[5]

Nach dem Zweiten Weltkrieg ist in der Mitte des Platzes eine kleine, umzäunte Gedächtnisstätte eingerichtet worden, in der um ein Kreuz herum die z. T. erneuerten Grabsteine von zwölf berühmten Bilker Toten angeordnet sind. Zu ihnen gehörten: Pfarrer Dr. Anton Joseph Binterim (1779–1855), Kirchenrechtler und Wortführer der katholischen Partei im Streit gegen die preußische Regierung um die Mischehenfrage – Professor Ernst Deger (1809–1885), Maler der Düsseldorfer Malerschule – Johann Joseph Scotti (1787–1866), Autor der Rheinischen und Bergischen Gesetzesbücher – und der Schlossermeister Joseph Wimmer (1781–1860), der die Lambertuskirche bei dem Brand von 1815 vor der Vernichtung rettete. Die Gedenktafeln wurden von den „Düsseldorfer Jonges“ und den „Bilker Heimatfreunden“ gestiftet (Abb. 119).[6]

## *Der Hammer Friedhof*

Hamm gehörte seit 1394 zu Düsseldorf.[7] Der älteste Begräbnisplatz der Pfarrgemeinde lag bei der kleinen St. Blasiuskirche, die 1824 durch den klassizistischen Neubau von Vagedes und 1910/11 durch die neuromanische Kirche ersetzt wurde. Die Familie Daniels errichtete sich 1709 die Rochuskapelle als Grabkapelle, in der noch Grabplatten der Familie erhalten sind.[8] 1804 wurde an der Fährstraße 95 vor dem Dorfeingang ein neuer Friedhof angelegt. Das Grundstück war der Gemeinde Hamm am 25. 4. 1804 von Herzog Wilhelm in Bayern, dem Statthalter des Kurfürsten Max Joseph, unter der Bedingung überlassen worden, die darauf stehende Kreuzkapelle zu unterhalten, die anläßlich der Geburt des Prinzen Johann Wilhelm 1658 von Philipp Wilhelm und seiner Gemahlin Elisabeth Amalia gestiftet worden war.[9] Die Jan-Wellem-Kapelle diente im 19. Jahrhundert als Totenkapelle. Nach der Schließung des Friedhofs wurde sie 1922 in ein Bildhaueratelier umgewandelt, 1934–1938 mit Unterstützung der „Düsseldorfer Jonges“ restauriert. Das etwas erhöht liegende Gelände umfaßt 61 000 qm und besitzt alten Baumbestand.[10] Seit 1958 befindet sich das Grundstück mit der Kapelle im Besitz der orthodoxen Kirche.

## *Der Volmerswerther Friedhof*

Das Jahr, in dem Volmerswerth nach Düsseldorf eingemeindet wurde, ist nicht bekannt. Der älteste Begräbnisplatz lag auch hier bei der alten Dorfkirche. Der Friedhof an der Volmerswerther Straße 268–288 wurde 1807 angelegt. In diesem

118 Grabmal Familie Ingenhoffen vom alten Bilker Friedhof Stadtmuseum Düsseldorf

119 Grabstätte auf dem ehemaligen Bilker Friedhof

Jahr erwarb Hubert Leuchtenberg 13 Ruthen Ackerland für die Friedhofsanlage.[11] Der Volmerswerther Friedhof war der kleinste der Begräbnisplätze der Außenbürgerschaften. Nach 1901 wurde eine Erweiterung auf 3000 qm durchgeführt[12] (Abb. 120). Kohut berichtet 1877, daß auf dem Friedhof viele gußeiserne Kreuze und eine kleine neugotische Grabkapelle standen, die auf dem Friedhofsplan eingezeichnet ist.[13] Von diesen Anlagen ist keine Spur mehr erhalten.

## *Der Derendorfer Friedhof*

Derendorf war die größte und bedeutendste Düsseldorfer Außenbürgerschaft. Hier lebten schon im 17. Jahrhundert viele wohlhabende Bürger. In dem um 1200 urkundlich erwähnten Ort wurde um 1690 eine selbständige Pfarrei eingerichtet. Durch Stiftungen der Düsseldorfer Kanoniker Heinrich Arnold und Peter Sommers und Johannes Barthold von Weyer konnte 1688–1692 die älteste Dreifaltigkeitskirche auf dem heutigen Münsterplatz erbaut werden.[14] In dieser, um 1890 abgerissenen Kirche lagen die Gräber der Stifter. In ihrer Umgebung lag auch ein Kirchhof, der 1806 aus der Dorfmitte nach Osten verlegt wurde. Das von der Tußmann-, Schloß- und Jordanstraße eingeschlos-

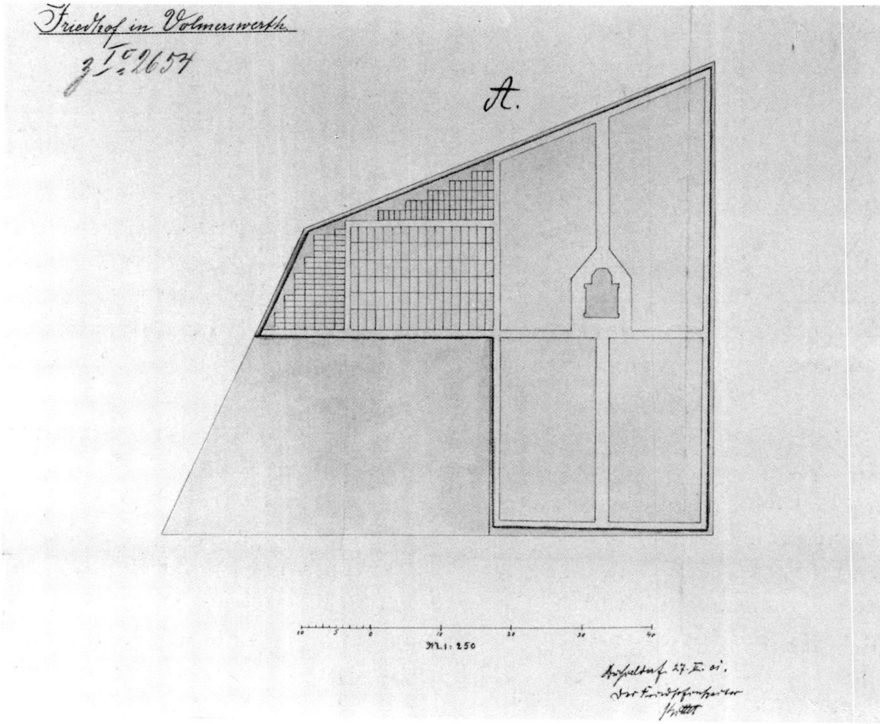


120 Friedhofsplan des ehemaligen Volmerswerther Friedhofs
Stadtarchiv Düsseldorf

sene Friedhofsgelände gehört heute zum Vincenz-Krankenhaus. Von der Friedhofsmauer des 19. Jahrhunderts scheint ein Stück erhalten zu sein. 1820 war der Friedhof nur ein Viertel Morgen groß und wurde auf eineinhalb Morgen erweitert. Mit der Erweiterung und Verschönerung der Anlage war wiederum Maximilian Weyhe beauftragt, der 1822 eine Weißdornhecke als Einhägung und Lindenbäume anpflanzen ließ.[15] Bei dieser Gelegenheit wurde ein altes Düsseldorfer Kirchhofsmonument auf dem Friedhof errichtet. Es war das steinerne Kruzifix von 1716, das ursprünglich beim Hochgericht in Derendorf stand und 1778 auf den Friedhof vor dem Flingertor übertragen wurde. Nach der Schließung dieses Friedhofs kam es ins Derendorfer Siechenhaus, das später von Herrn von Collenbach erworben wurde. Als Sockel diente der Sarkophag der „Blauen Margaret" aus der Lambertuskirche[16] (vgl. I. Kap., S. 19f). 1908 war der geschlossene Derendorfer Friedhof 9446 qm groß.[17] Ein bedeutender Düsseldorfer, der hier begraben wurde, war der Baumeister Adolph von Vagedes (1777–1842), dessen Grab auf den Nordfriedhof übertragen wurde.

## *Die jüdischen Friedhöfe*

Die jüdische Gemeinde Düsseldorfs benutzte im 19. Jahrhundert zwei außerhalb der Stadt gelegene Begräbnisplätze. Der ältere lag in Pempelfort, zwischen Bongard, Ehren-, Prinz-Georg- und Rochusstraße. Er grenzte an die Düssel. Dieser Begräbnisplatz wurde den Juden nach der Schließung des Friedhofs in der Karlstadt angewiesen (vgl. II. Kap., S. 51). 1875 mußte auch der Pempelforter Friedhof aus polizeilichen und hygienischen Gründen geschlossen werden, da die Gartenstadt Pempelfort am Ende des 19. Jhs. zum dichbebauten Stadtgebiet gehörte. Ein Versuch, den jüdischen Bürgern einen Begräbnisplatz auf dem Golzheimer Friedhof anzuweisen, scheiterte. Nur der Arzt Dr. Simon Herz (gestorben 1876) wurde dort begraben.[18]
Der Grund für die Ablehnung des städtischen Friedhofs lag in der jüdischen Religion, die die Gräber als unantastbar betrachtet und eine Wiederbelegung ausschließt. Dieser Glaubenssatz wurde von den orthodoxen Juden oft so streng ausgelegt, daß auch jede Grabpflege unterblieb, so daß die jüdischen Friedhöfe mit umgestürzten Grabsteinen, eingefallenen Grabhügeln und hohem Gras oft einen vernachlässigten Eindruck erwecken. 1877 schrieb Kohut über den geschossenen Judenfriedhof in Pempelfort: „Welche verwilderte Stätte erblickt unser Auge! Bis über die Knie versinken wir im Grase, und entsetzlicher Leichengeruch gestattet nur auf kurze Zeit den Aufenthalt daselbst."[19]
Einige wohlhabende Mitglieder der jüdischen Gemeinde erwarben 1877 ein Grundstück an der Ulmenstraße 187, gegenüber dem damals schon geplanten Nordfriedhof, und schenkten es der Gemeinde als neuen Begräbnisplatz. Als erster wurde hier Simon Quack, einer der Stifter, begraben. Der kleine Friedhof ist noch immer erhalten und eine von der jüdischen Gemeinde und der Stadt Düsseldorf wohlgepflegte Gedächtnisstätte. Gegen die Ulmenstraße ist er durch eine hohe Hecke, gegen die Nachbargrundstücke durch eine Backsteinmauer abgegrenzt. Ein von Lebensbäumen gesäumter Hauptweg teilt ihn in zwei große Grabfelder, die wiederum in dichte Gräberreihen unterteilt sind. Für die im Ersten Weltkrieg gefallenen Soldaten jüdischen Glaubens und für Kinder wurden gesonderte Begräbnisfelder eingerichtet. Eine kleine Leichenhalle, die am Eingang des Friedhofs stand, wurde im Zweiten Weltkrieg durch Bomben zerstört. 1922 war der Friedhof belegt. Er wurde geschlossen und der neue jüdische Friedhof auf dem Nordfriedhof in Benutzung genommen.
Die fast lückenlos aus der Belegungszeit 1877–1922 erhaltenen Grabmäler haben Inschriften in hebräischer und deutscher Sprache (Abb. 121). Die jüdische Religion verbietet figürliche Darstellungen, doch findet man auf den Grabmälern Darstellungen der Glaubenssymbole, wie den Davidstern, die segnenden Priesterhände, Thorarolle und den siebenarmigen Leuchter (Abb. 122).[20] Die Formen der Grabmäler passen sich der Düsseldorfer Tradition an.

121 Alter jüdischer Friedhof an der Ulmenstraße

122 Grabmal auf dem alten jüdischen Friedhof

123 Ehemaliger Anstaltsfriedhof Düsselthal
Findling mit Inschrift

Am Ende des 19. Jahrhunderts findet man viele neoklassizistische Grabmäler des Stelen-, Obelisken- und Säulentypus, am Anfang des 20. Jahrhunderts kann man auch hier (wie auf dem Nord- und Südfriedhof) den Einfluß des Jugendstils in der Grabmalskunst verfolgen. Die Herstellersignaturen bestätigen die enge Verbindung zur Düsseldorfer Grabmalskunst und -industrie. Man liest die bekannten Namen Meinardus, Rechmann und J. Rittmeyer (vgl. VI. Kap.).

## *Der Friedhof Düsselthal*

An den in der ehemaligen Abtei Düsselthal gelegenen Friedhof erinnert ein Gedenkstein. Auf einem Findling steht die Inschrift: „Hier ruhen die Gebeine der Trappistenväter der Abtei Düsselthal 1716–1804“ (Abb. 123). Kurfürst Johann Wilhelm II. schenkte 1710 den Zisterziensermönchen von der strengen Observanz à la Trappe (Trappisten) den Landstrich unterhalb des Grafenberger Waldes.[21] In der Abtei wurde auch ein Begräbnisplatz für die Mönche angelegt. Als sie 1805 durch die Säkularisation aufgelöst wurde, verfiel der Friedhof, so daß heute kein Grabmal aus dem 18. Jahrhundert mehr erhalten ist.
1820 wurde das Abteianwesen von Graf Adalbert von der Recke-Volmerstein erworben, der hier die evangelische Rettungsanstalt Düsselthal gründete, in der verwaiste und verwahrloste Kinder ein Heim fanden.[22] Der ehemalige Abteifriedhof wurde nun zum Begräbnisplatz für die dort verstorbenen Lehrer und

124 Ehemaliger Anstaltsfriedhof Düsselthal

125 Grabmal Luise und Adelheide von der Recke-Volmerstein auf dem ehemaligen Anstaltsfriedhof Düsselthal

ihre Zöglinge. 1943 wurde der kleine Friedhof durch Bomben zerstört. Die Stadt hat die Anlage 1949 restauriert. Der Zugang liegt an der Klopstockstraße 11–14. Den Friedhof umgibt eine runde Mauer, an der die erhaltenen Grabmäler aufgestellt wurden (Abb. 124).
Neben dem Friedhofstor steht das Grabmal der Luise und Adelheide von der Recke-Volmerstein, zwei Töchter des Stifters, die im Alter von 3 und 11 Jahren 1840 und 1845 starben (Abb. 125).

*X. Kapitel*

# Neue Friedhofsanlagen in den Gründerjahren bis zur Jahrhundertwende

126 Kapelle des Stoffeler Friedhofs

## *Der Stoffeler Friedhof*

Die Bevölkerungsexplosion Düsseldorfs im letzten Viertel des 19. Jahrhunderts erzwang auch im Friedhofswesen eine schnelle Anpassung an die Bedürfnisse der gewachsenen Einwohnerschaft. Nach der letzten Erweiterung des Golzheimer Friedhofs von 1875 zeigte sich, daß die Stadt mit einem Hauptfriedhof für die Bewohner der Innenstadt und den kleinen Friedhöfen in den Außenbezirken nicht mehr auskam. 1876 wurde in Oberbilk, auf dem Stoffeler Feld, ein neuer Friedhof angelegt. Seit der Industrialisierung Düsseldorfs, die um 1860 begann, hatten sich Industriebetriebe im Süden der Stadt niedergelassen. In ihrer Nähe siedelten sich auch die Industriearbeiter an, die in die Stadt zogen. Es war folgerichtig, in der Nähe dieser dichtbesiedelten Wohngebiete einen Friedhof anzulegen. Am 1. Februar 1879 wurde der Stoffeler Friedhof eröffnet.[1]
Der älteste Teil, der eine Fläche von 168529 qm umschließt, liegt südlich der Kapelle, die erst 1910 bei der ersten Erweiterung des Friedhofs nach Plänen von Stadtbaumeister Johannes Radtke erbaut wurde (Abb. 126). Als Kapelle diente im 19. Jahrhundert ein kleines, heute zur Toilette umgebautes Haus. Die Anlage des älteren Friedhofsteils ist für die Friedhofsgestaltung der Gründerjahre typisch. Den Kern bilden zwei parallele Hauptwege, die von Rondells unter-

127 Stoffeler Friedhof, alter Teil

brochen werden und im Süden in einem Halbkreis abschließen. Sie umschlossen 12 rechteckige Grabfelder von gleicher Größe[2] (Abb. 127).
Aus dem 19. Jahrhundert sind wenige bemerkenswerte Grabmäler erhalten. Auf dem ältesten Friedhofsteil liegen die Ruhestätten der Franziskaner und der Schwestern vom Hl. Franziskus sowie der Pfarrgeistlichen der Oberbilker Gemeinden St. Antonius, St. Apollinaris, St. Joseph und St. Suitbertus.
Der Stoffeler Friedhof hat sich erst im 20. Jahrhundert zu größerer Bedeutung entwickelt. 1936 wurde hier das Düsseldorfer Krematorium eröffnet. Die Düsseldorfer, die eine Feuerbestattung wünschten, mußten bis dahin das Krefelder Krematorium mitbenutzen.
In Düsseldorf hat die Feuerbestattung als alternative Bestattungsart während des 19. Jahrhunderts noch keine Rolle gespielt. Dies erklärt sich aus der Bevölkerungsstruktur der Stadt, in der das Bekenntnis zum Katholizismus überwog. Die katholische Kirche war – und blieb bis heute – eine entschiedene Gegnerin der Feuerbestattung. Sie wurde 1886 durch ein Decretum ex cathedra verboten. Die Übertreter des Verbots wurden mit der Exkommunikation bedroht. Die evangelische Kirche, die sich anfangs auch ablehnend verhalten hatte, lenkte 1898 ein. Auf der Kirchenkonferenz zu Eisenach kam sie zu der Erkenntnis, daß die Feuerbestattung keinem Gebote Gottes und keinem Artikel

des christlichen Glaubens widerspräche. Ein weiteres Hindernis für die Entwicklung der Feuerbestattung war die zögernde Haltung des Staates in dieser Frage. Für Preußen und die Rheinprovinz wurde 1911 gesetzlich bestimmt, daß der Bau von Krematorien von einer Zweidrittelmehrheit des Gemeinderates befürwortet werden mußte. Diese Mehrheit war in Düsseldorf lange Zeit nicht zu erreichen. 1902 gründeten ca. 50 Düsseldorfer Bürger den „Verein für Feuerbestattung e. V.", der sich in den ersten Jahren des 20. Jahrhunderts zu einer mitgliederstarken Vereinigung entwickelte, in der sich nicht wenige einflußreiche Bürger zusammenfanden.[3] Seit 1908 wurden auf dem Nordfriedhof Urnenhaine angelegt. Auch Gartendirektor Freiherr von Engelhardt sprach sich für eine Förderung der Feuerbestattung aus, die die räumlichen Probleme des Begräbniswesen in der Massengesellschaft besser lösen könnte als die herkömmliche Erdbestattung.[4] Das starke Interesse an der Feuerbestattung zeigte sich auch auf der 1926 veranstalteten Ausstellung GESOLEI (Gesundheitspflege, soziale Fürsorge und Leibesübungen), die eine Sonderausstellung mit künstlerischen Lösungen für den Bau von Krematorien, die Gestaltung von Urnen und die Anlage von Urnenhainen bot.
1940 wurde der Friedhof geschlossen, der in Verbindung mit dem benachbarten Volksgarten zu einer großen Freizeitstätte umgewandelt werden sollte. Der Krieg hat die Ausführung dieses Plans verhindert. Nach Kriegsende wurde er wiedereröffnet. Über 110000 Bestattungen haben auf dem über hundert Jahre alten Friedhof stattgefunden, auf dem auch Opfer des Zweiten Weltkrieges in Ehrengräbern ruhen. Mit seinen 40 Hektar ist er heute der drittgrößte Begräbnisplatz Düsseldorfs.[5]

## *Der Nordfriedhof*

1883 wurde in der Golzheimer Heide ein Friedhof als Ersatz für den zu klein gewordenen Golzheimer Friedhof angelegt. Er erhielt zunächst den Namen „Friedhof hinter dem Tannenwäldchen". Erst 1904, als zu dem Friedhof im Norden ein im Süden der Stadt angelegter Begräbnisplatz hinzukam, wurde er, im Gegensatz zum „Südfriedhof", „Nordfriedhof" genannt. Am 1. Mai 1884 fand auf dem Nordfriedhof die erste Beisetzung statt.
Für die gärtnerische Gestaltung des neuen Friedhofs war ein Wettbewerb ausgeschrieben worden, den der Gartenarchitekt Eduard Hoppe aus Pankow bei Berlin gewann (Abb. 128).[6] Hoppe zog das hügelige Gelände in seine Planungen mit ein. Die Friedhofsbauten und Monumente – Friedhofstor, Kapelle, Leichenhalle und Hochkreuz – legte er in eine Achse. Den in der Umgebung dieser Bauten gelegenen zentralen Friedhofsbereich gestaltete er im Stil eines neubarocken Gartens. Großzügige Rasenflächen und Blumenbeete

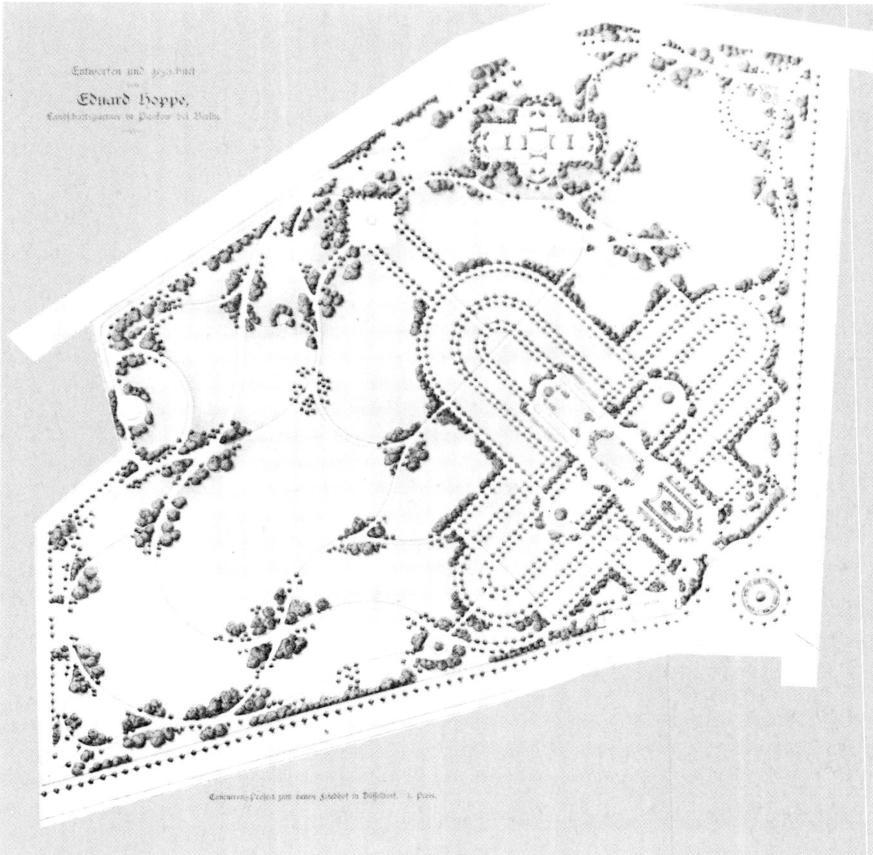

128 Plan des Nordfriedhofs von Eduard Hoppe
Stadtarchiv Düsseldorf

empfangen den Friedhofsbesucher am Eingang. Parallel geführte Wege zeichnen die Kreuzesform der Kapelle nach und leiten zum Hochkreuz empor, das auf dem Hügel im Norden der Kapelle errichtet werden sollte. Das übrige Friedhofsgelände wurde nach dem Vorbild englischer Landschaftsparks gestaltet. Bogige Wege erschließen unregelmäßige, von Büschen und Bäumen gesäumte Grabfelder. Diese Gestaltungsform eignete sich für die großräumigen Friedhöfe der Großstädte am Ende des 19. Jahrhunderts und wurde in Deutschland zum ersten Mal 1877 auf dem Friedhof Ohlsdorf bei Hamburg angewandt.
Die Friedhofsbauten folgten dem künstlerischen Konzept von Stadtbaumeister Westhofen (Abb. 129). In der Epoche des Historismus wurde hier – wie für die meisten sakralen Bauwerke dieser Zeit – der neugotische Stil gewählt. 1886

129 Entwurf von Eberhard Westhofen 1885
Stadtarchiv Düsseldorf

wurde die Kapelle aus gelben Klinkern mit der hinter ihr liegenden Leichenhalle erbaut (Abb. 130). 1887 folgte ein Torbau ebenfalls in diesem Stil,[7] der 1936 den heutigen Eingangsbauten weichen mußte (Abb. 131).
Einen besonderen künstlerischen Schmuck erhielt die Friedhofskapelle 1910–1912 mit dem von Eduard von Gebhardt entworfenen Fresko „Christi Himmelfahrt", das von Johannes Osten ausgeführt wurde. Das von dem gotischen Bogenfeld eingeschlossene Bild zeigt eine erregte Menschenmenge, die zu dem auf Wolken entschwebenden Christus, der von zwei Engeln begleitet wird, aufschaut. „Dann aber von Angesicht zu Angesicht" lautet die Aufschrift im oberen Bildteil, ein Zitat aus dem Ersten Brief des Paulus an die Korinther, Kap. 13,12, in dem von der wahren Erkenntnis am Jüngsten Tage gesprochen wird.[8] Das Fresko war ein Geschenk des Staates an die Stadt Düsseldorf (Farbtafel VIII).
Nach der Schließung des Golzheimer Friedhofs für Erbbegräbnisse 1897 translozierten mehrere Düsseldorfer Familien ihre Toten auf den neuen Friedhof, wo sie für die noch geltenden Nutzungsansprüche Ersatz erhielten. Mit ihnen gelangten auch mehrere ältere Grabmäler auf den Nordfriedhof, zu denen – neben den schon erwähnten Grabmälern der Familie Albert Poensgen und Theodor Mintrop (vgl. VI. Kap., S. 134 f) – auch die Grabstätte der Familie Jacobi gehört, auf der noch ein von Carl Joseph Lode signiertes klassizistisches Grabmal steht (Abb. 132) (Feld LXXII). Hier ruht auch Georg Arnold Jacobi, der auf die Entwicklung der Stadt Düsseldorf im frühen 19. Jahrhundert und auch auf den Golzheimer Friedhof (vgl. III. Kap., S. 61) großen Einfluß hatte.[9]
Weitere Übertragungen vom Golzheimer Friedhof folgten 1905 mit dem Hochkreuz und den beiden Kriegerdenkmälern (vgl. IV. Kap., S. 85 f). Der Friedhof, der 1908 zum ersten Mal erweitert wurde, nahm in den fast 100 Jahren seines Bestehens ca. 175 000 Tote auf.[10] Zu ihnen gehören 1595 Kriegstote aus dem Ersten Weltkrieg (Feld 118), denen Hermann Nolte nach dem Entwurf von Hermann Görke 1921 ein großes Mahnmal aus Muschelkalk setzte (Abb. 133).[11] In einer torartigen Nische eines Grabbaus, zu dem Stufen heraufführen, steht als erhöhte Mittelfigur Christus, der die von beiden Seiten zu ihm aufsteigenden Krieger mit ausgebreiteten Armen empfängt. Die Gefallenen sind wie antike Helden in heroischer Nacktheit dargestellt. Sie halten Eichenlaubkränze. Der Tod im Krieg wird in diesem neoklassizistischen Denkmal als Heldentod verherrlicht. Nach dem Entwurf von Prof. Hubert Netzer wurde 1921 den am 10. Januar 1919 gefallenen 13 Toten des Spartakus-Aufstandes ein Grabmal errichtet.[12]
Für die fast 4000 Kriegsopfer des Zweiten Weltkrieges, deren Gräber sich über die Felder 111 und 112 im Nordwesten des Friedhofs erstrecken, entwarf der Düsseldorfer Bildhauer Jupp Rübsam ein Ehrenmal von 10 m Höhe, das von Erich Moog in dunkler Basaltlava ausgeführt wurde. Es erhebt sich auf der

130 Kapelle des Nordfriedhofs 1886

131 Ehemaliges Friedhofstor des Nordfriedhofs

132 Grabmal Familie Jacobi Nordfriedhof

133 Kriegerdenkmal von Hermann Nolte und Hermann Görke 1921 Nordfriedhof

134 Mahnmal für die Opfer des Zweiten Weltkriegs von Jupp Rübsam 1958 Nordfriedhof

Stelle, an der die Nationalsozialisten das 30 m hohe Stahlkreuz für den von ihnen zum Nationalhelden erhobenen Albert Leo Schlageter errichtet hatten.[13] 1958 wurde das Mahnmal eingeweiht. Drei pfeilerartig mit den Rücken gegeneinanderstehende, gedrungene Frauenfiguren verkörpern die christlichen Tugenden Glaube, Liebe und Hoffnung. Es sind traditionelle Grabmalsallegorien, die in Düsseldorf schon am Grabmal Wilhelms des Reichen dargestellt wurden (vgl. I. Kap., S. 22). Drei ihnen zugeordnete Sockelreliefs mahnen an die „Opfer des Feldes, der Heimat und des politischen Terrors“ (Abb. 134)[14].
Die Bedeutung des Nordfriedhofs liegt nicht nur in seiner schönen, parkartigen Anlage, seinen Bauten und beeindruckenden Monumenten. Er ist – wie der Golzheimer Friedhof – Ruhestätte vieler berühmter Düsseldorfer Bürger. Paul Kauhausen führte in seinem 1931 veröffentlichten Friedhofsbuch „Es reden die Steine vom Leben“ 82 bemerkenswerte Gräber auf.[15] Viele Maler der Düsseldorfer Kunstakademie wurden hier genannt, wie Andreas und Oswald Achenbach, Eduard Bendemann, Wilhelm Camphausen, Eduard von Gebhardt, Peter Janssen, Theodor Mintrop, Fritz Roeber, Caspar Scheuren, Wilhelm und Carl Sohn und Benjamin Vautier. Neben den Künstlern führte Kauhausen auch die Industriellen auf, die Düsseldorfs Entwicklung zur Industriemetropole gefördert hatten, darunter die Grabstätten der Familien Bagel, Haniel, Henkel, Kirdorf, Mulvany, Piedboeuf, Pfeiffer, Poensgen, Schieß und Schwann. Die Liste ließe sich um zahlreiche berühmte Mitbürger erweitern, die in den vergangenen 50 Jahren gestorben sind. Von ihnen seien hier nur die Theaterintendantin Louise Dumont-Lindemann (gestorben 1932), die Kunsthändlerin Johanna Ey (gestorben 1947), die Schriftstellerin Clara Viebig (gestorben 1952) und der Dichter Hans Müller-Schlösser (gestorben 1956) genannt,[16] die Ehrengräber erhielten.
Auf den hohen künstlerischen Rang vieler Grabmäler des Nordfriedhofs kann hier nur hingewiesen werden. Namentlich auf dem Höhenzug, der sich zu beiden Seiten des Hochkreuzes erstreckt und der im Volksmund den bezeichnenden Namen „Millionenhügel“ erhalten hat, liegen die Grabmäler der Düsseldorfer Industriellen, die eine besonders aufwendige, oft auch künstlerisch bedeutende Gestaltung erhielten. Viele dieser Grabmäler sind erst in unserem Jahrhundert entstanden und überschreiten den Rahmen dieses Buches, das sich vorwiegend mit der Grabmalskunst des 19. Jahrhunderts beschäftigt. Dennoch seien hier noch einige hervorragende Beispiele der Grabmalskunst unseres Jahrhunderts genannt.
Friedrich Coubillier (1869–1953) war einer der begabtesten Schüler Karl Janssens. Von ihm stammt das Grabmal für die Familien Pfeiffer und Schieß (Feld LXXII). Es entstand 1903 während eines Romaufenthalts des jungen Bildhauers, der seinem Werk den Titel „Wiedersehen“ gab. Auf einer Halbkugel, die durch Wolkenfetzen und schwebende Engelskinder als himmlische

Sphäre beschrieben wird, steht eine Frau, die einen Knaben in die Arme schließt. Es sind Mutter und Sohn, die sich im Jenseits wiederfinden. In der ausdrucksstarken Bewegung der Figurengruppe zeigt sich der Einfluß des italienischen Barocks, der sich mit Jugendstilelementen vermischt. Der schwedische Dichter August Strindberg rühmte das Werk als schönstes Kunstwerk, das er je gesehen habe und sah darin einen bildlichen Ausdruck seiner eigenen Jenseitsvorstellungen (Abb. 135).[17]

Der Architekt Wilhelm Kreis (1873–1955), der 1926 die Bauten für den Ehrenhof entwarf, schuf auf dem Nordfriedhof (Feld VII) ein Grabmal für Friedrich und Antoinette Zinzen. Es ist ein Urnengrab, für das in dem auf einem Sockel stehenden Gefäß eine adäquate Grabmalsform gefunden wurde (Abb. 136). Abweichend von den antikisierenden Gefäßen, die wir von vielen Grabmälern des Golzheimer Friedhofs kennen, wurde in dem nach 1909 entstandenen Grabmal geometrischer Jugendstildekor gewählt.[18]

Um 1925 entstand das Mausoleum der Familie Henkel jenseits des Hügels an einer Wegekreuzung (Feld LXXV). Der pavillonartige, vorn offene Rundbau mit verglaster Kuppel, der an einen griechischen Monopteros erinnert, wurde von dem Architekten Walther Furthmann erbaut. Auf einem Thron aus gelbem Travertin sitzt eine Frauenfigur aus weißem Marmor in starrer Pose. Die geschlossenen Augen und Mohnkapseln in den herabhängenden Händen kennzeichnen sie als Göttin des Schlafes – eine weibliche Gegenfigur zu Thanatos, die an die griechische Unterweltsgöttin Persephone gemahnt. Die Figur ist ein neoklassizistisches Spätwerk des 1927 verstorbenen Bildhauers Karl Janssen (Abb. 137).[19]

Auch auswärtige Bildhauer von hohem künstlerischen Rang haben auf dem Nordfriedhof Grabmäler geschaffen. Hier sei als abschließendes Beispiel das Grabmal der Louise Dumont-Lindemann (Feld XXVII) genannt.[20] Es wurde 1932 von Ernst Barlach (1870–1938) geschaffen, dessen Drama „Der tote Tag“ 1925 im Düsseldorfer Schauspielhaus aufgeführt wurde. Auf dem niedrigen Sockel, der die Inschrift trägt, sitzt eine blockhaft gestaltete Frauenfigur aus Muschelkalk. Die geschlossenen Augen in dem flächigen Gesicht und die zwischen die Knie herabfallenden Hände drücken Entspannung und Ruhe aus, die der Tod der schöpferisch Tätigen bringt. In der schlichten und überzeugenden Gestaltung des Grabmals fehlen alle allegorischen und historischen Anspielungen der herkömmlichen Grabmalskunst (Abb. 138).

Neben den Ehrengräbern, zu deren Erhaltung sich die Stadt verpflichtet hat, ist auch auf dem Nordfriedhof eine große Zahl historisch oder kunsthistorisch bedeutender Grabmäler vorhanden, deren Erhaltung wünschenswert wäre. Sie stehen z. T. auf Grabstätten mit verfallenen Nutzungsrechten. Angehörige, die die Rechte verlängern oder die Grabmäler bewahren wollen, sind in vielen Fällen nicht mehr erreichbar oder verfügen nicht über die dazu erforderlichen

135 Grabmal Familien Pfeiffer und Schieß
Nordfriedhof

136 Grabmal Friedrich und Antoinette Zinzen
Nordfriedhof

137 Mausoleum der Familie Henkel
Nordfriedhof

138 Grabmal Louise Dumont-Lindemann
Nordfriedhof

erheblichen Geldmittel. Nach dem geltenden Friedhofsrecht fallen solche Grabmäler an die Stadt. In den letzten Jahren hat das Friedhofsamt begonnen, einige dieser Grabmonumente auf die Felder 72 und 73 zu übertragen. Hier – im Bereich des „Millionenhügels" – soll ein historisches Grabfeld entstehen, das, ähnlich wie der Golzheimer Friedhof, für die an der Stadtgeschichte interessierten Besucher zu einem neuen Anziehungspunkt werden könnte.

## *Der Südfriedhof*

Nach der Jahrhundertwende wurde im Süden Düsseldorfs ein weiterer städtischer Friedhof angelegt. Er erhielt zunächst den Namen Südwestfriedhof und wurde am 2. April 1904 eröffnet. Die ursprüngliche Anlage bildete ein Kreuz mit einem Haupt- und Querweg und abschließenden Rondells. Sie wurde nach dem Zweiten Weltkrieg so verändert, daß heute eine weite Rasenfläche den Friedhofsbesucher empfängt. Am Ende des Hauptweges erblickt man das Friedhofskreuz aus dunklem Basalt. Zu seiten des Gekreuzigten stehen Maria und Johannes. Das Bildwerk wurde 1953 von dem Bildhauer Abtermann in der Abtei Maria Laach geschaffen.
Die Friedhofskapelle liegt, vom Eingang her unsichtbar, im Osten der Anlage. An die Kapelle schließt sich, wie beim mittelalterlichen Klosterbau ein Flügel mit den Leichenzellen an, der durch einen Kreuzgang mit der Kapelle verbunden ist. An dem Bauwerk verbinden sich neuromanische und Jugendstilelemente (Abb. 139). Schon von weitem sichtbar ist der 35 m hohe Turm mit seinen gestaffelten Zinnen, der an den Hochzeitsturm von J. M. Olbrich in Darmstadt erinnert. Er verdankt seine Höhe der ursprünglichen Planung eines Krematoriumbaus auf dem Südfriedhof, der später jedoch auf dem Stoffeler Friedhof realisiert wurde. Der Bau wurde 1906–1908 von Stadtbaurat Radtke in Zusammenarbeit mit dem Architekten Decker ausgeführt. Er kostete 362911,43 M.[21]
Bemerkenswert sind auch die bauplastischen und kunstgewerblichen Arbeiten des Jugendstils auf dem Südfriedhof. Schon am Eingang wird der Friedhofsbesucher von einem schmiedeeisernen Tor empfangen, dessen Flügel zwei Engel bilden, von denen der eine ein Richtschwert, der andere einen Palmenzweig trägt (Abb. 140). Das Jüngste Gericht wird als übergeordnetes Thema auch an dem bauplastischen Schmuck der Friedhofskapelle beibehalten. Das Fassadenfenster umrahmen zwei Richtengel, die sich auf ihre Schwerter stützen. An den Laibungen des Portals erscheint links ein Auferstehender, den eine göttliche Hand emporzieht, rechts ein Verdammter, der traurig zu Boden blickt. Über dem Portal stehen die Worte des Evangeliums: „Siehe, wir preisen selig, die ausgeharret haben." Auch der Innenraum der Kapelle ist mit figürlichen Sandsteinreliefs und dekorativen Wandmalereien des Jugendstils reich verziert

(Abb. 141).[22] Der Südfriedhof ist mit seiner Fläche von 46 ha der zweitgrößte Begräbnisplatz Düsseldorfs.
Der Südfriedhof blieb die letzte Friedhofsgründung der Stadt Düsseldorf. Durch die Eingemeindungen von 1908/09 und 1929 kam die Stadt in den Besitz vieler Friedhöfe, die zu Düsseldorfs ehemaligen Nachbarstädten und -dörfern gehörten.

Überblickt man noch einmal die Düsseldorfer Friedhofsanlagen vom Mittelalter bis zum Beginn unseres Jahrhunderts, so wird deutlich, daß hier verschiedene Friedhofstypen vertreten sind. Sie bilden eine Reihe, die einerseits eng mit der Stadtgeschichte verbunden ist, andererseits spiegeln sich auch in der Düsseldorfer Friedhofsgeschichte kultur- und kunsthistorische Entwicklungen, die in vielen Städten mit vergleichbarer Bevölkerungsstruktur vollzogen wurden. Auch in Düsseldorf folgte man bei der Anlage neuer Friedhöfe Modellen, die sich schon in anderen Städten bewährt hatten.[23]
Die Düsseldorfer Friedhofsgeschichte beginnt mit dem mittelalterlichen Kirchhof, der im Immunitätsbereich des Stifts lag. Er war das Eigentum der Kirche, die damit auch den entscheidenden Einfluß auf das Begräbniswesen ausübte. Er lag im Schatten der Kirche, und es ist anzunehmen, daß der Grundriß des Gotteshauses auch die Anlage der Grabfelder und Ausrichtung der Gräber bestimmte.
Die Epidemien des 16. Jahrhunderts brachten Düsseldorf schon sehr früh in den Besitz eines kommunalen Friedhofs, der außerhalb der Stadtmauern angelegt wurde. Er entwickelte sich von einem aus der Not entstandenen Begräbnisplatz im Laufe des 17. und 18. Jahrhunderts zu einer geräumigen, von einer Mauer umgebenen und mit Friedhofsbauten ausgestatteten Anlage, wie man dem Friedhofsplan von 1766 entnimmt.
Die Aufklärung brachte in der zweiten Hälfte des 18. Jahrhunderts überall im westlichen Europa entscheidende Veränderungen im städtischen Friedhofs- und Begräbniswesen. Die einschneidendste Maßnahme in Düsseldorf war die Schließung des katholischen Friedhofs bei der Stiftskirche und die Anlage eines neuen Begräbnisplatzes vor den Stadtmauern. Gleichzeitig wurde der Einfluß der Kirche im Begräbniswesen beschnitten, das durch verschiedene flankierende Gesetze unter staatliche Kontrolle geriet. Der 1766 gegründete Friedhof vor dem Flingertor ist ein Musterbeispiel für eine Friedhofsanlage der Aufklärung. Auf deutschem Boden wurde zum ersten Mal 1730 in Herrnhut ein Friedhof von dieser strengen geometrischen Regelmäßigkeit angelegt. Die Friedhofsgestaltung wurde von rein rationellen Gesichtspunkten bestimmt. Pflanzungen waren auf dem Projektplan von 1766 nicht vorgesehen.
Der Golzheimer Friedhof vertritt mit seiner Anlage und gärtnerischen Gestaltung im frühen 19. Jahrhundert den romantischen Friedhof. Zwar wird die

139 Kapelle des Südfriedhofs

140 Friedhofstor des Südfriedhofs

141 Innenraum der Kapelle auf dem Südfriedhof

geometrische Feldaufteilung beibehalten, doch werden die Grabfelder von Alleen eingesäumt und der Begräbnisplatz in die Landschaft eingebettet. Die gärtnerische Anlage des Friedhofs wird nun zur Hauptaufgabe der Friedhofsgestaltung.

Von den beiden in den Gründerjahren angelegten Düsseldorfer Friedhöfen ist der Nordfriedhof die bedeutendere Anlage. Auch den Friedhofsbauten wird nun eine große Bedeutung beigemessen. Friedhofskapelle und Leichenhaus werden zu einem Gebäudekomplex zusammengefaßt. Torbauten, Verwaltungsgebäude und die Friedhofsgärtnerei kommen als Zweckbauten hinzu. Auch für die Aufteilung des Friedhofs in Grabfelder und die gärtnerische Gestaltung setzen sich neue Vorstellungen durch. Die streng geometrische Gliederung wird zugunsten einer unregelmäßigen, weitläufigen und aufgelockerten Gestaltung aufgegeben. Nach dem Vorbild des Hamburg-Ohlsdorfer Friedhofs wird der Nordfriedhof als Parkfriedhof gestaltet.

Das Gestaltungsprinzip des Parkfriedhofs wird auch bei den Friedhofsanlagen des 20. Jahrhunderts beibehalten. Der Friedhof erhält als Erholungsgebiet der Großstadtbevölkerung eine zusätzliche Funktion. Auf dem Südfriedhof wird dieser Gedanke besonders deutlich: eine weite Rasenfläche empfängt den Eintretenden, während die Friedhofsbauten und Grabfelder dem Blickfeld entzogen sind.

Eine Alternative zum Parkfriedhof wurde 1905 zum ersten Mal in Deutschland mit dem Münchener Waldfriedhof geschaffen. Der künstlerisch und zugleich künstlich gestalteten Anlage des Parkfriedhofs wird nun ein Friedhofstyp entgegengesetzt, der dem Bedürfnis des Menschen nach Naturnähe gerecht wird. Der Wald mit seinem natürlichen Baumbestand nimmt die Toten schützend in sich auf. Auch Düsseldorf besitzt in dem Gerresheimer Waldfriedhof (seit der Eingemeindung von Gerresheim 1908/1909) einen Friedhof dieses Typs, der heute zu den schönsten Friedhofsanlagen der Stadt zählt. Neben seinem reichen Baumbestand an Eichen, Birken und Buchen liegt sein besonderer Reiz in der Hanglage an den Ausläufern des Bergischen Waldes.

*XI. Kapitel*

# Die kommunalen Friedhöfe im heutigen Düsseldorfer Stadtgebiet

Mit den Eingemeindungen von Wersten, Unterrath, Stockum, Vennhausen, Gerresheim, Ludenberg, Eller, Himmelgeist und Heerdt in den Jahren 1908/09, denen 1929 Kaiserswerth, Lohausen, Benrath, Garath, Hassels und Itter folgten, und zu denen durch die kommunale Neugliederung von 1975 noch weitere Nachbargemeinden Düsseldorfs kamen, übernahm die Stadt Düsseldorf auch die kommunalen Friedhöfe dieser Städte und Dörfer. Dem Friedhofsamt unterstehen zur Zeit dreizehn Friedhöfe mit einer Gesamtfläche von 243 Hektar. Sie besitzen eine unterschiedliche Geschichte, Größe und Gestaltung. Einige waren schon im frühen 19. Jahrhundert angelegt worden, wie die Begräbnisplätze von Itter und Unterrath. Sie können auf eine ebenso alte Geschichte wie der Golzheimer Friedhof zurückblicken. Leider sind auf diesen Friedhöfen, die – im Gegensatz zum Golzheimer Friedhof – kontinuierlich benutzt und deren Grabzeichen nach Ablauf der Ruhefristen fortgeräumt wurden, nur noch vereinzelte Grabmäler des 19. Jahrhunderts erhalten. Die ältesten Teile dieser Friedhöfe zeichnen sich durch ihren alten Baumbestand aus. Auch die für das frühe 19. Jahrhundert typische geometrische Feldaufteilung ist in Heerdt und Unterrath erhalten geblieben. Die Friedhöfe von Kalkum und Unterbach, die erst seit 1975 zu den Bezirksfriedhöfen Düsseldorfs zählen, sind zugleich die jüngsten Begräbnisplätze. Sie wurden erst nach dem Zweiten Weltkrieg angelegt.

Die Friedhöfe gehören den verschiedensten Größenordnungen an: vom weitläufigen Nordfriedhof mit seinen 69,3 Hektar bis zum dörflichen Hubbelrather Friedhof, der nur eine Größe von 0,4 Hektar hat.

Mit Ausnahme des Hubbelrather Friedhofs besitzen alle Bezirksfriedhöfe Kapellen mit Leichenzellen und Nebenräumen, so daß die Begräbnisse – anders als im 19. Jahrhundert – in der Regel von den Friedhofskapellen ausgehen. Nach den Eingemeindungen wurden die Bezirksfriedhöfe erweitert und mit Friedhofsbauten ausgestattet. Die jüngsten Friedhofsbauten wurden 1981 fertiggestellt. Das neue Krematorium auf dem Stoffeler Friedhof ersetzt die 1935/36 erbaute und inzwischen technisch veraltete Anlage. Der Friedhof von Itter erhielt ebenfalls 1981 eine neue Friedhofskapelle mit großzügigen Nebengebäuden als Ersatz für die ältere, zu klein gewordene Kapelle. Jährlich finden auf den Düsseldorfer kommunalen Friedhöfen ca. 8000 Bestattungen statt.

Für die Bestattungen auf den städtischen Friedhöfen gilt die Satzung für die Friedhöfe der Landeshauptstadt Düsseldorf vom 1. Dezember 1970. Verglichen mit Düsseldorfs erster Begräbnisordnung von 1825 sind die Vorschriften noch detaillierter geworden. Die Bürokratie des Begräbniswesens hat sich weiterentwickelt. Gleichgeblieben ist die Ruhefrist von 20 Jahren für die Reihengräber, ähnlich auch die Größe der Einzelgrabstellen mit 2,40 × 1,20 m. Im Gegensatz zum frühen 19. Jahrhundert werden heute auch für die Reihengräber Gebühren erhoben. Eigentum kann man auf den städtischen Friedhöfen schon seit dem

Ende des 19. Jahrhunderts nicht mehr erwerben. An die Stelle der ehemaligen Kaufgräber oder Erbbegräbnisse treten heute die Wahlgräber mit einer längeren Nutzungszeit. Wie in der Begräbnisordnung des 19. Jahrhunderts sind die Gebühren, die von der Stadt für das Begräbnis erhoben werden, in Tarifen festgelegt. Einen Teil der Dienstleistungen beim Begräbnis, die im 19. Jahrhundert noch völlig der städtischen Aufsicht und Kostenerhebung unterlagen, werden heute von den privaten Bestattungsinstituten durchgeführt.
Die geltende Friedhofssatzung beschäftigt sich eingehend mit der Grabgestaltung (Abschnitte V und VI). Die Errichtung von Grabmälern unterliegt grundsätzlich einer Genehmigungspflicht durch das Friedhofsamt. In der Satzung sind die Richtlinien für die Größe, Materialien und Bearbeitungsstechniken der Grabmäler festgelegt.
Die Notwendigkeit, auch für die Gestaltung der Gräber Richtlinien zu erlassen, ergab sich aus der Entwicklung der Grabmalskunst im späten 19. Jahrhundert. Die Industrialisierung der Grabmalsherstellung und serielle Produktion von Grabfiguren verdrängte die traditionelle, handwerkliche Grabmalskunst. Auf den städtischen Friedhöfen breiteten sich die Grabmäler aus schwarzem, hochpoliertem Marmor aus, der aus den nordischen Ländern eingeführt wurde, und machten die Begräbnisfelder zu einer düsteren Steinwüste. Den Schmuck dieser Grabmäler bildeten galvanisch reproduzierte Bronzefiguren, deren Darstellungsgegenstände – wie betende Engel, trauernde Frauen, Kruzifixe, Dürers betende Hände u. ä., in stupider Wiederholung auftraten. Auch die Düsseldorfer Friedhöfe machten diese negative Entwicklung durch. Die düster-pompösen Grabmäler dieser Geschmacksrichtung sind heute noch in relativ großer Zahl erhalten.
Am Anfang unseres Jahrhunderts setzte eine Reformbewegung ein, die versuchte, durch gesetzliche Vorschriften und neue künstlerische Ideen das alte Kunsthandwerk wiederzubeleben und die Auswüchse der Grabmalsindustrie zu bekämpfen.
Durch den Ersten Weltkrieg unterbrochen, wurden diese Reformbestrebungen in den Zwanziger Jahren wiederaufgenommen und führten 1921 zur Gründung des „Reichsausschusses für Friedhof und Denkmal“, in dem sich die interessierten Gewerbezweige mit dem Deutschen Werkbund, den Kirchen und Reichskunstwart zusammenfanden, um Richtlinien für die Gestaltung der Friedhöfe und Grabmäler zu erarbeiten.
Auch von Düsseldorf gingen schon früh wichtige Impulse für die Friedhofs- und Grabmalsreform aus. 1916 wurde von der Rheinischen Bauberatungsstelle in Düsseldorf eine Schrift zur „Friedhofskunst“ veröffentlicht, die Empfehlungen hinsichtlich der für Grabmäler zu verwendenden Materialien und Formen aussprach. Die Rückkehr zu heimischen Steinsorten und traditionellen Grabmalsformen wurde empfohlen.

Seit 1924 existiert in Düsseldorf die Grabmalsberatung, eine Einrichtung des Friedhofsamtes, die fördernd auf die Gestaltung der Grabmäler und darüber hinaus der Friedhofsanlagen insgesamt einwirkt. Hier werden seit über fünfzig Jahren die Auftraggeber von Grabmälern von sachkundigen Architekten und Bildhauern beraten und die Entwürfe der Steinmetzen und Steinbildhauer geprüft.
Zu der 1926 in Düsseldorf veranstalteten Ausstellung GESOLEI (Ausstellung für Gesundheitspflege, soziale Fürsorge und Leibesübungen) gehörte ein Musterfriedhof, der den Reformvorstellungen entsprach.
Auch nach dem Zweiten Weltkrieg spielte Düsseldorf eine wichtige Rolle in der Entwicklung der Friedhofs- und Grabmalsgestaltung.
1954 wurde hier die „Woche des Grabmals" veranstaltet, die eine Grabmalsschau im Hofgarten mit Vorträgen, Diskussionen und Sitzungen in der Kunstakademie verband. Es war die erste Grabmalsausstellung nach Kriegsende, die von der Gesellschaft für christliche Kultur und der 1951 gegründeten „Arbeitsgemeinschaft Friedhof und Denkmal e.V." organisiert wurde.
Seit 1954 wurden in Düsseldorf als erster Stadt der Bundesrepublik auf den Friedhöfen Felder mit besonderen Gestaltungsvorschriften eingeführt. Diese Einrichtung hat sich bewährt und ist in die Bundesmusterfriedhofsordnung eingeflossen, die von vielen Städten übernommen wurde.
Nach 1954 wurden in Zusammenarbeit zwischen der Friedhofsverwaltung und der Steinmetz- und Steinbildhauerinnung mehrere Ausstellungen zeitgenössischer Grabmalskunst veranstaltet. Sie fanden auf dem Golzheimer und Nordfriedhof besonders geeignete Ausstellungsgelände. Die künstlerische und handwerkliche Qualität der Grabmäler unserer Zeit kann hier an den Beispielen der Grabmalskunst früherer Epochen gemessen werden. Diese vielfältigen künstlerischen Anregungen und Förderungen haben einen positiven Niederschlag in der zeitgenössischen Grabmalskunst Düsseldorfs gefunden.[1]

## *Liste der kommunalen Friedhöfe Düsseldorfs*[2, 3]

### *Nordfriedhof*

Erste Bestattung am 1. Mai 1884. Friedhofskapelle mit Leichenhalle 1887 erbaut. Erste Erweiterung 1908. Nach dem Ersten Weltkrieg Anlage eines Ehrenfriedhofs für die gefallenen Soldaten mit Kriegerdenkmal von 1921. 1922 Anlage des jüdischen Friedhofs mit eigener Leichenhalle und Feierraum. Nach dem Zweiten Weltkrieg Anlage des Ehrenfriedhofs mit Mahnmal von 1958. Heutige Größe: 69,3 ha. (Vgl. X. Kap., S. 203ff)

*Südfriedhof*
Völklinger Straße

Erste Bestattung am 2. April 1904. Bau der Friedhofskapelle mit Leichenhalle 1908 vollendet. Ursprüngliche Größe: 28 ha. Erweiterungen nach dem Zweiten Weltkrieg. Heutige Größe: 46 ha. (Vgl. X. Kap., S. 216 ff)

*Stoffeler Friedhof*
Bittweg

Erste Bestattung am 1. Februar 1879. Bau einer Kapelle mit Leichenhaus 1910. Erste Friedhofserweiterung. Bau eines Krematoriums 1935–36. 1940–1945 Friedhof vorübergehend geschlossen. Nach dem Zweiten Weltkrieg wiedereröffnet. Ehrengräber für die Opfer des Zweiten Weltkrieges. 1981 wurde das neue Krematorium in Betrieb genommen. Heutige Größe: 40 ha. (Vgl. X. Kap., S. 201 ff)

*Gerresheimer Waldfriedhof*
Quadenhofstraße

Erste Bestattung 1906. Zunächst wurde der untere Teil angelegt, auf dem 1953 die letzte Bestattung erfolgte. Die Erweiterungen nach 1953 erschlossen den bewaldeten Bergrücken. Der Eichen-, Birken- und Buchenbestand blieb weitgehend erhalten. Die Kapelle im oberen Friedhofsteil wurde 1966 von Hans Junghanns erbaut (Abb. 142). Heutige Größe: ca. 29 ha.

*Friedhof Heerdt*
Löricker Straße

Erste Bestattung im April 1867. Das Grundstück wurde von Heerdter Bürgern gestiftet. Auf dem ältesten Friedhofsteil sind einige Grabmäler aus dem 19. Jahrhundert erhalten. Nach der Eingemeindung von Heerdt wurde der Friedhof erweitert. Eine neue Friedhofskapelle wurde 1966 erbaut. 1977 wurden zwei Gedenkkreuze für die Opfer der beiden Weltkriege hinter der Kapelle errichtet. Heutige Größe: 23 ha, einen Erweiterung auf 35 ha ist geplant.

*Friedhof Eller*
Werstener Feld

1907 in einer Größe von 8,78 ha angelegt und mit Kapelle und Leichenhalle ausgestattet. 1956 wurde der Friedhof um 9,79 ha erweitert. In Ehrengräbern ruhen 1065 Opfer des Zweiten Weltkrieges. Heutige Größe: 19,43 ha.

142 Friedhofskapelle auf dem Gerresheimer Waldfriedhof 1966

*Friedhof Itter*
Itterstraße

Der Friedhof wurde 1800 als katholischer Friedhof der St.-Hubertus-Gemeinde gegründet und gehört zu den ältesten Begräbnisplätzen im heutigen Düsseldorfer Stadtgebiet. Von der Anlage des frühen 19. Jahrhunderts und den Grabmälern dieser Epoche ist jedoch nichts erhalten. 1919 erhielt er einen evangelischen Teil. Seit der Eingemeindung von Itter 1929 wurde die konfessionelle Trennung aufgegeben und der Friedhof als kommunaler Begränisplatz betrieben. 1953 wurde die kleine Kapelle mit Leichenzelle erbaut, 1954 der Friedhof auf seine heutige Größe von 9,5 ha erweitert. 1981 wurde die neue Kapelle mit Leichenzellen und Nebengebäuden in Betrieb genommen.

*Friedhof Unterrath*
Unterrather Straße

Der Friedhof wurde 1807 in der Größe von 1 Morgen angelegt. Auf dem ältesten Friedhofsteil stehen versteckt einige alte Grabmäler aus der Mitte des 19. Jahrhunderts. Erste Friedhofserweiterung nach dem Ersten Weltkrieg. 1931 wurde die Friedhofskapelle mit den Nebengebäuden errichtet. Eine zweite Erweiterung erfolgte nach dem Zweiten Weltkrieg. Der kommunale Friedhof umschließt den Klosterfriedhof St. Josef. 1971 wurde ein Ehrenfriedhof für 18 Kriegstote angelegt. Heutige Größe: 9,28 ha.

*Friedhof Hassels*
Hasselsstraße

1920 als kommunaler Friedhof von Benrath eröffnet. 1940 wurde eine Kapelle mit Leichenhaus erbaut. In den fünfziger Jahren wurde ein Ehrenfriedhof für gefallene deutsche Soldaten des Zweiten Weltkriegs mit einem Ehrenmal angelegt. Heutige Größe: 6,5 ha.

*Friedhof Angermund*
Rahmerstraße

Der Friedhof wurde 1807 als katholischer Friedhof gegründet. Das Grundstück wurde von Graf Anton von Spee gestiftet, der hier für seine Familie 1812 ein Mausoleum errichten ließ. 1925 schloß sich im Norden des katholischen Friedhofs ein evangelischer Friedhofsteil an. Der dritte Friedhofsteil mit einer Kapelle wurde 1957 von der Stadt Angermund angelegt. Auf dem Friedhof befinden sich Ehrengräber für die Opfer der beiden Weltkriege. Heutige Größe: 2,73 ha.

*Friedhof Unterbach*
Am Pfaffenbusch

Der Friedhof, der bis 1975 zu Erkrath gehörte, wurde 1955 angelegt. 1979 wurde er von der Stadt Düsseldorf auf 1,72 ha erweitert.

*Friedhof Kalkum*
Friedhofsweg

Der Friedhof wurde 1958 vom Amt Angerland angelegt. Ursprüngliche Größe: 0,4 ha. Nach der Übernahme durch die Stadt Düsseldorf 1975 wurde er auf 0,75 ha erweitert. Eine kleine Friedhofskapelle ist vorhanden.

*Friedhof Hubbelrath*
Dorfstraße

1852 fand auf dem Dorffriedhof die erste Bestattung statt. Er hat eine Fläche von 0,4 ha. Da es auf dem Friedhof keine Kapelle gibt, nehmen die Begräbnisse ihren Ausgang in den konfessionellen Kirchen. Auf dem Friedhof werden durchschnittlich nur zehn Begräbnisse pro Jahr vorgenommen.

# Anmerkungen

*I. Kapitel*

1 H. Kisky, Die Baugeschichte der Lambertuskirche. In: Die Stifts- und Pfarrkirche St. Lambertus zu Düsseldorf. Ratingen 1956, S. 64ff.
2 O. Rautert, Germanische Funde und ein germanisches Gräberfeld in Düsseldorf. Düsseldorf 1894 –
F. Rennefeld, Zur Düsseldorfer Vor- und Frühgeschichte. In: Jan Wellem, Jg. 1961, S. 7ff.
3 Stadtmuseum Düsseldorf, Inv. Nr. SK 9090, Fundort Golzheimer Heide, Zeisigweg
4 K.B. Heppe, Römische Handwerkskunst. Bildhefte 3 des Stadtgeschichtlichen Museums Düsseldorf. Düsseldorf 1978
5 W. Stüwer, Suitbertus – Sein Leben und Nachleben. In: Kaiserswerth – 1300 Jahre Heilige, Kaiser, Reformer. Düsseldorf 1981, S. 7ff.
6 K.B. Heppe und H. Knirim, Der Schrein des heiligen Suitbertus, wie Anm. 5, S. 76ff.
7 H. Weidenhaupt, Das Kanonissenstift Gerresheim von seiner Gründung bis zum Ende des 14. Jahrhunderts. In: DJB 46, 1954, S. 55
8 ders., Kleine Geschichte der Stadt Düsseldorf. 6. Aufl. Düsseldorf 1976, S. 16
9 G. Aders, Die Geschichte der Pfarrei St. Lambertus und des Marienstiftes zu Düsseldorf, wie Anm. 1, S. 22
10 B.G. Bayerle, Die katholischen Kirchen Düsseldorfs von ihrer Entstehung bis auf die neueste Zeit. Düsseldorf 1844, S. 36f. –
C.L. Strauven, Die fürstlichen Mausoleen Düsseldorfs. Düsseldorf 1879 –
A. Dahm, Die Ruhestätten der bergischen Herrscher. In: Romerike Berge, 3. Jg. 1953, Heft 3, S. 97ff. –
R.A. Keller, St. Lambertus als Begräbnisstätte. Wie Anm. 1, S. 216ff.
11 Die Denkmäler des Rheinlandes, Bd. 19, Rheinisch-Bergischer Kreis 2, Düsseldorf 1972, S. 119
12 H. Peters, Die Ausstattung. Wie Anm. 1, S. 116 m. älterer Lit.
13 Bayerle, a.a.O., S. 37, nennt abweichend eine Gräfin Elisabeth von Berg, gestorben 1479, doch stimmt dieses Datum nicht mit dem Stil des Grabmals überein.
14 Joesten, Das restaurierte Grabdenkmal der 1384 verstorbenen Margaretha von Windeck, Gräfin von Berg und Ravensberg in der Lambertus-Pfarrkirche zu Düsseldorf. Düsseldorf 1871
15 P.H. Camp, Die Wiederauffindung der Fürstengruft in der St. Lambertuskirche zu Düsseldorf. In: Romerike Berge, 3. Jg. 1953, Heft 4, S. 149ff.
16 B.G. Bayerle, a.a.O., S. 48f. Zu den Inschriften und Chronogrammen: H. Maes, Chronogramme und kabbalistische Inschriften in Düsseldorf. In: DJB 55, 1975, S. 3
17 H. Schweitzer, Zur Identifizierung der in der Fürstengruft in der St. Lambertus-Kirche zu Düsseldorf aufgefundenen Gebeine. In: DJB 50/1960, S. 1ff.
18 Wortlaut der Inschriften und Übersetzungen bei H. Peters, a.a.O., S. 116f.
19 R. Klapheck, Die Baukunst am Niederrhein. Düsseldorf 1916, S. 199
20 P. Clemen, KDM III, 1 S. 40f.
21 F. Küch, Das Grabdenkmal Herzog Wilhelms III. (V.) in der Lambertuskirche. In: DJB 11/1897, S. 64ff.
22 H. Peters, a.a.O., S. 123, weist auf die Werkstatt des Niederländers Cornelis Floris hin und nimmt einen Aufenthalt Schebens in den Niederlanden an.
23 P. Kauhausen, Die Geschichte des Düsseldorfer Mausoleums. In: Das Tor, 4. Jg. 1935, S. 101ff.
24 475 Jahre Fürstentum Pfalz-Neuburg. Ausstellung in Schloß Grünau und Düsseldorfer Stadtmuseum 1980, S. 20 u. 138
25 G. Vollmer, Beiträge zur Baugeschichte des Düsseldorfer Mausoleums an St. Andreas und zur Wirksamkeit des Architekten Johann Lollio, gen. Sadeler, am Pfalz-Neuburgischen Hof. In: DJB 47/1955, S. 33ff.
26 B.G. Bayerle, a.a.O., S. 145ff. –
H. Rall, Wittelsbacher Lebensbilder von Kaiser Ludwig bis zur Gegenwart. München o.J., S. 143
27 B.G. Bayerle, a.a.O., S. 149 –
P. Kauhausen, Es reden die Steine vom Leben. Düsseldorf 1931, S. 18f.

28 P. Clemen, KDM III, 1 S. 29 –
R. Klapheck, a. a. O., Bd. II, S. 59 –
Dagegen lehnte U. Kultermann, G. Grupello, Berlin 1968, S. 186, eine Autorschaft Grupellos ab und schrieb das Kruzifix Peter van den Branden zu.
29 Ich verdanke die Mitteilung Dr. Sonja Schürmann (Landeskonservator Rheinland), die die Signatur wiedergefunden hat. Über den Künstler F. van Stappen ist jedoch nichts bekannt. Vermutlich war er einer der Mitarbeiter Grupellos am Gießhaus.
30 F. Greb, St. Lambertus nach der Säkularisation. Wie Anm. 1
31 G. Reuter, Jan Wellem und seine Zeit. Seine Ruhestätte im Mausoleum bei der Jesuitenkirche. In: Jan Wellem. 4. Jg. 1929, Nr. 1, S. 3 – Die „Düsseldorfer Jonges" weihen das neuhergerichtete Mausoleum an St. Andreas ein. In: Das Tor, 4. Jg. 1935, Heft 8, S. 206
32 H. Maes, wie Anm. 16, S. 2
33 K. Riemann, Von Küstern und anderem. In: Das Tor, 4. Jg. 1935, Heft 5, S. 111 f.
34 H. Peters, a. a. O., S. 127, Abb. 83
35 P. Kauhausen, Zur Geschichte der Düsseldorfer Kreuzherrenkirche. In: Das Tor, 4. Jg. 1935, Heft 7, S. 183 ff.
36 R. A. Keller, Das Geheimnis des Grabes der Jakobe von Baden. In: Das Tor, 4. Jg. 1935, Heft 7, S. 189 ff.
37 ders., a. a. O., S. 201
38 B. G. Bayerle, a. a. O., S. 181
39 A. Natorp, Geschichte der evangelischen Gemeinde zu Düsseldorf. Düsseldorf 1881, S. 156
40 ders., S. 160
41 ders., S. 167
42 ders., S. 127
43 J. J. Scotti, Sammlung der Gesetze und Verordnungen, welche in den ehemaligen Herzogtümern Jülich – Cleve – Berg und in dem Großherzogtum Berg ... ergangen sind. Düsseldorf 1821, Bd. II 2227 vom 4. Mai 1784
44 J. J. Scotti, Bd. II 2702 vom 8. Juli 1803
45 Düsseldorf – Stadt und Kirche. Hg. v. Stadtdechant B. Henrichs. Düsseldorf 1982, S. 154
46 wie Anm. 45, S. 105
47 wie Anm. 45, S. 104

*II. Kapitel*

1 F. Lau, Geschichte der Stadt Düsseldorf von den Anfängen bis 1815. Düsseldorf 1921, Teil II, S. 6, Nr. 15
2 K. Schumacher, Zur Topographie des ältesten Teiles der Stadt Düsseldorf. In: DJB 28/1916, S. 88 ff.
3 C. L. Strauven, Der Kalvarienberg in der Altstadt an der St. Lambertuskirche hierselbst. Düsseldorf 1883 –
L. Küpper, Geschichte der katholischen Gemeinde Düsseldorfs. In: Beiträge zur Geschichte des Niederrheins 3/1888, S. 95
HSTA Jülich-Berg, II 294, Bl. 28
4 Düsseldorf – Stadt und Kirche. Hg. v. Stadtdechant B. Henrichs. Düsseldorf 1982, Teil II, S. 104
5 F. Lau, a. a. O., S. 224 – 1570 wurde beklagt, daß die Schweine in dem Beinhaus wühlten. G. Aders, Die Geschichte der Pfarrei St. Lambertus und des Marienstiftes Düsseldorf. In: Die Stifts- und Pfarrkirche St. Lambertus zu Düsseldorf. Ratingen 1956, S. 36
6 H. Maes, Chronogramme und kabbalistische Inschriften in Düsseldorf. In: DJB 55/1975, S. 11. Die Übersetzungen der beiden Inschriften lauten: Du Christus, Sohn der Jungfrau, wirst uns erlösen von den Pforten des Todes – und: In Frieden werden wir dein Lob verkünden an den Pforten der Tochter Sion.
7 E. Spohr, Düsseldorf – Stadt und Festung. Düsseldorf 1978, S. 394

8 K. Schumacher, a. a. O., S. 83
9 HSTA Jülich-Berg, II, 293, Bl. 2
10 I. Zacher, Friedhofsanlagen und Grabmäler der kommunalen rheinischen Friedhöfe. In: Kunst des 19. Jahrhunderts im Rheinland. Düsseldorf 1980, Bd. 4, S. 391 ff.
11 A. Reichensperger, Der Kirchhof. In: Fingerzeige auf dem Gebiete der kirchlichen Kunst. Leipzig 1855, S. 95 ff.
12 M. Luther, Ob man vor dem Sterben fliehen möge. 1527
13 F. Lau, a. a. O., S. 224
14 HSTA Jülich-Berg, II, 293, Bl. 103
Zu den auf den Plänen angegebenen Maßen vgl. Tabelle der Maßeinheiten bei E. Spohr, Düsseldorf – Stadt und Festung, Düsseldorf 1978, S. 399:
danach 1 Düsseldorfer Fuß = 0,28760 m
1 Düsseldorfer Rute = 4,59829 m, wobei es sich hier um die Flächenmaße, also Quadratfuß bzw. Quadratruten, handelt.
15 Auch im napoleonischen Begräbnisrecht, dem „Décret sur les sépultures" von 1804, das seit 1806 im Großherzogtum Berg galt, war eine Ruhefrist von nur 5 Jahren vorgesehen.
16 F. Frechen, Rund um den Golzheimer Friedhof. Unveröffentlichtes Manuskript 1953, S. 33, Stadtarchiv Düsseldorf
17 STA II 1015, S. 1
18 STA II 1014
19 F. Lau, a. a. O., S. 224, Anm. S. 294
20 F. Lau, a. a. O., S. 280, Anm. zu S. 21
21 A. Natorp, a. a. O., S. 169
22 J. J. Scotti, a. a. O., II (Erlaß Carl Theodors von 1769)
23 R. Löhr, Protokolle des Presbyteriums der reformierten Gemeinde Düsseldorfs. Düsseldorf 1974. 1609–1632 Nr. 742 und 744 (Tod und Grabstein des Pfarrers Philipp Poppinghausen)
24 1650 gab es auf dem Neuen Friedhof ein Krankenhaus mit zwei Pflegern für Epidemiekranke. F. Lau, a. a. O., S. 294, Anm. zu S. 223
25 HSTA Jülich-Berg, II, 293, Bl. 44 a
26 S. Sudhof, Die autobiographischen Aufzeichnungen Johann Conrad Jacobis (1715–1788), Handelsherrn in Düsseldorf. In: DJB 57./58. Bd. 1980, S. 156, 180 und 189 (Begräbnisse der Ehefrauen und Mutter).
27 Archiv der evangelischen Kirche im Rheinland. Kirchengemeinde Düsseldorf, Akte 65
28 H. Müller-Schlösser, Schönes altes Düsseldorf. Düsseldorf 1911, Bd. I, S. 56
29 K. Riemann, Das Geheimnis der alten Mühle. In: Das Tor, 3. Jg. 1934, H. 12, S. 251 ff.
30 A. Wedell, Geschichte der jüdischen Gemeinde Düsseldorfs. In: Beiträge zur Geschichte des Niederrheins 3/1888, S. 245 m. Abb.
31 A. Wedell, Heinrich Heines Stammbaum mütterlicherseits. In: Beiträge zur Geschichte des Niederrheins 1/1886, S. 5–12 m. Abb. als Kunstbeilage
32 F. Lau, a. a. O., S. 294, Anm. zu S. 224
33 STA II 1014
34 In der stadtgeschichtlichen Literatur werden noch weitere Friedhöfe genannt oder vermutet. Lau, a. a. O., S. 294, Anm. S. 224, nennt einen jüdischen Friedhof im Flinger Feld, der vermutlich der Vorgängerfriedhof des Begräbnisplatzes der Juden in der Karlstadt war. – An verschiedenen Stellen sind Grabsteine gefunden worden, die an Notbestattungen während der Pest oder alte Friedhöfe denken ließen. Es ist aber zu erwägen, ob diese Grabsteine nicht später als Baumaterial von den geschlossenen Friedhöfen dorthin gebracht worden sind. – Die verschiedenen Namen für den Neuen Friedhof bei Derendorf haben auch zu Verwechslungen geführt.
35 J. J. Scotti, a. a. O., II 2703 (Erlaß des Kurfürsten Maximilian Joseph vom 3. Juli 1803)

1 STA II 1015, S. 11
2 A. Boode, Eine Wanderung durch den alten städtischen Friedhof zu Düsseldorf. 1891. Unveröffentlichtes, handgeschriebenes Manuskript im Stadtarchiv Düsseldorf, XXIII 353
3 Nach dem Plan von M. F. Weyhe (I. Teil) war der Friedhof bei seiner Anlage ca. 40 Ruten lang und 12 Ruten breit.
4 STA Plansammlung Nr. 346
5 J. Liebesleben, Düsseldorfs schönste Kirchhofs-Monumente. Düsseldorf 1830, S. 56, Tafel XVI
6 U. v. Daniels, Handbuch der für die Königlich Preußischen Rheinprovinzen verkündeten Gesetze, Verordnungen und Regierungsbeschlüsse aus der Zeit der Fremdherrschaft. Köln 1836, Bd. 4, S. 535
7 STA II 1016, S. 1f.
8 STA II 1016, S. 23
9 I. Schild, Die Brüder Cremer und ihre Kirchenbauten. Neuss 1965, m. ält. Lit.
10 STA II 1016, S. 24
11 HSTA Reg. Düsseldorf 10911
12 Ch. C. L. Hirschfeld, Theorie der Gartenkunst. Nachdruck d. Ausg. Leipzig 1779–80, Hildesheim-New York 1973, Bd. I, S. 117ff.
13 F. F. Wallraf, Ueber den neuen stadtkölnischen Friedhof zu Melaten. Köln 1809
14 STA II 1015, S. 26
15 H. Schildt, Vier Beiträge zur 200. Wiederkehr des Geburtstages von Maximilian Friedrich Weyhe. In: Das Tor 1975, Nr. 2, S. 21ff.
16 Friedhofsplan im Historischen Archiv der Stadt Köln
17 Zitiert nach: E. Rümmler, Die Bilder – historische und topographische Notizen. „Erinnerungen von Düsseldorf und der Umgegend." Faksimile-Ausgabe Düsseldorf 1975, S. 48
18 HSTA Reg. Düsseldorf 10911, Schreiben vom 24. 9. 1837
Dem einleitenden Satz folgt eine kritische Beurteilung der Mißstände, vor allem der Enge, auf dem Friedhof. Sie schließt mit der Forderung nach einer Erweiterung des Friedhofs auf 20 Morgen
19 W. Müller v. Königswinter, Karl Immermann und sein Kreis. Düsseldorf 1861, S. 400f.
20 Stadtmuseum Düsseldorf, Faksimile-Ausgabe 1975
21 Ch. C. L. Hirschfeld, wie Anm. 12
22 A. Kohut, Aus meiner rheinischen Studienmappe. Kap. X: Eine Wanderung durch die Kirchhöfe Düsseldorfs. Düsseldorf 1877, S. 229
23 STA II 1015, S. 135
24 O. Most, Geschichte der Stadt Düsseldorf. Zweiter Band. Von 1815 bis zur Einführung der Rhein. Städteordnung (1856). Düsseldorf 1921, Anl. XXXV, S. 383ff.
25 Am 1. Januar 1825 verbanden sich die reformierte und lutherische Gemeinde zur Vereinigten Evangelischen Gemeinde
26 Die Auskunft verdanke ich Herrn Raimund Salm, Düsseldorf
27 HSTA Reg. Düsseldorf 10826
28 STA II 1023
29 HSTA Reg. Düsseldorf 10834
30 H. von Sybel, Erinnerungen an Friedrich von Uechtritz und seine Zeit. Leipzig 1884, S. 109
31 Bürger unserer Stadt und ihre Gräber. Hg. vom Bestattungsunternehmen Carl Salm. Düsseldorf 1980
32 HSTA Reg. Düsseldorf 10911 – Protokoll der Central-Armen-Verwaltung v. 9. 12. 1825
33 Amtsblatt der Regierung zu Düsseldorf 1838, Nr. 3141
34 O. Brandt, Studien zur Wirtschafts- und Verwaltungsgeschichte der Stadt Düsseldorf im 19. Jahrhundert. Düsseldorf 1902, S. 330ff.
35 HSTA Reg. Düsseldorf 10911 vom 18. 3. 1825
36 STA Plansammlung Nr. 349
37 STA VII 1469, S. 6

38 Das Grabmal auf dem nördlichen Friedhofsteil wurde von J. P. Leisten geschaffen. I. Zacher, Grabmäler Düsseldorfer Unternehmer. In: Aspekte Düsseldorfer Industrie 1831–1981, Ausstellung im Stadtmuseum Düsseldorf 1981, S. 79

39 O. Brandt, wie Anm. 34, S. 137 (Einwohnerzahlen)

40 STA Plansammlung Nr. 1289

41 F. Frechen, Der Golzheimer Friedhof zu Düsseldorf – Verzeichnis der im Jahre 1938 noch vorfindlichen Grabzeichen. Unveröffentl. Manuskript im Stadtarchiv Düsseldorf

42 Als Beispiel sei die Grabstätte der Familie Cremer auf dem südlichen Friedhofsteil genannt, deren ältestes Grabmal in die Franzosenzeit zurückreicht. Das Familienbegräbnis lag ursprünglich im Bereich der Klever Straße und wurde nach 1905 an die heutige Stelle verlegt. Die Grabstätte ist noch heute von einem Eisengitter umgeben und wird von der Familie Cremer gepflegt. In der letzten Zeit wurde sie mehrmals beschädigt.

*IV. Kapitel*

1 HSTA Reg. Düsseldorf 10911, Schreiben vom 25. 3. 1822

2 Amtsblatt der Regierung Düsseldorf Nr. 199 – Verhütung des Begrabens von Scheintodten

3 H.-K. Boehlke, Über das Aufkommen der Leichenhäuser. In: Wie die Alten den Tod gebildet. Kasseler Studie zur Sepulchralkultur, Bd. 1, Mainz 1979, S. 135ff.

4 HSTA Reg. Düsseldorf 10911, Nachweis über die Sammlungen

5 Ordnung für die Beerdigungen in der Stadt Düsseldorf, Teil B 1 und Anm. 1, O. Most, a.a.O., S. 383

6 Anton Schnitzler, geboren zu Glehn am 22. 2. 1756, gestorben zu Düsseldorf am 8. Mai 1823, Baumeister seit 1778. Sein Grabmal ist auf dem nördlichen Friedhofsteil erhalten. Vgl. V. Kap., S. 111, Abb. 74

7 STA II 2203

8 STA II 2203

9 Dr. Carl Heinrich Ebermaier, Geh. Medizinal- und Regierungrat (1802–1870). Grabmal auf dem südlichen Friedhofsteil erhalten

10 STA II 2203, Schreiben vom 11. 12. 1829

11 Ein Obduktionsraum wurde erst 1835 eingerichtet.

12 H. v. Sybel, Erinnerungen an Friedrich von Uechtritz und seine Zeit. Leipzig 1884, S. 109

13 STA Plansammlung Nr. 718 und Akte II 2207

14 B.G. Bayerle, a.a.O., S. 84

15 Der Auftrag war zunächst an C.J. Lode vergeben worden, wogegen der Bildhauer J.J. Woringen bei der Regierung Düsseldorf protestierte. HSTA Reg. Düsseldorf 10911

16 HSTA Reg. Düsseldorf 10911, Schreiben v. 17. 11. 1835

17 Zu Johannes Kühlwetter und Dietrich Meinardus, vgl. VI. Kap., S. 129f

18 Johann Peter Goetting war von 1831–1839 Schüler an der Kunstakademie. Er war Maler und Bildhauer zugleich. R. Wiegmann, Die königliche Kunstakademie zu Düsseldorf. Düsseldorf 1856, S. 181

19 Zu Julius Bayerle, vgl. VI. Kap., S. 134

20 Verhandlungen des Kunstvereins für die Rheinlande und Westfalen 1844–1858. S. 48

21 Organ für christliche Kunst. 1851

22 H. Delvos, Geschichte der Düsseldorfer Denkmäler, Gedenktafeln und Brunnen. Düsseldorf 1938, S. 106

23 H. Maes u. A. Houben, Düsseldorf in Stein und Bronze. Düsseldorf 1976, S. 101, Abb. S. 100

24 H. Delvos, a.a.O., S. 105
A. Boode, Eine Wanderung durch den alten städtischen Friedhof zu Düsseldorf, a.a.O., S. 275

25 H. Delvos, a.a.O., S. 108

*V. Kapitel*

1 I. Zacher, Grabmäler Düsseldorfer Unternehmer..., a.a.O., S. 77ff.
2 Sprinck & Hullmann, Leipzig 1797
3 P.A. Memmesheimer, Das klassizistische Grabmal. Eine Typologie. Diss. Bonn 1969
4 A. Reichensperger, Fingerzeige auf dem Gebiete der kirchlichen Kunst. Leipzig 1855, S. 95f.
5 Vincenz Statz, Gothische Entwürfe. Bonn ab 1853
6 G.E. Lessing, Wie die Alten den Tod gebildet. Berlin 1769. Riemann, Lessings Werke I, 13
7 J.G. Herder, Wie die Alten den Tod gebildet. Ein Nachtrag zu Lessings Abhandlung 1774 und 1786
8 J.W. Goethe, Die Wahlverwandtschaften. Erstdruck 1809, II. Teil, 1. Kap.
9 Das 1938 von Franz Frechen aufgestellte Verzeichnis der Grabinschriften des Golzheimer Friedhofs nennt viele verlorene Inschriften und hilft fragmentarische Inschriften zu ergänzen.
10 F. Frechen, a.a.O., Bd. III, A 17/11
11 J. Liebesleben, a.a.O., S. 89
12 Der Grabpfeiler, an dessen Sockel dieses Grabgedicht steht, ist stark verwittert. Die Namensinschrift ist nicht mehr lesbar. Dasselbe Gedicht stand auf dem Grabmal der Familie Middorf. Frechen, a.a.O., Bd. III A 17/44 und Bd. IV B 5/22
13 J. Liebesleben, a.a.O., S. 90
14 F. Frechen, a.a.O., Bd. V B 7/108
15 F. Frechen, a.a.O., Bd. I A 7/6
16 M. Luther, Vorrede zur Sammlung der Begräbnislieder 1542. Weimarer Ausgabe Bd. 35, S. 480ff.

*VI. Kapitel*

1 R. Dorn, Peter Joseph Krahe. Leben und Werk. Braunschweig 1969, Bd. I, S. 58ff.
2 Ders., Bd. II, Kat. Nrn. 306 und 307, S. 138 und 139, Abb. 11 auf der S. 364
3 Die Grabdenkmäler für General Marceau in Lützel bei Koblenz und General Hoche bei Weißenthurm sind erhalten. R. Dorn, a.a.O., Bd. II, S. 403 und 414
4 Mindel, Wegweiser Düsseldorfs oder Grundlage zur Geographisch-, Statistisch-, Topographisch-, Historischen Darstellung von Düsseldorf... Düsseldorf 1817, S. 46
5 Die Namensinschrift ist nicht mehr lesbar. Nach J. Liebesleben, a.a.O., S. 65, Taf. XX: A.G. Mayer geb. Huerter, geb. den 12. Dec. 1740, gest. den 25. Aug. 1813
6 H. Maes und A. Houben, Düsseldorf in Stein und Bronze. Düsseldorf 1976, S. 26 m. Abb.
7 Ein Beispiel für die auswärtigen Aufträge ist das Grabmal der 1847 verstorbenen Anna Maria Nepes auf dem Neusser Hauptfriedhof mit einem Thanatos-Relief. J. Lange, Zur Geschichte der Neusser Friedhöfe. In: Neusser Jahrbuch 1974, S. 23ff.
8 Das Grabmal ist 3,42 m hoch. Über der Inschrift war eine Reliefplatte mit dem Allianzwappen der Familien von Loevenich und von der Leyen befestigt. G. Rottloff, Vagedes-Studien. In: Die Heimat, H. 35, 1964, S. 91
9 HSTA Reg. Düsseldorf 10911
10 I. Zacher, Friedhofsanlagen und Grabmäler der kommunalen rheinischen Friedhöfe. In: Kunst des 19. Jahrhunderts im Rheinland. Düsseldorf 1980, Bd. 4, S. 407, Abb. 15
11 Adreßkalender und Wohnungsanzeiger der Stadt Düsseldorf von 1847
12 Gedruckt als Handschrift bei J. Wolf, Düsseldorf 1844
13 Vgl. VII. Kap., S. 166, Abb. 108
14 H. Delvos, a.a.O., S. 40
15 Ders., a.a.O., S. 48f.
16 Das Grabmal ist nicht erhalten.
17 F. Schaarschmidt, Zur Geschichte der Düsseldorfer Kunst insbesondere im 19. Jahrhundert. Düsseldorf 1902, S. 272
18 Das Grabmal ist nicht erhalten. F. Frechen, a.a.O., A 24/5

19 F. Schaarschmidt, a. a. O., S. 183 f.
20 Am Sockel links signiert: „Kühlwetter gez.".
21 Das Grabmal ist auf dem nördlichen Friedhofsteil erhalten. Vgl. VII. Kap., S. 166
22 Die Firma Meinardus existierte noch nach dem Ersten Weltkrieg. In der vierten Generation war Alexander Meinardus (1905–1965) ebenfalls als Bildhauer und Gewerbeoberlehrer tätig. Nachruf in „Friedhof und Denkmal", 10. Jg., Nr. 5, Okt. 1965
23 Er wurde auf dem Gelzheimer Friedhof begraben. Das Grabmal ist nicht erhalten. F. Frechen, a. a. O., A 15/5
24 D. Delvos, a. a. O., S. 42
H. Maes und A. Houben, a. a. O., S. 49 m. Abb. S. 48
25 P. Bloch, Skulpturen des 19. Jahrhunderts im Rheinland. Düsseldorf 1975, S. 49 f.
26 H. Maes und A. Houben, a. a. O., S. 136, Abb. S. 137
28 P. Bloch, a. a. O., S. 55 f.
29 Ders., a. a. O., S. 56 f.
30 Ders., a. a. O., S. 59 f.
31 I. Zacher, Grabmäler Düsseldorfer Industrieller. S. 87
32 Kunst für Alle. 2. Jg. 1887, S. 204
33 I. Zacher, wie Anm. 31, S. 92 m. Abb.
34 Angebote für ein Grabmal des Gerresheimer Bürgermeisters Bender. STA III 3159
35 I. Zacher, wie Anm. 31, S. 88
36 Dies., S. 88, Abb. S. 89

*VII. Kapitel*

1 Adolph Kohut, Aus meiner rheinischen Studienmappe.
Düsseldorf 1877, Kap. X: Eine Wanderung durch die Kirchhöfe Düsseldorfs, S. 225 ff.
Paul Kauhausen, Es reden die Steine vom Leben. Düsseldorfer Gräber. Düsseldorf 1931, S. 20 ff.
2 Für die freundliche Mitteilung der von den „Düsseldorfer Jonges" auf den Friedhöfen gestifteten neuen Grabplatten danke ich Herrn Dr.-Ing. Edmund Spohr, Düsseldorf.
3 R. Wiegmann, Die königliche Kunstakademie zu Düsseldorf. Düsseldorf 1856, S. 239
A. Kohut, a. a. O., S. 237
P. Kauhausen, a. a. O., S. 22
4 A. Kohut, a. a. O., S. 233
P. Kauhausen, a. a. O., S. 26
5 A. Kohut, a. a. O., S. 233
P. Kauhausen, S. 26
6 H. Schildt, Vier Beiträge zur 200. Wiederkehr des Geburtstages von Maximilian Friedrich Weyhe. In: Das Tor, 1975, Nr. 2, S. 21 ff.
7 STA II 1017 – Vertrag vom 20. 10. 1847
8 Kohut, a. a. O., S. 254
P. Kauhausen, S. 26
9 A. Kohut, a. a. O., S. 235
P. Kauhausen, a. a. O., S. 21
I. Markowitz, Die Düsseldorfer Malerschule. Kataloge des Kunstmuseums IV, 2. Düsseldorf 1969, S. 287 f.
10 F. Frechen, Verzeichnis
Ms. im STA, Bd. II A 11/75
11 J. Liebesleben, Düsseldorfs schönste Kirchhofs-Monumente. Düsseldorf 1830, Taf. XVIII
P. Kauhausen, a. a. O., S. 26
12 J. Liebesleben, a. . O., S. 57, Taf. XVII
A. Kohut, a. a. O., S. 235, P. Kauhausen, a. a. O., S. 26
Ders. in: DJB 6, S. 210 und in: Das Tor, Jg. 16, 1949

13 Bayerle, Die katholischen Kirchen Düsseldorfs, S. 157
A. Kohut, a. a. O., 262
P. Kauhausen, a. a. O., S. 28
14 A. Kohut, a. a. O., S. 236
P. Kauhausen, a. a. O., S. 21
I. Markowitz, Die Düsseldorfer Malerschule. S. 243f.
15 Vor 100 Jahren starb David Bornemann. In: Düsseldorfer Nachrichten, 83. Jg. 231 v. 6. 10. 1959
16 A. Kohut, a. a. O., S. 247
P. Kauhausen, a. a. O., S. 25
17 O. Most, a. a. O., S. 39
F. Frechen, Verzeichnis. Bd. III A 18/4
18 P. Kauhausen, a. a. O., S. 28
19 O. Most, a. a. O., S. 231f.
20 A. Kohut, a. a. O., S. 240
P. Kauhausen, a. a. O., S. 22
I. Markowitz, a. a. O., S. 183f.
21 A. Kohut, a. a. O., S. 259
Bayerle, a. a. O., S. 103f.
22 A. Kohut, a. a. O., S. 233
P. Kauhausen, a. a. O., S. 26
Most, a. a. O., S. 93f.
23 A. Kohut, a. a. O., III. Kap., S. 85ff.
Sophie von Schadow-Godenhaus ist auf dem Gemälde Schadows „Die Kinder des Künstlers" 1830 zusammen mit ihrem Bruder dargestellt. (Kunstmuseum Düsseldorf, Inv. Nr. M 1977-1)
24 A. Kohut, a. a. O., S. 232f.
P. Kauhausen, a. a. O., S. 23
I. Markowitz, a. a. O., S. 359f.
25 STA VII 1469, S. 1 und 2
26 Dr. Mieck, Zur Erinnerung an die Gebrüder Erk. In: Festschrift zur 50jährigen Gedenkfeier der am 28. Mai 1838 erfolgten Begründung des Realgymnasiums. Düsseldorf 1888, S. 221
27 Teile der Sammlung Guntrum gelangten in das Stadtmuseum. Der Nachlaß Guntrums befindet sich im Hauptstaatsarchiv, Rep. F II 21
28 A. Kohut, a. a. O., S. 249f.
P. Kauhausen, a. a. O., S. 27
29 A. Huppertz, 100 Jahre Düsseldorfer Luisenschule 1837–1937. Düsseldorf 1937, S. 2f.
30 J. Wilden, 100 Jahre Düsseldorfer Dampfer. In: Das Tor, 5. Jg., H. 10, S. 287f.
I. Zacher, Grabmäler Düsseldorfer Unternehmer. S. 80
31 M. Blanckarts, Düsseldorfer Künstler. Nekrologe aus den letzten zehn Jahren. Stuttgart 1877, S. 129
I. Markowitz, a. a. O., S. 129, Inv. Nr. 4382
32 A. Kohut, a. a. O., S. 251
P. Kauhausen, a. a. O., S. 27
33 W. Müller von Königswinter, Immermann und sein Kreis. Düsseldorf 1861
A. Kohut, a. a. O., S. 246 (beschreibt das Grabmal als verwahrlost)
G. Hassenkamp, Karl Immermann. Zur Erinnerung an seinen 100. Geburtstag. In: DJB 11, 1897, S. 1ff.
P. Kauhausen, a. a. O., S. 23
O. Most, a. a. O., S. 222f.
34 J. Askeland, Düsseldorf und der Norden. Ausstellung im Kunstmuseum Düsseldorf 1976, Kat. Nr. 74
35 A. Kohut, a. a. O., S. 262
A. Natorp, Geschichte der evangelischen Gemeinde zu Düsseldorf. Düsseldorf 1881, S. 211f.
36 O. Most, a. a. O., S. 51 m. Anm. 5

37 A. Kohut, a.a.O., S. 236
P. Kauhausen, a.a.O., S. 22
Die Düsseldorfer Malerschule. Katalog der Ausstellung des Kunstmuseums Düsseldorf 1979, S. 324ff.
38 Die Düsseldorfer Malerschule, wie Anm. 37, S. 267, Kat. Nr. 33
P. Kauhausen, a.a.O., S. 22
39 O. Most, a.a.O., S. 81
40 A. Kohut, a.a.O., S. 246
P. Kauhausen, a.a.O., S. 25
O. Most, a.a.O., S. 155 und 258
W. Lindemann, Johann Friedrich Benzenberg – Der Düsseldorfer Atronom. In: Die Bilker Sternwarte 6/1961, S. 36ff.
41 A. Kohut, a.a.O., S. 267
P. Kauhausen, a.a.O., S. 29 (Kruzifix erwähnt)
O. Most, a.a.O., S. 81
42 O. Most, a.a.O., S. 53 und 93
K. Pfeffer, Spätklassizismus in Düsseldorf. In: DJB 51, 1963, S. 51

*VIII. Kapitel*

1 D. Graminäus, Spiegel der Vergenglichkeit. Düsseldorf 1592 – vgl. P. Kauhausen, Es reden die Steine vom Leben. Düsseldorf 1931, S. 10ff.
2 A. vom Kamp, Beschreibung der Begrebnus Weilandt Des Durchleuchtigen Hochgebohrnen Fürsten des Herren Johan Wilhelm Hertzogen zu Gulich Cleve und Berg, Grave zu der Marck Ravensberg und Moers, Herr zu Ravenstein ... Düsseldorf 1629
3 F. Lau, a.a.O., Teil I, S. 27ff.
4 J.Ch. Küng, Theatrum Ceremoniale Historico-Politicum oder Historisch-Politischer Schauplatz aller Ceremonien. Leipzig 1719/20, 2. Bd., Kap. XC, S. 738f.
5 P. Kauhausen, a.a.O., S. 17f.
6 H. Ferber, Der Tod und das Begräbniss von Wilhelm von Scheidt, genannt Weschpenning, 1611. In: DJB 6, S. 196ff.
7 So heißt es in der Leichen-Ordnung der Stadt Duisburg von 1767 unter Nr. 4: Und da die übele Gewohnheit eingeführet ist, daß denen Leichenträgern vor dem Leichen-Conduct Wein, Bier oder Brandwein pfleget gereichet zu werden, wobey den mancher sich dergestalt übernommen, daß er zum Tragen unbequem gewesen ... Stadtarchiv Duisburg, Akte 10/5163
8 F. Lau, a.a.O., Teil II, S. 209 Nr. 355
9 J.J. Scotti, a.a.O., I 1497
10 J.J. Scotti, a.a.O., II 2553
11 H.K. Ständer, Ein fideler Leichenschmaus. In: Jan Wellem, 2. Jg. Jan. 1927, S. 24ff.
12 HSTA Reg. Düsseldorf 10827
13 F. Greb, St. Lambertus nach der Säkularisation. In: Die Stifts- und Pfarrkirche St. Lambertus zu Düsseldorf. Ratingen 1956, S. 41
14 A. Wedell, Geschichte der jüdischen Gemeinde Düsseldorfs. In: DJB 3, 1888, S. 248
15 B.G. Bayerle, Die katholischen Kirchen Düsseldorfs. Düsseldorf 1844, S. 155ff.
16 Stadtarchiv Düsseldorf, Totenzettelsammlung
17 W. Müller v. Königswinter, Immermann und sein Kreis. Leipzig 1861, S. 398f.
18 F. Freiligrath, Karl Immermann. Blätter der Erinnerung an ihn. Stuttgart 1842, S. 175
19 Düsseldorf 1848. Bilder und Dokumente. Hg. vom Stadtarchiv Düsseldorf. Düsseldorf 1948, S. 83f.
20 O. Most, a.a.O., S. 328
21 Stadtmuseum Düsseldorf, Inv. Nr. I b 305/D 11916
22 U. Ricke-Immel, Die Düsseldorfer Genremalerei. In: Ausstellungs-Katalog „Die Düsseldorfer Malerschule. Düsseldorf 1979, S. 160

23 Ausstellungskatalog „Die Düsseldorfer Malerschule", Kat. Nr. 154, S. 388 m. Abb.
24 Wie Anm. 22, Kat. 139, Abb. S. 374
25 Ludwig Knaus (1829–1910). Ausstellungen in Wiesbaden, Kassel und Düsseldorf 1979/80. Kat. 34, Abb. III
26 Ausstellungskatalog Düsseldorf 1979, Kat. 261, Abb. S. 494
27 Ausstellungskatalog Düsseldorf 1979, Kat. 38, Abb. S. 275
28 Ausstellungskatalog Düsseldorf 1979, Kat. Nr. 87, Abb. S. 321
28 Ausstellungskatalog Düsseldorf 1979, Kat. Nr. 87, Abb. S. 321
29 Stadtmuseum Düsseldorf, Inv. Nr. B 1421
Vgl. auch I. Markowitz, Armer Maler-Malerfürst. Ausstellung des Stadtmuseums Düsseldorf 1980, Kat. 517
30 Die Traueranzeige im Stadtarchiv Düsseldorf, Totenzettelsammlung
31 Stadtmuseum Düsseldorf, Inv. Nr. B 1306
32 Kunstmuseum Düsseldorf, Inv. Nr. 4003
Kataloge des Kunstmuseums Düsseldorf, IV, 2. Die Düsseldorfer Malerschule. Düsseldorf 1969, bearbeitet von I. Markowitz, S. 27f., Abb. 3
33 Stadtmuseum Düsseldorf, Inv. Nr. B 342
I. Markowitz, wie Anm. 29, Kat. Nr. 520
34 Stadtmuseum Düsseldorf, Inv. Nr. B 1117
I. Markowitz wie Anm. 29, Kat. 521
Zum Ableben von Andreas Achenbach. Am Rhein. Illustrierte Wochenschrift zum Düsseldorfer Generalanzeiger vom 16. 4. 1910, Nr. 16
35 Kunstmuseum Düsseldorf, Inv. Nr. 4341
I. Markowitz, wie Anm. 32, S. 53
36 H. Müller-Schlösser, Das schöne alte Düsseldorf. Düsseldorf 1911, Bd. I, S. 53
37 Die Familie Carstanjen gehört zu den ältesten Düsseldorfer Unternehmern. Sie war Teilhaberin der Kattundruckerei Carstanjen & Ronsdorff. Most, a.a.O., S. 151

*IX. Kapitel*

1 Friedhofsakten im Stadtsarchiv Düsseldorf: II 1024 (Derendorfer Friedhof), II 1025 und 1026 (Bilker Friedhof), III 19.600 (Kirchhof zu Hamm, ab 1895) und III 19.601 (Volmerswerther Friedhof, ab 1901)
2 Lau, a.a.O., S. 243f.
3 W. Freiherr von Engelhardt, Die öffentlichen Gartenanlagen und Friedhöfe von Düsseldorf. In: Die Assanierung von Düsseldorf. Hg. von Dr. Th. Weyl, Leipzig 1908, Kap. X
4 4 StA II 1025
5 P. Kauhausen, Es reden die Steine vom Leben. Düsseldorf 1931, S. 30f.
6 P.K. (Paul Kauhausen), Zwölf Gräber in Bilk. In: Düsseldorfer Nachrichten, Nr. 248 vom 23. 10. 1954
7 F. Lau, a.a.O., S. 247f.
8 Düsseldorf – Stadt und Kirche. Hg. von Stadtdechant Bernhard Henrichs. Düsseldorf 1982, S. 164
9 Kohut, a.a.O., S. 274
10 W. v. Engelhardt, wie Anm. 3
11 F. Rennefeld, Düsseldorfer Friedhöfe in alter und neuer Zeit. in: Jan Wellem 1959, S. 169ff.
12 W. v. Engelhardt, wie Anm. 3
13 STA III 19.601 Bl. 8
14 F. Lau, a.a.O., S. 250
15 STA II 1024
16 P. Kauhausen, Drei Bilder aus dem alten Derendorf. In: Jan Wellem, 2. Jg. Nr. 6/1927, S. 155
17 W. Engelhardt, wie Anm. 3

18 A. Wedell, Geschichte der jüdischen Gemeinde Düsseldorfs. In: Festschrift zum 600jährigen Jubiläum ... Düsseldorf 1888, S. 245 ff.
19 A. Kohut, a.a.O., S. 270
20 F.W. Bredt, Friedhöfe und Grabmale mit besonderer Berücksichtigung der Rheingebiete. Mitt. des Rhein. Vereins f. Denkmalpflege u. Heimatschutz, 10. Jg. 1916, H. 1, S. 55 ff: Die jüdischen Friedhöfe.
21 F. Lau, a.a.O., S. 255
22 A. Natorp, Geschichte der evangelischen Gemeinde zu Düsseldorf. Düsseldorf 1881, S. 252 f.

*X. Kapitel*

1 Verwaltungsakten im StA III 3174 f.
2 Plan des Stoffeler Friedhofs. In: Düsseldorf im Jahre 1898. Festschrift zur 70. Versammlung deutscher Naturforscher und Ärzte. Düsseldorf 1898, S. 137
3 Gedenkschrift zum 25jährigem Jahrestage des Vereins für Feuerbestattung e.V. Düsseldorf 1902–1927
4 Freiherr W. v. Engelhardt, Die öffentlichen Gartenanlagen und Friedhöfe von Düsseldorf In: Die Assanierung von Düsseldorf. Hg. v. Dr. Th. Weyl, Leipzig 1908, Kap. X
5 Begräbnisstätten und Erholungsparks (7): Der Stoffeler Friedhof. In: Düsseldorfer Amtsblatt Nr. 32 v. 9. 8. 1980
6 Sammlung der eingereichten Entwürfe im Stadtarchiv Düseldorf
7 StA III 15.292: Kostenrechnung über den Bau einer Leichenhalle nebst Kapelle, Hauptportal und Abschlußgitters vom 14. 2. 1889 über 90.533,70 Mark
8 1. Korinther 13,12: „Wir sehen jetzt durch einen Spiegel in einem dunklen Wort; dann aber von Angesicht zu Angesicht. Jetzt erkenne ich's stückweise; dann aber werde ich erkennen, gleichwie ich erkannt bin."
9 Vgl. Kap. III S.: G.A. Jacobi als Gutachter für den Golzheimer Friedhof
10 Begräbnisstätten und Erholungsparks (Nrn. 11, 12 und 13) Nordfriedhof. In: Düsseldorfer Amtsblatt Nr. 37 ff. 1980
11 H. Delvos, a.a.O., S. 168 f.
12 Ders., a.a.O., S. 173 f.
13 H. Weidenhaupt, Kleine Geschichte der Stadt Düsseldorf. 6. Aufl. 1976, S. 174, Abb. S. 173
14 H. Maes u. A. Houben, a.a.O., S. 155, Abb. S. 154
15 P. Kauhausen, Es reden die Steine vom Leben. Düsseldorf 1931, S. 69 ff.
16 Bürger unserer Stadt und ihre Gräber. Hg. von der Bestattungsfirma Salm. Düsseldorf 1980
17 I. Zacher, Grabmäler Düsseldorfer Unternehmer ... a..O., S. 88
18 Wilhelm Kreis hatte 1909 für die „Ausstellung für christliche Kunst" im Düsseldorfer Kunstpalast eine Friedhofsanlage mit Kapelle, Urnenhalle, Wandelgang, Erbbegräbnis und Garten entworfen
19 I. Zacher, wie Anm. 17, S. 92
20 Zu dem Grabmal ist eine Entwurfszeichnung von Ernst Barlach und das Gipsmodell erhalten, nach dem Eugen Treleani das Werk in Düsseldorf ausführte. F. Schult, Ernst Barlach – Das plastische Werk. Hamburg 1960, Kat. 417 und 418 –
Der Briefwechsel zwischen Ernst Barlach und Gustav Lindemann über den Grabmalsauftrag wurde in gekürzter Form in: Das Tor, 20. Jg./1954, H. 3, S. 48 ff., veröffentlicht
21 StA III 15.632: Errichtung einer Kapelle mit Leichenhalle auf dem Südfriedhof – Kostenrechnung v. 22. 9. 1904 über 362.911,43 Mark
22 Die Bildhauerarbeiten wurden von Th. Haacke ausgeführt
23 J. Schweizer, Kirchhof und Friedhof (Handbuch zur Friedhofsgeschichte), Linz 1956

*XI. Kapitel*

1 Für viele Auskünfte und Hinweise möchte ich Herrn Reinhard Graner, Grabmalberatung des Friedhofsamtes Düsseldorf, danken.

2 Die Fakten über die kommunalen Friedhöfe wurden der Artikelserie „Begräbnisstätten und Erholungsparks“ entnommen, die im „Düsseldorfer Amtsblatt“ Jg. 35/1980 Nr. 26–40 vom Friedhofsamt veröffentlicht wurden.

3 Neben den 13 kommunalen Friedhöfen gibt es im heutigen Düsseldorfer Stadtgebiet konfessionelle Friedhöfe, die den religiösen Gemeinden gehören und von ihnen verwaltet werden. Den katholischen Gemeinden gehören neun, den evangelischen Gemeinden drei und der jüdischen Gemeinde sechs Friedhöfe. Hinzu kommen anstaltseigene Friedhöfe der Kaiserswerther Diakonie, der Graf-Recke-Stiftung und der Landesklinik Grafenberg. Ein Teil dieser Friedhöfe ist jedoch nicht mehr in Benutzung.

# Quellen und ausgewählte Literatur

*1. Urkunden und Akten*
Hauptstaatsrchiv Düsseldorf, Abt. Jülich-Berg II (Friedhofsangelegenheiten im 18. Jahrhundert) – Abt. Regierung Düsseldorf (Friedhofsangelegenheiten in der preußischen Zeit)
Stadtarchiv Düsseldorf, Verwaltungsakten über Friedhofsangelegenheiten (seit 1806) – Plansammlung und Totenzettelsammlung
Archiv der Evangelischen Kirche im Rheinland, Düsseldorf – Kirchengemeinde Düsseldorf, Akte 65

*2. Unveröffentliche Manuskripte im Stadtarchiv Düsseldorf*
A. Boode, Eine Wanderung durch den alten städtischen Friedhof zu Düsseldorf. 1891. XXIII 353 – (handschriftliches Manuskript)
F. Frechen, Der Golzheimer Friedhof zu Düsseldorf. Verzeichnis der im Jahre 1938 noch vorfindlichen Grabzeichen. (Maschinenmanuskript aus 6 Bänden und 1 Registerband mit Lageplan – Erfassung der Inschriften von 668 Grabmälern)
F. Frechen, Rund um den Golzheimer Friedhof. 1953 (Maschinenmanuskript 110 Sn.)

*3. Ausgewählte Literatur*
Zur Stadtgeschichte:
F. Lau, Geschichte der Stadt Düsseldorf. Bd. I: Von den Anfängen bis 1815. Düsseldorf 1921
O. Most, Geschichte der Stadt Düsseldorf. Bd. II: Von 1815 bis 1856. Düsseldorf 1921
H. Weidenhaupt, Kleine Geschichte der Stadt Düsseldorf. 6. Aufl. Düsseldorf 1976
B. G. Bayerle, Die katholischen Kirchen Düsseldorfs von ihrer Entstehung bis auf die neueste Zeit. Düsseldorf 1844
A. Natorp, Geschichte der evangelischen Gemeinde zu Düsseldorf. Düsseldorf 1881
A. Wedell, Geschichte der jüdischen Gemeinde Düsseldorfs. in: Festschrift zum 600jährigen Jubiläum. Beiträge zur Geschichte des Niederrheins 3, 1888

Zu den fürstlichen Begräbnisstätten:
C. L. Strauven, Die fürstlichen Mausoleen Düsseldorfs. Düsseldorf 1879
R. A. Keller, St. Lambertus als Begräbnisstätte. In: Die Stifts- und Pfarrkirche St. Lambertus zu Düsseldorf. Ratingen 1956
P. H. Camp, Die Wiederauffindung der Fürstengruft in der St.-Lambertus-Kirche zu Düsseldorf. In: Romerike Berge. 3. Jg. 1953, Heft 4, S. 149 ff.
H. Schweitzer, Zur Identifizierung der in der Fürstengruft in der St.-Lambertus-Kirche zu Düsseldorf aufgefundenen Gebeine. In: Düsseldorfer Jahrbuch 50, 1960, S. 1 ff.
P. Kauhausen, Die Geschichte des Düsseldorfer Mausoleums. In: Düsseldorfer Heimatblätter Das Tor, 4. Jg., 1935, S. 101 ff.
G. Vollmer, Beiträge zur Baugeschichte des Düsseldorfer Mausoleums an St. Andreas und zur Wirksamkeit des Architekten Johann Lollio, gen. Sadeler, am Pfalz-Neuburgischen Hof. In: Düsseldorfer Jahrbuch 47, 1955, S. 33 ff.
P. Kauhausen, Zur Geschichte der Düsseldorfer Kreuzherrenkirche. In: Düsseldorfer Heimatblätter Das Tor, 4. Jg., 1935, Heft 7, S. 183 ff.
R. A. Keller, Das Geheimnis des Grabes der Jacobe von Baden. In: Düsseldorfer Heimatblätter Das Tor, 4. Jg., 1935, Heft 7, S. 189 ff.

Zu den Düsseldorfer Friedhöfen und Grabmälern:
J. Liebesleben, Düsseldorfs schönste Kirchhofs-Monumente. Eine Sammlung der daselbst sich vorfindenden Grabgedichte, Sprüche und sonstiger bemerkenswerthen Inschriften, nebst Beschreibung der vorzüglicheren Begräbnisstellen, der Grabsteine und größeren Denkmäler. Zur besonderen Benutzung für Baumeister, Bild- und Steinhauer. Düsseldorf 1830 mit 30 Lithographien
J. F. Benzenberg, Über die Grabmonumente auf dem Düsseldorfer Kirchhofe. Düsseldorf 1844 (behandelt vor allem das Grabmal der Familie Benzenberg und den Streit über das Honorar des Bildhauers)

A. Kohut, Aus meiner rheinischen Studienmappe. Düsseldorf 1877. X. Abschnitt: Eine Wanderung durch die Kirchhöfe Düsseldorfs (über den Golzheimer Friedhof, jüdischen Friedhof in Pempelfort, Bilker, Hammer, Volmerswerther und Derendorfer Friedhof)

P. Kauhausen, Es reden die Steine vom Leben. Düsseldorfer Gräber. Düsseldorf 1931 mit 19 Abbildungen. (Über den Golzheimer, Nord-, alten Bilker, jüdischen und Südfriedhof)

P. Bloch, Skulpturen des 19. Jahrhunderts im Rheinland. Düsseldorf 1975 (über einige bedeutende Grabmäler des Nordfriedhofs als Beispiele für die Düsseldorfer Bildhauerkunst am Ende des 19. Jahrhunderts)

I. Zacher, Grabmäler Düsseldorfer Unternehmer. Selbstdarstellung eines Standes auf dem Friedhof. In: Aspekte Düsseldorfer Industrie 1831–1981. Ausstellungskatalog Stadtmuseum Düsseldorf 1981. (Zu einigen Grabmälern auf dem Golzheimer und Nordfriedhof)

Zur Geschichte der Friedhöfe und Grabmäler:

F.W. Bredt, Friedhof und Grabmal mit besonderer Berücksichtigung der Rheingebiete. In: Mitteilungen des Rheinischen Vereins für Denkmalschutz und Heimatpflege, 10. Jg., 1916, H. 1

J. Schweizer, Kirchhof und Friedhof. Linz 1956

P. A. Memmesheimer, Das klassizistische Grabmal. Eine Typologie. Diss. Bonn 1969

Wie die Alten den Tod gebildet. Wandlungen der Sepulchralkultur 1750–1850. Ausstellung der Arbeitsgemeinschaft Friedhof und Denkmal e.V. Kassel im Wissenschaftszentrum Bad Godesberg 1979 (Der Katalog beinhaltet viele Beiträge zur Friedhofsgeschichte, Grabmalsgestaltung und zum Begräbniswesen im 18. und 19. Jahrhundert. Auf der Ausstellung waren 7 Grabmäler des Golzheimer Friedhofs als Leihgaben vertreten [Kat. Nrn. 294–300])

I. Zacher, Friedhofsanlagen und Grabmäler der kommunalen rheinischen Friedhöfe. In: Kunst des 19. Jahrhunderts im Rheinland. Band 4, Düsseldorf 1980, S. 385 ff. (mit einigen Beispielen des Golzheimer und Nordfriedhofs)

# Namensregister

# Bildnachweis

*Inge Goertz-Bauer, Düsseldorf* 142

*Dr. Gisela Hanke, Bonn-Ippendorf* 85, 88

*Hauptstaatsarchiv Düsseldorf* 19, 23, 24

*Maren Heyne, Düsseldorf-Kaiserswerth* 52

*Walter Klein, Düsseldorf* 1, 32, 38, 39, 56, 57, 58, 59, 60, 61, 62, 63, 64, 65, 66, 67, 68, 69, 71, 72, 80, 81, 84, 121, 122, 123, 124, 125, 127, 140 Farbtafeln I, II, III, V, VI, VII

*Landesbildstelle Rheinland, Düsseldorf* 2, 3, 4, 5, 6, 7, 8, 9, 10, 11, 12, 14, 15, 16, 18, 20, 21, 28, 40, 42, 50, 70, 99, 100, 102, 110, 112, 119, 126, 130, 134 Farbtafel IV

*Rolf Sachsse, Bonn* 35, 36, 37, 41, 43, 44, 45, 46, 48, 49, 51, 54, 74, 77, 78, 79, 82, 83, 87, 89, 94, 95, 97, 101, 104, 105, 106, 107, 108, 132, 133, 135, 136, 137, 138 Farbtafel VIII

*Stadtarchiv Düsseldorf* 13, 22, 25, 26, 27, 29, 30, 31, 33, 34, 90, 91, 92, 93, 96, 103, 109, 115, 116, 117, 120, 128, 129, 131, 139, 141

*Stadtmuseum Düsseldorf* 55, 73, 86, 98, 111, 113, 114, 118

*Städtisches Museum Braunschweig* 75

*Dr. Cornelius Steckner, Hamburg* 47, 53, 76

*Abb. 17 nach:* Die Stifts- und Pfarrkirche St. Lambertus Düsseldorf. Ratingen 1956